재난을 바라보는 다섯가지 시선

유 현 정
이 재 은
노 진 철
김 겸 훈

도서출판 대영문화사

머리말

지난 5월 5일 미얀마를 휩쓴 사이클론 나르기스(Nargis)로 인해 사망자만 2만 2천명에 육박하고 실종자와 부상자를 합하면 총 인명피해는 6만 3천명을 넘어서는 것으로 보도되고 있다. 2004년 12만명의 인명피해를 낸 쓰나미에 버금갈 만큼 피해현장은 처참하다고 한다. 지구온난화와 환경오염으로 인해 재난은 어느 새 두렵지만 익숙한 존재로 우리의 삶에 다가오고 있는 듯하다.

우리나라는 거의 매년 대규모 자연재난과 크고 작은 인적 재난들을 경험하고 있으며, 이로 인해 많은 인명피해와 재산 손실이 발생하고 있다. 그간 우리나라에서 발생한 대규모 재난만 해도 1993년의 '아시아나 항공기 목포 추락사고'와 '서해 페리호 침몰사고', 1994년의 '성수대교 붕괴사고', 1995년의 '삼풍백화점 붕괴사고', 1996년의 '화성 씨랜드 청소년수련원 화재', 2002년의 태풍 '루사', 2003년의 태풍 '매미', 2003년의 '대구지하철 참사', 그리고 지난해 태안에서 발생한 초유의 유류유출사고 등 이루 헤아리기조차 어렵다.

이 중 2003년 경남 마산에서 참변을 일으킨 태풍 '매미'와 관련된 일화는 재난관리서비스의 중요성을 다시 한번 일깨워주는 계기가 된다. 태풍 '매미'가 마산에서 큰 재난을 일으키기 하루 전 오키나와를 강타하였다. 당시 최대 순간 풍속은 마산에서보다 두 배인 초속 74.1m로 고속열차가 시속 270km로 질주하는 엄청난 속도였다. 그러나 놀랍게도 이 엄청난 폭풍 속에서 사망자는 단 1명뿐이었다. 그것도 그의 사망 원인은 태풍의 직접적인 영향이 아닌 평소 지병이 악화돼 숨진 것으로 밝혀

졌다. 태풍 매미가 오키나와섬에 남긴 피해액은 53억엔으로 우리 돈으로 530억원 정도였다. 이에 비해 태풍 매미로 인한 우리의 인명피해는 130명이었으며, 재산피해는 6조원을 넘어섰다. 태풍의 위력이 우리보다 훨씬 더 강력했는데도 불구하고 일본에서는 인명피해와 재산피해가 훨씬 적었던 것이다. 이는 사전에 재난을 관리하는 시스템이 잘 갖추어져 있었기 때문으로 판단된다. 이처럼 우리나라는 재난에 대비한 사전적 재난관리서비스가 선진국에 비해 매우 미흡한 것으로 보인다.

재난은 사전에 미리 대비하고 예방할 경우 태풍 '매미'를 맞은 일본의 경우처럼 그 피해 규모가 축소될 수 있다. 그러나 지구온난화와 환경오염으로 인해 해가 갈수록 재난의 규모가 커지고 있기 때문에 예상 피해 규모에 맞추어 재난을 사전에 관리한다고 하더라고 그 이상의 재난이 발생하는 경우가 종종 발생하고 있다. 2004년 인도네시아 지진해일과 2001년 9·11테러가 그 예이다. 이와 더불어 재난 피해자에 대한 구호서비스 역시 중요한 재난관리서비스로 여겨진다.

이와 같이 재난관리서비스는 사전예방 차원과 사후조치 차원으로 나눌 수 있으며 각각에 해당하는 서비스가 어떻게 이루어져야 하는지에 대한 상세하고 구체적인 접근이 필요하다. 그러기 위해서는 이재민은 물론 재난관리서비스를 제공한 정부, 자원봉사자 그리고 그 외의 여러 협력자들의 의견을 종합해 다양한 시각에서 문제점을 분석하고 대안을 모색하는 노력이 필요하다. 지금까지의 재난관리서비스는 다분히 공급자 중심의 관점에서 다루어지고 제공되어 왔다. 때문에 재난현장에 참여하는 많은 주체들이 자신들의 입장에서는 최선의 노력을 다한다 하여도 결과는 그다지 만족스럽지 못했던 것이 사실이다. 결과적으로 아비규환의 현장에서는 피해자의 생명을 구하는 일보다 자신에게 책임이 전가될까 전전긍긍할 수밖에 없는 서글픈 현실이 펼쳐지곤 한다.

이 책에서는 이러한 다양한 주체들이 재난현장에서 경험하고 느끼고 행동하는 모든 것들을 심층적으로 탐색하고 관찰함으로써 재난관리에 대한 새로운 관점을 제시해 보고자 하였다. 이는 누구의 책임이 아닌, 누구나 노력했지만 부딪칠 수밖에 없었던 문제점들을 서로 다른 다양한 수요자의 관점에서 분석해 봄으로써 통합적 관점에서 재난관리서비스의 효율성을 증대시킬 방안을 모색해 보는 것이 필요했기 때문이다. 이러한 집필과정에서 저자들은 함께 깊은 고민과 토론을 거치고 현장에서 묵묵히 주어진 업무를 수행해 온 실무자들은 물론 재난현장에서 삶의 고단함을 겪어온 이재민들과도 함께 고민을 나누었음을 밝히고, 이 자리를 빌어 연구에 도움을 주신 많은 분들에게 감사의 말씀을 드리고 싶다. 그리고 공저의 과정에서 최선을 다해 많은 도움을 준 희망제작소 재난관리연구소의 최희천, 이주호 연구원, 충북대학교 오아름, 송유진 원생에게 저자들은 감사의 뜻을 표한다. 더불어 저자들은 이 책이 지향하고 있는 수요자 중심 관점에서의 재난관리 연구에 관심과 지원을 아끼지 않으신 희망제작소 박원순 상임이사님과 이 책의 출간을 독려해 주신 대영문화사 임춘환 사장님께도 진심으로 감사드린다.

모쪼록 우리 저자들은 이 작은 노력의 결실이 재난으로 인해 고통받고 있는 이재민들의 삶에 작은 안식이 될 수 있기를 희망하고, 어려운 상황 속에서도 재난관리에 여념이 없는 모든 분들과 재난관리에 대해 애정과 관심을 갖고 있는 연구자들에게 이 책이 조금이나마 도움이 되기를 바란다.

2009년 1월

공저자를 대신하여

유현정 씀

차 례

제 2 편 시선의 전환: 공급자에서 수요자로

제 3 편 외국의 시스템과 기능분석

제 4 편 한국의 시스템과 기능분석

제 5 편 재난현장에서 만난 사람들

표 | 차례

그림 | 차례

제 1 편

재난을 바라보는 시선의 재구성

재난은 사전에 미리 대비하고 예방할 경우 태풍 '매미'를 맞은 일본의 경우에서처럼 그 피해 규모가 축소될 수 있다. 그러나 지구온난화와 환경오염으로 인해 해가 갈수록 재난의 규모가 커지고 있기 때문에 예상피해규모에 맞추어 재난을 사전에 관리한다고 하더라고 그 이상의 재난이 발생하는 경우가 종종 일어나고 있다. 2004년 인도네시아 지진해일과 2001년 9·11테러가 그 예라고 할 수 있다. 이처럼 재난구호 역시 중요한 재난관리서비스로 여겨지고 있다.

재난관리서비스는 이처럼 사전예방 차원과 사후조치 차원으로 나눌 수 있으며 각각에 해당하는 서비스가 어떻게 이루어져야 하는지에 대해 매우 상세하고 구체적으로 접근할 필요가 있다. 이렇게 재난관리서비스가 이루어지기 위해서는 재난관리서비스를 받아본 이재민과 재난관리서비스를 제공한 정부, 자원봉사자 그리고 그 외의 여러 협력자들의 의견을 종합해 볼 필요가 있다.

지금까지의 재난관리서비스는 상당히 공급자 위주에서 이루어져 서비스를 제공한 편파적인 서비스라고 할 수 있기 때문이다. 위에서 말한 바와 같이 여러 재난관리서비스 협력자들이 목소리에 귀기울여 재난관리서비스의 한계점을 파악하여 개선한다면 보다 효율적인 재난관리서비스체계를 구축할 수 있을 것이다. 이를 통해 재난을 경험하는 이재민들과 재난관리서비스와 관련된 많은 협력자들의 복지를 증진시켜 줄 수 있을 것이다.

재난이 발생하면 재난현장의 복구와 재난으로 인해 발생한 이재민을 돕기 위해 재난현장에는 중앙정부, 지방정부, 지역주민, 자원봉사자들이 투입된다. 중앙정부, 지방정부, 지역주민, 자원봉사자의 재난관리서비스는 공급자 중심으로 이루어져 수요자인 이재민의 요구를 충분히 충족시키지 못하고 있는 실정이다. 재난현장에서 서비스를 제공하는 각 기관별로는 재난대응시, 부처별 역할 및 책임은 잘 정의되어 있으나 현장에서 특정 문제의 발생시 어떤 기관과 협조를 하여 임무를 수행해야 하는지의 구체적인 행동지침 및 훈련이 미흡하고, 실제로 유관기관의 협조체계 활용과 그 효과에 대한 파악은 의문시되고 있다.

한편, 민간 부문의 재해구호체계는 대한적십자사 등의 구호조직과 재해의연금품 모금 및 배분을 담당하는 전국재해구호협회, 그리고 사회복지공동모금회 및 각종 사회복지 및 자원봉사 단체 등으로 구성되어 있다. 이러한 조직들은 우리나라에서 대규모 재해와 재난이 발생했을 때 가장 왕성하고 활발하게 지원서비스를 제공하고 있다. 오히려 이들 조직의 노력은 공공 부문의 구호활동보다 더욱 적극적으로 전개되고 있다고 보아도 과언이 아니다. 그러나 이 조직들은 행정적으로 연계망이 잘 갖추어져 있지 않을 뿐 아니라, 지역적으로 편중되어 있다는 문제를 갖는다.

우리나라에서 대규모 재난이 발생하면, 피해자들을 구호하는 과정에서 발생하는 문제들은 주로 '지원금품이 늦게 도착하고 있다'든지, 정부의 대책이 임시방편책이거나 적절하지 않아 오히려 피해를 키우고 있다는 것들이다. 또한 이에 덧붙여 지원금품을 둘러싼 비리문제까지 겹치기도 한다. 이러한 문제들은 부분적으로는 관련 당사자들의 개인적 자질이나 능력의 문제일 수도 있으나 거시적 관점에서 이러한 문제들은 우리나라 재난관리체계의 전체적인 구조에서 기인한다고 할 수 있다. 그러나 공공 부문과 민간 부문의 협력체계, 그리고 민간 부문 내에서 기관·단체들간의 협력체계가 어떻게 구성되느냐에 따라 이러한 문제들이 해소될 수 있다. 특히, 재난관리서비스와 같이 여러 부처가 공동의 작업으로 민원인에게 단일 서비스를 제공하여야 하는 경우 각 부처의 업무 또는 시스템들이 유기적으로 작용함으로써 민원인에 대한 서비스의 질을 높이고 공무원이 처리하는 업무의 효율성을 높일 수 있다. 그러나 현재의 재난관리서비스는 부처간 연계는 물론, 공공 부문과 민간 부문의 관계에 있어서도 각 기관별 업무영역에 따른 서비스 흐름의 단절 또는 병목과 중복으로 문제점이 나타내고 있다.

이처럼 실질적으로 만족스러운 재난관리서비스 제공 및 행정이 이루어지지 못하고 있는 데에는 기존의 재난관리에 대한 시각이 행정편의적 서비스 공급에 머물러 있기 때문이라고 할 수 있다. 산업화 과정에서 자연재해와 재난을 경험해 온 외국의 연구자들은 대규모 재난을 경험한 사람들에 대한 심리·사회적 지원 서비스가 반드시 필요하다고 강조해 왔다(FEMA, 1999; Bell, 1995; Butcher & Hatcher, 1988 등). 이러한 연구자들은 뜻하지 않은 재해나 재난을 경험하는 사람들은 물리적인 환경이나 조건이 회복된 이후에도 '외상후 증후군(post traumatic stress disorder)'과 같은 심리적 문제를 갖게 되며, 이것으로 인해 이들의 일상생활이 매우 어려워지거나 병적인 상태로 진전될 수도 있음을 경고해 왔다(Foa, 1995; Fullerton, 1997 등). 이러한 연구는 국외에서만 이루어진 것은 아니다. '대구지하철참사'의 재난 생존자의 경험을 내러티브 분석을 통해 알아본 최남희(2005)의 연구에서 역시 재난의 사후관리의 중요성을 일깨워 주고 있다. 그러나 우리나라에서는 매년 많은 재해와 재난을 경험하면서도 이러한 문제에 대해서는 거의 관심을 두어 오지 않았으며, 재난과 재해가 발생하면 이들에 대한 자선적인 기부에만 여론이 집중되어 심리적·사회적인 지원은 등한시해 온 것이 사실이다(한동우, 2006). 이러한 문제점은 앞에서 말한 바와 같이 그동안 재난관리서비스가 지극히 행정편의적이고 공급자 위주로 제공되었기 때문이라고 할 수 있다.

Schneider(1992: 135-137)는 이러한 공공행정 중심의 서비스 공급과 실제 재난현장의 피해자와의 기대 사이에서 발생하는 갭(gap)을 관료적 규범(bureaucratic norms)과 피해자들이 기대했던 위기규범(emergent norms)의 차이로 이해하면서, 이의 조정을 재난관리정책의 성패를 측정하는 중요한 기준이 될 수 있음을 강조한 바 있다.

따라서 이 책에서는 재난발생에 따른 관련 주체들에 대해 현행 법제도와 Schneider의 이론적 개념을 적용함에 있어 수요자의 개념을 관련 주체들 전체로 이해하여 철저히 재난현장에서 재난의 피해자와 재난을 복구하고 구호활동을 펼치고자 노력하는 많은 관련자들의 요구와 고충을 듣고, 분석함으로써, 현 재난관리서비스의 문제점을 수요자 관점에서 분석하고 각각의 대상별로 인식하는 재난관리서비스의 문제점의 원인을 파악하고자 한다.

재난상황의 극복은 개별주체들의 협업인 동시에 이들 상호간의 자원활용의 극대화를 통한 총합으로 가능하다. 따라서 재난관리서비스 공급주체와 재난피해자간의 수요 파악은 물론, 공급주체들간에도 각 기관별 수요를 파악하여 체계화하는 노력이 강조된다. 결론적으로는 본 연구는 이들의 어려움과 문제점의 원인이 어디에 있는지를 각기 분석하고 이를 통합함으로써 보다 효율적인 재난관리서비스를 제공할 수 있도록 기초자료를 제공하는 것이 이 책의 목적이다.

제1장

정치와 조직

1. 재난의 정치 의제화

벡의 「위험사회」(Beck, 1997)가 출간된 이래 재난을 위험사회, 위험관리, 위험갈등 등 위험과 관련시켜 성찰적으로 이해하려는 시도가 급속도로 국가와 민간기업, 시민사회의 관심을 끌고 있다. 특히 국가는 「재난및안전관리기본법」의 제정과 '소방방재청'의 설립을 통해 시민의 안전을 위해(!) 삶의 모든 영역에 개입하여 위험을 관리한다는 포괄적인 국가 개입을 정당화하고 있다. 중앙정부와 지방정부, 소방방재청(구조·구급), 경찰(치안), 군(복구) 등은 과거 어느 때보다도 재난에 대한 공적 서비스에 강도를 높이고 있다. 또한 시민·사회단체[1]와 자원봉사자, 민간기업, 지역주민 등 재난관리의 민간협력자들이 역사상 유래가 없을 정도로 재난대응과 복구를 위한 사적 서비스를 제공하고 있다. 이러한 상황에도 불구하고 정부의 재난관리에 대한 평가는 오히려 과거보다 더

1) 재난관련 시민·사회단체는 적십자, 구세군 재난구호프로그램, 지방탐색구조모임, 의용소방대, 안전생활실천시민연합 등 30여 개 단체에 이른다(권욱, 2005: 118).

부정적이고, 재난관리의 예방・대비・대응・복구 단계의 각각에서 재난피해자들의 불만은 더 커져간다. 특히 재난상습 지역에서는 막대한 복구비용이 투입되었음에도 불구하고 재난피해자들의 불만과 정부에 대한 불신은 지속적으로 발생한다. 여기서 우리는 왜 재난관리와 관련한 담론이 이처럼 강하게 정치적으로 부각되는지를 묻지 않을 수 없다.

우리는 사회에 널리 유포된 정책결정자와 피해 당사자의 차이에 의해 일어나는 위험 의제의 정치화로부터 논의를 풀어나가고자 한다. 조류독감의 강력한 방재조치에 대한 양계농가의 저항이든, 재난재발을 막지 못하는 정부의 재난관리에 대한 피해자들의 불만이든 저항의 당해성은 강하게 정치에 지향되어 있다. 이러한 정치 지향성에 대한 동인은 사실적일 수도 있고 비사실적일 수도 있다. 정치적 권력의 개입은 재난상황 이전과 재난상황 발생, 재난상황 이후에서 재난관리체계의 정책결정자와 그 서비스의 수요자인 피해 당사자의 이견 차이를 좁히기 위한 공식적 활동이라는 견해가 지배적이다. 그러나 재난현장에서 활동하는 대응 및 복구 관련 유관조직들간, 개인들간 이해관계의 조정이나 수요자인 피해 당사자의 의견을 수렴하는 절차가 무르다는 지적이 많다(Dynes, 1978; 이재은, 2007).

복지국가는 정치적으로 주요한 의제와 이해관계를 공중들의 요구와 관심에 맞추어 점점 더 넓게 포괄하는 경향이다. 그것은 불평, 불만, 비판, 정책실패 등 위험과 기회의 집중을 내포하고 있으며, 관심의 충족, 문제의 해결, 특정한 상황의 개선 쪽으로 직접 개입하는 정치의 가능성을 함축하고 있다. 정치는 입법의 형태로 행정적 결정에 대한 포용과 배제의 한계와 우선순위를 설정한다. 행정은 한편으로 이처럼 정치적으로 설정되기도 하지만, 다른 한편으로 시민운동 등 공중의 저항과 주민과의 친화성에도 유념한다. 그리고 다시금 행정적 결정의 형태로 공중을 구속한다. 이렇게 함으로써 행정은 전체사회를 위협하는 재난과 그에 따른 공동체 해체, 가족 해체, 혹은 개인적인 수준에서 경제적 손실, 심리적 손상 등을 이전보다 더 효율적으로 파악할 수 있다.

1980년대 말의 민주화 이후 정치체계는 정치와 행정, 그리고 공중을 유기적인 상호의존적 관계로 만들고 있다. 민주화 이전과 이후를 뚜렷하게 구별짓는 것은 무엇보다도 모든 정치활동에서 공중이 결정적인 중요성을 가진다는 점이다. 예컨대 공중은 대선, 총선, 지방선거 등에 기초하여, 혹은 이에 토대를 둔 시민운동, 저항, 주민소환 등 여타의 의견표명을 통해 모든 수준의 정치적 과정에 참여할 것이 장려된다. 그리고 행정은 점점 더 많은 영역에서 공중에게 협력하고 정보를 제공하며, 나아가 공중의 기대를 관철시킬 수 있는 경우에만 그들에게 영향력을 행사할 수 있다.

우리가 정치, 행정, 공중을 의회, 행정부, 유권자(주민)와 같은 국가기관들에 일치시킨다면, 3자의 관계는 한 방향으로 진행되는 권력의 순환으로 해석된다. 의회는 법령을 제정하고 정치적 목표 달성을 위한 수단인 예산안을 가결하며, 집행기관은 정치적으로 사전 결정된 정책프로그램들을 집행한다. 주민은 한편으로 주어진 결정들에 순응하고 다른 한편으로 정치적 선거에서 의원을 선출한다. 그러나 이러한 권력순환은 형성되자마자 역순환을 야기한다. 행정은 정치를 위한 전문화된 입법(안)을 제공해 줌으로써 의회의 분과위원회를 사실상 지배한다. 그리고 정치는 정당조직의 도움을 받아 주민에게 무엇을 왜 선택해야 하는지를 권고한다. 주민은 시민·사회단체 등 다양한 채널을 통해, 혹은 성명서 발표, 가두서명, 시위 등을 통해 관청에 강력히 호소함으로써 행정에 영향을 미친다.

루만의 자기준거적 체계이론에 따르면(Luhmann, 2007), 사회체계들은 그 자체로 완결된 실재(reality)가 아니라 소통의 자기준거적 조작 방식의 연결망이다. 개별 사회체계의 구성요소들은 원칙적으로 체계의 밖,

즉 환경에서 오는 것이 아니라 언제나 체계의 내부에서 자기 자신에 준거하여 소통으로 연계된 조작을 통해 생산되고 재생산된다. 사회 혹은 자연에 준거한 정보의 획득은 체계와 환경의 차이가 체계 안으로 진입하고 계속적인 조작의 출발점이 되면서 체계 안에서만 진행되는 조작에 의해 이루어진다. 이러한 진행을 통하여 체계와 환경의 경계가 형성된다. 체계의 고유한 구성은 종결된 행위가 아니라 지속적인 과정에 있기 때문에, 체계들은 자기준거성과 과정을 통해서만 존재한다. 즉, 상호작용이든 조직이든 기능체계든 모든 사회체계는 자신에게 준거하며 자기 성찰적(self-reflexive)이라고 할 수 있다.

이런 시각에서 보면, 위험사회에서의 정치체계는 소통되는 위험과 위해를 자신의 환경에서 비롯된 위험으로 전환시키고, 자신의 환경에 대해서는 위해로 전환시키는 거대한 전환기구이다. 정치는 중앙정부 및 지방정부의 재난관리 일반, 공공조직의 치안·구조·구급활동, 민간협력자의 재난구호, 그리고 복구에 대한 피해 당사자들의 불만과 비판을 정치적 의제로서 다룬다. 정치는 비록 재난을 관리하지는 못하지만 중앙정부와 지방정부의 재난관리체계의 권력과 직위를 둘러싼 정치적 담론, 그리고 예방, 대비, 대응(구조, 구급, 구호), 복구 등 제도화된 재난관리활동을 규제할 수는 있다. 그리고 정치는 그 규제의 결과를 가지고 행정적 집행의 성공/실패의 구분에 따라 환경에 부담을 지운다. 게다가 민간협력자들의 동원뿐만 아니라 그들의 재난관리활동도 행정적 집행의 성공/실패의 구분에 따른다. 이리하여 정치는 한 당해성을 다른 당해성으로 전환시키는데, 이것이 정치체계의 위험이다. 왜냐하면 정치는 이 당해성을 다시 정치로 되돌리는 형식을 알지 못하기 때문이다.

그 밖에 '대화(talk)'와 '활동(action)'의 차이는 위험과 위해를 통한 사회적 자극의 중심에 있는 정치의 구조적인 과부하와 관련이 있다. 이러한 과부하는 통상 동일한 대화와 활동의 정치적 차이에 의해 처리된다.

이러한 불확실성의 정치는 위해의 의미에서 당해성의 증가와 관련이 있는 집합적 구속력을 갖는 결정에 대한 사회적 압력이 커지는 데서 확인된다. 당해성 소통에서는 타자의 결정으로 인한 당해성이 '실제로' 존재하는지 여부는 문제가 되지 않는다. 만일 당해성이 정치적으로, 즉 정치의 권력 코드 혹은 정부-여당/야당의 코드에 준거하여 소통된다면, 당해성은 정치적으로 실재하는 것이다.

만일 어떤 정당이나 국회의원이 피해의 규모가 큰 태풍 '루사', '매미', '에위니아' 같은 특정한 자연재난의 책임 귀속에 대하여, 혹은 재난복구의 지연에 따른 재난재발의 개연성에 대하여, 재난 피해자의 '외상후 스트레스증후군(post traumatic stress disorder)'의 치료에 대하여 정견발표나 기자회견을 통해 당해성을 분명히 표현한다면, 그로써 이는 정치적 소통으로 등록된다. 즉, 정치 의제화된다. 동일한 사태가 경제에서는 필요성/불필요성의 구분에 따라, 과학에서는 참/거짓의 구분에 따라 다르게 관찰된다는 것은 전혀 중요하지 않다. 위험은 관찰자의 특수한 구성이고 체계의 특수한 구성이다. 다시 말해, 위험은 오로지 그러한 구성의 소통적 조작에 의해서만 사회적 실재로서 논증된다. 위험은 사회 안에 존재하는 것일 뿐 사회 밖에 존재하는 것이 아니다.

복지국가에서 정치 의제화는 정부-여당과 야당의 차이로 처리하는 정치에 의해 제2 당해성, 제3 당해성으로 확산되는 경향이다. 기존의 정치적 결정들 중에서 해당 재난관리의 대응 혹은 복구 프로그램의 결정자와 피해 당사자의 차이가 새롭게 발견되는 한, 정치가 환기하는 긍정적 되먹임(feed-back)은 중요하다. 이러한 제2 당해성의 맥락에서 시민·사회단체들, 자원봉사조직, 민간 구급·구호조직들의 활동은 정치적 주변부의 형태로 정부-여당과 야당의 차이에 귀속된다. 귀속의 확실성이 특히 결정자의 몫이 되는 한, 관리자인 결정자와 수혜자인 재난피해자의 차이 그 자체가 격렬한 정치적 소요를 야기할 수 있다. 이러한 소요는 정부의 재난관리의 부적절성과 불안정성에 대한 비판부터 재해의연금을 둘러싼 비리의혹, 구호품의 도착지연에 대한 사소한 불만, 피해복구의 지연 및 비위까지 수없이 많이 관찰된다. 그리고 정치가 (과학과 법이 아니라) 제2 질서의 관찰자에게 해결할 수 없을 것으로 보이는 문제들로 과부하되는 것, 즉 정치적 소통의 단순한 재생산 요소로 되는 것이 지배적이다. 물론 이것은 전체사회에 구속적인 결정 기제의 과부하를 그 대가로 한다. 공공조직과 민간조직, 지역주민들간의 복잡한 조정을 내포하고 있는 결정에서는 문제의 해결이 어려우면 어려울수록, 그 문제가 재생산될 개연성은 더욱더 커진다(Luhmann, 1992: 209).

결정 자체는 올바르게 내려질 수도 없고 잘못 내려질 수도 없다. 결정은 그저 이런저런 요소를 고려하여 내려지는 것이다. 그러나 그 결정의 재앙적인 결과와 얽힌 위험들은 정치에 전가되는 경향이다(Luhmann, 1990). 다시 말해, 단순하게 손실로 처리될 수 없을 만큼 위험한 사회적 비용은 정치에 부담을 지운다. 타자의 결정으로부터 오는 당해성은 단순한 객관적인 사태가 아니며, 특히 실적 기대의 형태로 정치적 조직에 준거한 정치적 소통이다. 이런 사례는 인명피해가 큰 대형사고나 그 피해의 규모가 큰 자연재난의 사회적 비용부터 재난재발 및 재난복구의 지연과 연계된 사회·경제적 비용, 재난피해자의 사회적 복귀를 위한 사회적 비용에 이르기까지 다양하다. 이 모든 경우에 집합적 구속력을 갖는 정치적 결정 기제가 요청된다.

2. 조직된 재난의 정치

정치체계의 중심부에 속하는 중앙정부와 소방방재청은 위계화된 권력을 통해 집단구속적인 결정을 내린다(Luhmann, 1993). 그리고 주변부에 속하는 지방정부와 민간기업, 시민·사회(봉사)단체들은 결정된 정치적 의제에 대한 지지, 합의 준비 등을 통해 재난의 예방 및 대비, 그리고 현장에서의 재난대응 및 복구 작업을 실행한다. 중심부와 주변부의 차이는 중심화된 재난종합대책과 관련 유관조직들간 중계장치의 차이에 상응한다.

자기기술의 측면에서 보면, 제도적 재난관리의 중심부는 위계로서 기술되는 반면에, 주변부는 위계적 문화, 개인주의적 문화, 평등주의적 문화에서 출처한 경쟁적인 자기기술들로 분화한다. 소통이 중심부에서는 강하게 연동되어 있는 반면에, 주변부에서는 오히려 관련 유관조직들간에 느슨하게 연동되어 있다. 주변부에서의 논쟁은 중심부의 구속적인 결정안과 관련이 있다. 주변부는 실제로 유관조직들간 갈등 영역이다. 전형적으로 지자체와 소방서는 위계적 합리성의 표준을 따르기 때문에, 동일한 사태에 대해 개인주의적 합리성의 표준을 따르는 민간기업의 기술, 혹은 평등주의적 합리성의 표준을 따르는 시민·사회(봉사)단체의 기술과는 다른 기술을 한다.

집단구속적인 결정의 강한 핵심인 중앙정부는 위계적 문화와 개인주의적 문화, 평등주의적 문화로 이루어진 주변부의 약한 견제에 의해 보호된다. 주변부의 이들 다양한 문화의 일치하지 않는 조작 영역들은 비대칭화된다. 중심부가 위계적인 자기기술에 기반하고 있다면, 주변부는 때로는 합의준비와 지지를 얻는데, 때로는 합의준비와 지지를 기대할 수 없는 재난현장에서의 부작용들을 방어하는 데 기여한다. 중심부는 정치에 대한 상호 차단의 기대에서 정치적 소통의 연속을 허용하는 소통적 조작의 의미에서 이 문제에 관계한다. 정치체계는 공공조직의 자기기술과 제한된 수의 문화적인 자기기술들이 충돌하는 원인을 주변부에서의 관련 유관조직들의 활동성에서 찾는다.

민간 구급조직 및 구호조직, 각종 시민·사회단체, 자원봉사단체 등이 추구하는 평등주의적 행위모델은 일종의 정치적 보편주의로 흐른다. 참여와 공적 합의의 형성은 정책결정자와 피해 당사자의 차이를 축소하는 것을 보장한다. 민간기업들이 선호하는 개인주의적 행위모델은 사적인 자기조직을 위하여 정치의 한계에 대한 주의관심을 관리한다. 재난 상습 지역의 잠재적 피해자인 주민들의 숙명론적 문화에서는 정치와 비정치의 차이가 지리적 요인 등 자연 조건에 동화되어서 아무런 역할도 하지 못한다. 그 반면에, 중앙정부와 지방정부의 위계적 행위 맥락은 근본적으로 정치의 팽창 기능을 촉구한다. 물론 그 팽창 기능은 정치와 사회의 경계가 예리하게 관찰되는 경우에만 기능한다(Thompson/Ellis/Wildavsky, 1990: 216 이하).

중심부에 속하든 주변부에 속하든 관료들의 위계적 문화는 질서를 존중한다. 이 위계적 문화는 상습적인 피해 지역 주민들의 숙명론적 문화가 주장하는 정치와 사회의 구분의 부적절성을 무엇이라고 해석하는가? 그리고 구급·구호활동에 참여하는 시민·사회(봉사)단체들의 평등주의적 문화가 주장하는 정치와 사회의 구분의 지양을 무엇이라고 해석하는가? 마찬가지로 구호와 복구활동에 참여하는 기업들에서 나타나는 개인주의적 문화의 사적 활동을 위한 정치와 사회의 구분의 엄밀한 비대칭을 피해자인 주민들 쪽에서는 무엇이라고 해석하는가? 무질서이다.

아무튼 중심부와 주변부의 구분에 근거하거나 국가의 인정을 두고서 재난현장에서의 '대화'과 '활동'으로부터 생성되는 갈등이 제도화된 정치 개념으로 환원되는 것은 정치체계의 자기기술에 따른 복합성의 축소효과이다. 이처럼 문화 패턴이 정치적 문화의 구조적 배경을 이루는 한, 문화 패턴은 정치체계로의 진입 영역에서 정보를 정치와 비정치의 구분으로 상이하게 처리한다.

동시에 그와 연결되는 것은 재난현장에서 집단 구속적인 결정의 상대적인 무력함이 본질적으로 기여하는 효과이다. 상습적인 재난피해 지역의 주민들은 잘못된 정책으로, 그리고 다른 사람들의 잘못된 결정으로 피해를 입는다고 생각하여 원망과 비판, 불만을 쏟아 놓는다. 그러나 주민들은 재난이 터질 때마다 반복하여 이를 되새기기만 할 뿐, 스스로 무엇인가를 변화시키려고 하지는 않는다. 그에 비해 정치는 재난현장으로부터 통지된 논증을 통해서 현장에서의 다양한 요구들을 제한하고, 유예하고, 재정의한다. 특히 중앙정부는 갈등이 커지기를 기대하지 않는다. 왜냐하면 정치적으로 가능한 것에 대한 합리적 통찰이 정치적 소통의 기초가 되고 있기 때문이다. 정치는 본래 매우 제한적으로만 할 수 있는 것을 할 수 있다. 만일 정보가 '합리적인 담론'(Habermas, 1997)을 통해 정치의 통일적인 문제 이해로 옮겨지기만 한다면, 정치는 갈등이 없도록 위험 소통을 적절히 조정할 수 있을 것이다. 그러나 이러한 호의적인 조건은 주어져 있지 않다. 정보는 맥락 중립적으로 '주어진' 것이 아니다. 재난현장에서 소통의 주제와 기대, 이해관심은 객관적인 정보에 의해 운반되지도 않으며, 처음부터 정치체계에게 지향된 관심사도 아니다.

재난상황에서의 정치적 결정은 고유한 역동적이고 구조결정적인 맥락의 소통적 저항을 이겨내기에는 너무 약한 상태이다. 이 맥락은 정책결정자의 특수한 기대와 피해 당사자의 특수한 기대에 의해 구분이 가능하다. 그에 상응하게 대화와 활동의 정치중심적인 차이에 대한 본래의 근거는 기대의 이질성과 불일치에 있다. 이러한 맥락에서 정치적 주변부 혹은 대화는 필요하다. 왜냐하면 정치의 능력을 넘어서는 정치에 대한 너무 많은 기대는 정치에 의해서 해소될 수 없기 때문이다. 주변부와의 대화 없이는 정치는 맥락 구속적인 기대들의 구조적인 저항에 부딪혀 좌초할 것이다.

정치는 그렇지 않아도 잡히지 않는 문제의 해결보다는 소통의 재생산에 좌우된다는 루만(Luhmann, 1993)의 견해의 핵심도 여기에 있다. 이와 연관하여 윤리가 정책결정자가 자신의 위험을 동원하는 근거에 반하여 무엇을 할 수 있는지를, 위험 소통이 중심부와 주변부간, 정책결정자와 피해 당사자의 갈등에서 무엇을 할 수 있는지를, 그리고 합의 계기에의 참여가 무엇을 발생시키는지를 예감할 수 있다. 아마도 이 모든 것 중에서 할 수 있는 것은 매우 적을 것이다. 중심부와 주변부, 정책결정자와 피해 당사자의 구조적인 이견과 갈등, 소요가 가장 개연적인 전망이다.

제2장

문화와 정보

1. 재난의 문화사회학적 구성

공공조직에서 집단적 행위자는 조직의 1차적인 조작 현실인 결정의 반복적인 진행과 일치하는 것이 아니라 2차적 조작인 정체성의 기술과 일치한다. 즉, 집단적 행위자는 행위 능력이 귀속되는 정체성의 자기기술(自己記述)이다(Teubner, 1989: 28). 특히 위험 연구의 관점에서 이러한 기준들에 상응하는 것이 바로 문화사회학적 구성주의이다(Douglas, 1992; Douglas/Wildavsky, 1993). 문화사회학적 재난 구성은 현상학적 전통이나 제도주의적 전통에 비하여 결정적인 장점이 있다. 재난 이론의 구성 원칙으로 자기기술의 세 가지 중심적인 특징인 행위로의 환원, 정보의 비대칭을 통한 조작적 지시성, 자기기술의 동일성 양식을 통한 통일성 준거 등이 등장하는 것이다. 나아가 자기기술의 특화가 문화적으로 정초된 생활양식의 확정적인 도식화, 즉 사회·문화 체계의 질서축인 집단(group)과 연결망(grid)의 도식화를 통해 가능해진다. 물론 이러한 자기기술의 특화가 너무 협소하다고 비판할 수는 있다. 그렇지만 파슨스(Parsons)의 AGIL도식과 슈츠(Schütz), 룩크만(Luhmann)의 생활세계 등이 지나치게 포괄적인 파악을 했던 단점을 고려한다면, 이 특화는 기능적으로 분화된 사회・문화 체계들의 통합 측면에서 확정적인 구성 원칙이라는 장점을 가진다. 이 사회・문화 체계는 강압, 교환, 연대, 주변인 등 중심적인 사회화 형식에 연결된다.

위험 소통의 기술(記述)은 정보의 비대칭에 따라 달라진다. 항상 소통의 차이들이 소통의 수신처인 사람, 이해관계 혹은 조직에 귀속시킬 수 있는 행위의 형식을 취하기 위해서는 항상 소통의 비대칭이 요구된다. 소통의 비대칭은 이데올로기화, 외부화, 합목적화 등으로 나타난다. 문화사회학적 구성주의의 단순화 관점은 소통의 비대칭에 표명된 사회적으로 효과적인 자기기술을 재구성하기 위하여 단지 두 가지 변수 집단과 연결망을 가지고 조합한다(Wildavsky, 1987). 집단은 집단적인 행위구속(Luhmann, 2007: 270 이하)의 의미에서 집단적 정체성을 지시한다. 그리고 연결망은 규범적인 행위규칙의 의미에서 규제밀도를 지시한다.

여기서는 사회체계들이 네 가지의 가능한 집단-연결망의 조합에 지향되어 있고, 그에 상응하게 사회는 위계적 문화(=강압), 개인주의적 시장문화(=교환), 평등주의적 문화(=연대), 숙명론적 문화(=주변인) 등 네 가지 문화의 기술을 조직화하는 것으로 상정된다. 이 재난문화들은 현대사회의 위험 구조를 전형적으로 남김없이 포괄하는 것으로 간주된다. 그 때문에 적어도 전형적 형식의 측면에서는 더 이상 다른 가능성은 없다. 사회 일반에서 나타나는 자기기술은 집단(집합적 정체성)과 연결망(규제밀도)의 배열관계를 참조해서 단순화하여 구성된다. 예컨대 정치사회학에서 사유화로 기술되는 것은 낮은 집합적 정체성과 낮은 연결망 지향을 기초로 하는 개인주의적 시장문화에 적합하다.

▶ 표 2-1 ◀ 집합적 정체성과 규제밀도에 따른 문화유형

		집단(집합적 정체성)	
		높음	낮음
연결망 (규제밀도)	높음	위계적 문화	숙명론적 문화
	낮음	평등주의적 문화	개인주의적 시장문화

행위 맥락에서의 이러한 자기기술은 사회적 관계와 가치, 해석의 상호작용의 결과이다. 문화사회학적 구성주의는 이 자기기술을 생활양식, 즉 문화로 묘사한다. 우리가 이 개념들을 체계이론에로 흡수한다면, 사회적 관계를 일반화된 기대로서, 또한 가치와 해석을 그 구조로서, 그리고 고유한 정보 비대칭과 생활양식을 제도의 의미에서 문화로서 파악할 수 있다. 제도는 일반화된 기대, 즉 구분에서 정보 비대칭의 전형적인 기대모형을 엮는다. 기능적으로 분화된 사회체계에서는 복합성이 상승된 기대의 기대 형식을 계산에 넣어야한다(Luhmann, 2007: 411). 기대의 기대는 모든 참여자들이 서로 시대적 지향과 이런 의미에서 구조적 지향을 갖고 있다고 간주된다.

제도화된 재난문화는 중앙정부와 지방정부, 소방·방재, 경찰, 군 등 공공조직의 위계적 문화 유형, 또한 시장에서의 경쟁지향적인 민간기업과 중장비 건설회사, 화학회사 등 복구자원 소유기업의 개인주의적 문화 유형, 그리고 적십자, 구세군 재난구호프로그램, 지방탐색구조모임, 의용소방대, 안전생활실천시민연합 등 시민·사회(봉사)단체의 평등주의적 문화 유형, 지역주민(혹은 잠재적 피해자와 현시적 피해자)의 숙명론적 문화 유형에 전형적인 네 가지 의미지평을 귀속시키기 위한 규칙을 포함한다. 사회적 차원에서 제도 개념을 행동 기대의 형식적인 일반화 차원과 엮는 것은 마찬가지로 이런 행위 구성에 연관된다. 제도화는 특히 기대가 합의와 관련하여 일반화되는 것을 의미한다. 정보 비대칭의 결과로서의 행위는 특수한 재난문화에서 일반화된 통합 기대의 압력을 받는다.

행위체계는 행위의 재귀적인 자기관찰을 통해서, 그리고 자기생산된 구분의 재귀적 순환(되먹임)과 그 정보 비대칭화에 의해서 생겨난다(Luhmann, 1987). 문화사회학적 구성주의에 따르면, 생명과 재산이 위협을 받는 긴급한 재난상황에서 정부 및 공공조직과 민간기업, 시민·사회(봉사)단체, 지역주민들이 수행하는 일련의 의사결정과 대응 및 복구 활동이 자기재생산적인 맥락에서 어떻게 집단과 연결망의 특수한 자기기술을 통해 탐색되는지를 볼 수 있다. 이들 각각의 자기기술은 적절한 행위의 일반화된 기대와 전형적인 정보 비대칭의 연동(coupling)에 의해 조정된다. 재난상황 이전과 재난상황 발생, 재난상황 이후의 의사결정과, 재난관리의 대응 및 복구 활동에서 한편으로 높은 집단과 낮은 집단, 다른 한편으로 높은 연결망과 낮은 연결망의 정보 비대칭이 그에 상응하는 행위 지평과 적절한 행위 조정의 규칙을 펼친다면, 이 네 영역의 구분 도식은 단순한 분석적 가치를 넘어선다.

정부 및 공공조직의 위계적 문화는 점진주의의 입장에서 재해 취약시설에 대한 주기적 점검, 위험요소에 대한 사전관리, 개발사업에 대한 사전 재해영향평가, 재해영향 감소를 위한 강제 규제방안 마련, 자원수송 및 통제계획 수립, 사전훈련 및 협조체제 구축, 피해자 보호 및 관리, 현장수습 및 관리, 복구상황의 점검 및 관리 등 규제 위주의 재난관리 대책을 결정하고, 집행 과정에서 규칙 일탈자에 대한 책임 귀속으로 기우는 경향이다. 그 반면에 민간기업의 개인주의적 문화는 재난을 자신의 책임으로 능동적으로 수용하는 등 계산된 위험인지와 자기귀속으로 기우는 경향이다. 시민·사회(봉사)단체의 평등주의적 문화는 상대적으로 빈곤한 재난취약 지역과 재난취약 계층에서의 재난재발에 대한 집합적인 위험혐오와 사회로의 책임귀속으로 기운다. 여기서 평등주의의 집합적 정체성은 정책 결정자와 피해 당사자의 차이의 축소에 지향되어 있다. 피해 당사자인 지역주민들이 연대하여 재난관리, 특히 복구계획의 수립과 집행과정에 참여해야만 감시를 통해 비위사건의 발생을 막고 공공 기반시설 확충으로의 자금전용을 막음으로써 궁극적으로 정부가 신뢰를 회복한다(오금호, 2007: 81). 즉, 평등주의적 문화는 집단 차원에서의 연대, 도덕성의 높은 집단응집력과 연결망 차원에서의 약한 행위규칙에 기초하는 차이의 최소화프로그램을 기술한다.

또한 문화사회학적 구성주의는 재난문화의 패턴이 어떻게 사회적 실천에서 특히 상호작용과 집단 소통에서 구성되는지를 개념적인 배열을 재단하여 관찰한다. 이러한 위험이론은 재현하는 것과는 항상 다르게 보이는 우연적이고 독특한 역설(paradox)의 세계에서, 어떻게 확실한 위험 준비와 위험 수용(지시성)이 이루어지는지, 그리고 어떻게 정체성 보장(=정보의 문화적 비대칭)이 이루어지는지를 보여준다. 동시에 객관적으로 주어진 세계에 부응하는 것은 문제가 되지 않음을 보여준다. 왜냐하면 세계는 정보를 통해 다다를 수 있는 것이 아니라 단지 구성될 수 있을 뿐이며, 그것도 각각의 문화의 시각에서 상이하게 구성되기 때문이다. 정보는 선택적이고, 각 문화마다 다른 합리성이 가능하다. 재난관리를 다루는 데서도 그것은 볼 수 있다. 재난관리는 위험한 결정을 동반하기 때문에, 모든 것에서 정보의 비대칭이 일어난다. 누구나 자신의 위험인지는 걱정하지 않으면서 다른 사람들의 위험인지를 걱정한다.

2. 재난문화의 정보 비대칭

위험 소통의 기술은 특히 정보의 비대칭에 달려 있다. 각종 재난위기에 대한 억제 또는 예방 조치이든, 재난발생 상황의 극복을 위한 구난,

구조, 구급, 구호 등의 재난대응 조치이든, 주민의 일상생활로의 복귀를 위한 재난복구 조치이든 위기관리에 대한 의사결정을 하고 놀라움을 인지하는 요소들의 귀속에서는 비대칭이 문제가 된다.

문화사회학적 구성주의는 정보의 비대칭을 고유한 문화 틀과 동일시하기 때문에, 이러한 체계이론의 위험이론 구상에 걸맞다. 문화사회학적 구성주의의 핵심적인 메시지는 모든 것이 비대칭이라는 것이다. 네 가지 문화 각각은 하나의 일관된 정보 비대칭의 장치이다. 제공할 수 있는 것과 원하는 것에 대한 경쟁적인 해석을 야기하는 다양한 요소들, 즉 공정한 태도의 전형, 자원·욕구·기술적 미학의 해석, 학습기제, 위험인지 등은 문화마다 다르기 때문이다(Schwarz/Thompson, 1990: 61). 재난의 예방, 대비, 대응, 복구와 관련해서도 지속적으로 확인되는 것은 이들 재난문화의 정보 비대칭이다. 예를 들어 재난관리 전문가들이 제공할 수 있는 것과 재난피해자들이 필요로 하는 도움 사이에는 비대칭이 존재한다. 바로 이 같은 비대칭들이 그들에게 적절한 행위를 불러일으키고, 그리고 포용과 배제를 통해 서로를 안정화하며, 그로써 각 문화에서 정치와 기술, 위험의 전략적 선택이 가능해진다.

위계적 문화에서 문화적인 비대칭은 관료주의에 있다. 개인주의적 문화에서는 직접적으로 성공에 지향된 실용주의적인 유물론을 취하고, 평등주의적 문화에서는 외부세계에 대한 근본주의의 관점을 취한다. 합리성 기준은 위계적 문화에서는 과정적 합리성에, 개인주의적 문화에서는 실질적 합리성에, 평등주의적 문화에서는 비판적 합리성에 있다. 그렇게 해서 조직된 상이한 관찰들은 문화적으로 분화된 귀속의 규칙들을 통해 합리성·비합리성 구분에 따라 비우연적인 견해들을 생산한다. 이렇게 나타난 위험 맥락들은 다맥락적으로 분화한다.

▶ 표 2-2 ◀ 재난문화의 유형별 특성

		집단(집합적 정체성)	
		높음	낮음
연결망(규제 밀도)	높음	위계적 문화(관료주의) - 강제적 규칙이지만 예방적 규칙 - 타자에서 파생된 다수의 요구와 자원 - 분명한 행위영역들의 고도로 구조화된 연결망 - 확립된 절차에 의해 관례화된 위험 - 선조나 대형사고로 특징지어진 과거시대에 기초한 미래에 대한 기대	숙명론적 문화(잔여) - 강제적 규칙 - 분류에 의해 강요된 의무와 요구 - 분산된 연결망에 연유한 소수의 자원 - 협의 없이 타자에 의해 강요된 위험; 수동적 분노 - 순환적 조작의 무한한 반복으로서의 미래
	낮음	평등주의적 문화(단체) - 비강제적 규칙(자발성) - 타자에서 파생된 다수의 요구와 자원 - 분명한 행위영역들의 과도적 연결망 - 저항적 위험: 가능한 재난에 대한 고도의 민감성 - 단기적 역사모델에 따라 현재로 압축된 미래시대	경쟁적 문화(시장) - 비강제적 규칙(자발성) - 타자에서 파생된 소수의 요구 혹은 자원 - 영역 없는 자기중심적 연결망 - 분산된 관심의 통합적 위험: 계산된 위험의 수용 - 조작적 경계와 관련된 통합적 미래

* Japp, Soziologische Risikotheorie(1996: 126) 참조.

이들 문화는 동일한 사건을 문화적으로 조건지어진 상이한 근거에서 고유한 구분과 기술을 생산한다. 사전 대응훈련 실시, 대응기관간 협조 및 조정, 대응자원의 확보 및 비축, 재해 경보체계의 구축, 피해자 보호 및 구호조치, 피해상황 파악 및 응급복구, 복구장비 및 예산확보 등 재난관리를 위한 규제의 기준들이 위계적 문화에서는 항상 결핍으로 해석된다. 그 반면에 개인주의적 문화에서는 과잉으로, 평등주의적 문화에서는 부적절로 해석된다. 개인주의적 문화는 각종 규제보다는 자원의 제약 없는 경쟁적인 점유를 강하게 요구한다. 물론 기관장 혹은 지방의원, 관련 공무원과 기업이 유착하여 특정 업체에 특혜를 부여함으로써 복구 지원금을 횡령하는 비리는 여전히 문제이다. 평등주의적 문화는 이들 기준이 결정자와 피해자의 혼돈상황 초래, 서비스 중복과 자원의 낭비, 부적절한 서비스, 대상 집단의 분노 야기, 수요의 불충족 등(이재은, 2007)을 야기하는 것으로 간주하여 적절하지 않다고 본다.

재난관리 활동과 연계된 지식의 세력 범위와 관련해서는 위계적 문화에서는 거의 완비되고 조직된 고찰 방식을, 개인주의적 문화에서는 완전하고 시기적절한 고찰 방식을, 그리고 평등주의적 문화에서는 불완전하지만 전체적인 고찰 방식을 내세운다. 재난위험의 원인을 장애를 일으킨 사건에 인과적으로 귀속시키는 경우 위계적 문화에서는 전문가와 문외한의 구분의 전문가를 신뢰하며, 개인주의적 문화에서는 인간실수와 체계실패의 구분의 인간실수를, 그리고 평등주의적 문화에서는 인간적 척도와 비인간적 척도의 구분 혹은 전체성(연대)신화와 개별적 이해관계의 구분의 전체성신화를 신뢰한다.

위험 관련 학습은 위계적 문화에서는 선취에 의해, 개인주의적 문화에서는 시행착오를 통해, 그리고 평등주의적 문화에서는 착오없는 시행을 통해 이루어진다(Wildavsky, 1988). 물론 모든 문화는 위험에 대한 책임을 요구한다. 만일 위험의 학습과 위험혐오의 학습을 구분한다면, 각 문화에서는 책임귀속의 고유한 경로가 발생한다. 그러면 이 책임귀속의 경로는 미래의 불확실성으로 인해 지속적인 논쟁의 대상이 된다(Clark, 1980; Ladeur, 1986). 여기에 합의의 계기란 없다. 만일 이들 상이한 문화에 속하는 관찰자들이 서로 소통한다면, 그들은 이견을 가지고 소통을 시작할 것이고 최악의 경우에는 싸움으로 끝날 것이다. 상황이 좋다면 그들은 전략적인 타협에 이를 것이나, 하버마스(Habermas, 2006)의 의미에서 완전한 합의나 소통적 합리성은 아니다.

비정상적인 위험은 위계적 문화에서는 공적 신뢰상실의 의미에서 통제력의 상실이고, 개인주의 문화에서는 시장의 기능마비이고, 평등주의 문화에서는 파국적-비가역적 재난이다. 이러한 원인 귀속으로부터 각 문화마다 관찰자에게는 온전한 세계와 망가진 세계의 구분이 있음을 알 수 있다.

문화사회학적 구성주의에 따른다면, 재난관리의 대응 및 복구와 관련해서도 체계 내적으로 문화 특수한 비대칭이 일어난다. 이러한 정보의 비대칭들이 정보의 수용과 거부를 조정한다. 다시 말해, 각 문화마다 비대칭적인 문화적 지시연관이 정보를 지지할 것으로, 그리고 일탈적인 것으로 확인된 정보는 거부될 것으로 가정한다. 숙명론적 문화에서 '위험의 흡수'는 피해 당사자들이 타인의 결정을 벗어날 길이 없는 어쩔 수 없는 상태에서 소통을 거부하는 양식이다. 만일 다른 사람의 결정에 의한 부정적인 결과를 피할 가능성이 없다면, 그들의 행동은 운에 맡겨서 닥치는 대로 내린 선택에 불과하다. 여기서 정보와 비정보의 차별은 아무런 의미가 없다. 왜냐하면 피해 당사자인 주민들은 어느 누구도 신뢰하지 않기 때문이다. '연결망'은 그것을 유용한 것으로 간주하는 개인주의적 문화를 지시한다. 재난관리와 관련되든 재난구호와 관련되든, 정보는 이에 참여하는 조직들의 '사적 연결망', 예컨대 대한적십자사 등의 구호조직과 재해의연금품 모금 및 배분을 담당하는 전국재해구호협회, 그리고 사회복지공동모금회 및 각종 사회복지단체 및 자원봉사단체 등 이익집단들을 중심으로 순환하는 것이지, 공적인 관료기구, 예컨대 중앙정부나 지방정부, 소방방재청, 경찰 등이 정보를 퍼뜨리는 것은 아니다.

문화사회학적 구성주의는 각 문화마다 특수한 기대가 어떻게 그 문화의 고유한 환경과 충돌하는지에 따라 기대를 벗어난 놀라움을 생산함으로써 위험 맥락들을 특화한다(Wildavsky, 1987: 71 이하). 만일 위계적으로 조직된 결정이 위계적인 세계를 상정하고 개인주의적, 평등주의적 혹은 숙명론적 행위 영역으로 들어가 결정을 한다면, 이 위계적인 결정과정은 다른 행위 영역들에서의 놀라움을 개연적으로 만든다. 동일한 상황이 개인주의적 혹은 평등주의적으로 조직된 결정과정에도 타당하다. 항상 기대된 결정과정은 이에 거스르는 다른 행위 영역들에 의해 놀라움으로 탈조직화된다.

원칙적으로 놀라움과 일탈과 관련한 논의는 정책결정자와 피해 당사자 혹은 위험과 위해의 잘 알려진 구분으로부터 시작할 수 있다. 이들 구분에 근접해 있는 것은 체계에 귀속되는 정책결정자-위험과 환경에 귀속되는 피해 당사자-위해의 구분이다. 놀라움은 근본적으로 재난예방상, 재난대비상, 재난대응상, 재난구호상, 재난복구상의 오류에 대한 책임에 의해, 그리고 재난관리의 목적에 대한 함축성 있는 역설에 의해 처리된다. 만일 이 역설의 핵심이 미래의 불확실성에 대한 위계적 관료조직의 결정-합리적인 재난관리와 재난피해자들의 저항적인 재난관리의 조정할 수 없는 대립에 있다면, 낮은 실효성을 가진 두 전략 유형의 거래(trade-off)에 대한 희망은 있다. 물론 거래는 그 자체로 위험하다. 왜냐하면 중앙정부 혹은 지방정부의 강화된 통제를 통해서 주민의 위험준비를 낮추는 것은 기회를 놓칠 가능성을 포함하기 때문이다. 합리적 결정도 마찬가지로 위험하다. 그 때문에 재난관리에는 많은 시간이 소요된다. 결정을 도구-합리적으로 생산하는 경험적인 '정상 사건'(Perrow, 1999)은 바로 그것을 명료하게 보여준다.

국지성 집중호우와 잦은 태풍으로 인한 통제할 수 없는 재난의 가능성은 위험 혐오라는 잰걸음의 정치를 권고한다. 그러나 인간에게 이롭지 못한 이러한 재난의 정체는 그 자체 높은 불확실성을 가진다. 이 재난의 정체는 이러한 방식으로 합리성과 위험의 차이의 재진입을 자극한다. 정치는 합리성과 위험의 차이 맥락에서 정치적 소통을 재생산한다, 바로 그 때문에 재난예방상, 재난대비상, 재난대응상, 재난구호상, 재난

복구상 결정의 위험은 권력에 연관된 위험으로 전이된다. 그리하여 우선 정치는 자신의 위험을 해결하기 위해 나선다. 그를 통해 정치의 환경이 부담을 더는지 혹은 부담이 가중되는지는 불확실하다. 아무튼 관찰할 수 없는 환경이 체계 내적인 목적 설정을 통해 뒤바뀌는 한에서(Luhmann, 1968: 123이하), 그때 필연적으로 등장하는 놀라움은 체계 내적으로 타당한 규칙에 따라 그릇된 정보가 통지된 체계에, 혹은 일탈적인 환경에 귀속된다. 그때 개인주의적 문화는 원인을 자기에게 귀속시키는 방향으로 기우는 경향이다. 그에 반하여 위계적 문화는 정상이 아닌 타자에게 귀속시키는 방향으로 더 강하게 기운다. 전자는 비교적 문제 해결에 놀라움을 이용하는 경향이지만, 후자는 책임분산이나 국외자에의 책임전가, 즉 책임의 외부화를 통해서 놀라움을 감소시키려고 한다. 따라서 후자의 학습은 잘 일어나지 않는다.

제3장

책임과 접근의 변화

1. 책임 지우기와 책임수용

소통이 행위로 복합성이 축소된 경우, 단순히 어떤 행위가 아니라 책임있는 행위가 문제된다(Luhmann, 2007: 227). 귀속은 단순한 행위가 아니라 행위의 결과에 대한 책임을 지우는 것이다. 거기서 원인과 책임의 연동(coupling)이 새롭게 표현된다. 이 연동은 인과적 해석의 의미에서 행위와 사람의 귀속적인 연결을 가능케 한다. 그 때문에 재난대응, 재난복구 과정에서 일어난 피해에 대한 고소를 피해자는 누구에게 할 수 있는가, 손해를 야기하는 행위의 의미에서 누가 손해에 대한 책임을 지는가를 묻게 된다. 또한 재난대응, 대난구호 활동에서 혹은 재난복구 과정에서 일어난 소요에 대한 책임이 누구에게 있는가를 따지게 된다. 그때 중요한 것은 완전한 인과적 지식이 아니라 의미 복합성을 축소하는 귀속이다.

재난 지역의 관할권을 갖는 중앙지방 혹은 지방정부의 해당 관청이라도 법적인 귀속 관례의 의미에서만 발생한 손해의 원인이 된다. 무엇이 해당 관청으로 하여금 위험회피 행동으로 몰아갔는지, 혹은 무엇이 치안·구급·구호조직으로 하여금 무질서로 몰아갔는지, 무엇이 복구조직으로 하여금 무모한 경쟁으로 몰아갔는지를 헤아린다. 말하자면 그 원인과 그 원인의 원인... 등등으로 원인 귀속을 계속하면서 특정한 조직 혹은 조직의 직위를 통한 원인 구성에만 몰두하지는 않는다. 왜냐하면 재난전문가, 자원봉사자, 주민, 재난피해자는 서로 다른 원인들에 책임을 돌릴 것이기 때문이다. 따라서 복합적인 연관에서 발생한 손해를 원인 행위에 귀속시키는 일은 대단히 어렵다.

물론 재난관리의 위험과 관련해서는 정책결정자와 피해 당사자의 구조적인 귀속갈등과 정치적 조정의 어려움이 필연적으로 따른다. 위험지식은 개별적인 행동의 인과성이 아니라 복합적인 체계의 자기조직에 해당한다. 책임 지우기의 사회적 구성을 위해서는 행위의 인과성에 대한 준거는 없어서는 안된다. 「재난및안전관리기본법」에서 보듯이 인과성은 복합성에 의해 간단히 대체되지 않는다. 오히려 여기서는 비대칭이 작용하지 않는 불일치가 문제된다.

함축적으로 책임의 귀속을 이미 포함하는 행위의 귀속, 즉 행위의 결과에 대한 원인 귀속이 중요하다. 혹은 역으로 책임귀속은 결과에 대한 원인으로서 행위의 귀속을 전제하고 있다. 그렇지 않다면 어떤 방식으로든지 다루어질 수 있을 것이다. 원인 귀속에는 어떤 방식으로든 다루어질 수 없는 두 가지 경우가 있다. 하나는 일상적인 행위이고 다른 하나는 조직에서 프로그램에 의해 조건지어진 행위이다. 전자의 경우는 재해의연금품 배분 과정에서 나타나는 피해자의 불만이 대표적이다. 후자에서는 책임이 오히려 오류의 회피와 관련하여 적절하게, 그리고 책임성의 의미에서 조직의 직위에 따라 공식화되어 있다(Kaufmann, 1993).

만일 책임을 수용하는 주무관청에 대한 신뢰가 정보의 결핍을 보정한다면, 불확실성 흡수와 관련하여 책임은 적절하다. 의사 혹은 심리치료사의 피해자 방문은 불확실성 흡수 기제의 좋은 예이다. 만일 다소간 불특정한 목적 프로그램의 맥락에서 결정이 이루어져야 하고, 그 밖에 권위가 역할을 한다면, 이러한 불확실성 흡수가 조직에서 일어난다. 이런 경우에는 변호사나 시민단체들에 의한 확실한 정보의 요청을 통해서나, 정신과전문의 등 전문가에 의해 설득력있게 표현된 정보를 통해서 불확실성을 흡수한다. 그러면 누군가 다른 사람, 즉 변호사 혹은 전문가가 책임을 지는 전제들에 기초하여 협상을 벌이거나 결정을 한다. 책임은 미래에서나 일어날 행위 결과를 겨냥하고 있다. 이런 한에서 책임수용은 위험하다. 혹은 역으로 위험은 필연적으로 책임과 연동된다. 왜냐하면 오직 책임수용을 통해서만 완전한 정보없이도 담판을 지을 수 있기 때문이다. 그렇지 않다면 책임은 필요가 없다.

결과에 대한 책임 지우기를 통해 비로소 행위는 자기기술을 하는 체계의 통일성과 관련된다. 이런 의미에서 정치적 행위는 통일성으로써 중앙정부에 귀속되며, 이 귀속은 개인적인 행위로서가 아니라 법치국가의 책임있는 행위로서 행해진다. 싸움은 귀속된 행위 결과에 대해, 이런 의미에서 책임을 물어야 하는지 혹은 아닌지에 따라 달라진다. 이 경우에 미래의 행위 결과에 대한 불확실성이 문제가 된다. 물론 이러한 불확실성 흡수보다는 재난대응 및 재난복구 과정에서 실패한 일, 소요가 야기된 일의 수신처에의 귀속이 문제된다. 이러한 수신처의 대표적인 경우는 사람, 이해집단 혹은 조직 등이다. 중앙정부나 지방정부에게 총체적으로 책임을 묻기도 하지만 특정한 직위의 개인에게 묻기도 한다.

이러한 귀속의 해당자에게는 책임수용의 대가, 즉 불확실성 흡수의 위험이 문제된다. 책임수용을 통해 불확실성을 흡수한 사람뿐만 아니라 책임수용을 믿은 사람도 위험을 무릅쓰는 것이다. 그의 신뢰는 공짜가 아니다. 물론 다른 사람들의 책임지우기 조작이 없이 행위를 이끄는 신뢰에 이르지는 않는다. 이러한 효과는 위험평가와 위험인지에 대한 소통의 각 문화마다의 특수한 비대칭을 통해 이용된다. 그렇게 해서 중앙정부와 지방정부, 공공조직 같은 위계적 관료조직은 책무의 성질이 문제가 될 때, 규칙 순응적인 행위와 일탈적인 행위의 구분 속에서 일탈적 행위에 귀속시키는 경향을 강화한다. 개인주의 시장문화와 평등주의적 문화는 아마도 바로 규칙에 귀속시킬 것이다. 내적이나 외적 원인에 대한 모든 귀속은 불확실성을 흡수한다. 피해를 야기한 사건들의 책임 있는 행위에의 귀속은 그 정당성을 문제삼음으로써, 그 이상으로 책임 수용에 의한 불확실성의 흡수 제도를 요청한다.

이런 의미에서 문화사회학적 구성주의는 다양한 재난문화들이 책임의 규칙을 내부화하려고 시도한다고 주장한다(Wildavsky, 1987: 285). 집단 차원은 누구에 대하여 책임이 있는지를 규제하고, 연결망 차원은 무엇에 대해서 책임이 있는지를 규제한다. 확실한 직업의 권위에 준거하여 위계적 문화는 주무관청의 권위의 지지에 대한 책임의 의미에서 구성원의 행위를 조직하고, 평등주의적 문화는 파괴에 대한 책임의 의미에서, 개인주의적 문화는 확실한 직업의 권위를 다루는 그런 행위에 대한 책임의 의미에서 구성원의 행위를 조직한다. 윌다브스키(Wildavsky, 1987)에 따르면, 위계적 문화는 재난의 원인을 안전수칙, 매뉴얼 등 규칙을 따르지 않은 일탈자의 탓으로, 개인주의 시장문화는 정책결정자 혹은 자신에게 불리한 상황, 평등주의적 문화는 재난관리체계로 돌리는 경향이다, 그리고 숙명론적 문화는 예측할 수 없는 운명으로 돌린다. 이러한 상이한 귀속의 형식들이 상이한 결정 양식과 학습 전략을 포함한다는 것은 직접적으로 통찰이 가능하다.

책임지우기의 사회적 기능은 다른 사람들을 위한 미래의 불확실성 흡수에 있다(Luhmann, 1964: 12장). 만일 미래가 불확실한 상황에서 결정이 내려지고, 이러한 결정이 다른 사람들로부터 그들 자신의 결정을 위한 전제로서 이용된다면, 이 결정은 대개의 경우 기능한다. 만일 결정자에게 그 결정의 결과에 대한 책임귀속이 이루어진다면, 그로써 2차 결정자는 이 관계에서 불확실성의 부담을 덜 수 있다. 이 문제는 결국 미래의 불확실성 속에서 완전한 정보없이 결정을 내려야 하는 현실의 필연성에서 나온다(Luhmann, 1964: 173). 대형화재 현장에서 현장지휘자와 이재민의 관계가 그 좋은 예이다. 현장지휘자는 거센 바람을 타고 이리저리 옮겨 붙는 불의 진로를 차단하거나 진압하기 위해서 어디에 어떤 자원을 얼마만큼 투입할지를 결정한다. 이재민들은 이 결정에 따라 집을 포기하고 귀중품을 챙겨서 탈출하거나 양동이 물을 동원하여 사수하는 등 이런저런 행동을 취한다. 이처럼 책임은 불확실성의 권위적인 흡수를 암시하고, 그런 한에서 확실성의 등가물로 기능한다((Luhmann, 1964: 174). 위험수용은 항상 자기기술 및 각 문화마다의 맥락에서 책임수용과 결합한다. 어쨌든 책임 개념이 위험 맥락에서의 행동에 대한 핵심적인 의미를 갖는다는 것은 분명하다. 이것은 벡의 '조직된 무책임성'(Beck, 1988)에서도 잘 반영되어 있다. 만일 결정의 결과에 대한 책임성이 책임의 단서가 관료주의의 미로 속에서 사라질 정도로 심하게 분산되고 분할된다면, 그 결정체계는 더 이상 학습을 할 수 없다. 왜냐하면 결정체계는 더 이상 해명 요구를 받지 않을 것이기 때문이다. 도덕적으로는 어차피 불가능하고, 법적으로도 책임을 묻기가 쉽지 않다. 귀속 이론은 이러한 상황을 체계에 대한 귀속의 어려움과 그 환경에 대한 귀속의 용이성으로 표현한다.

불확실성 흡수와 책임수용의 연동은 조직 외적인 위험 인지의 경우에 타당하다. 피해 당사자에 의한 책임의 타자귀속이 문제가 된다. 아무튼 책임은 자기 자신에 귀속되든 타자에게 귀속되든 불확실성의 흡수를 포함한다. 첫 번째 경우는 결정자가 정보의 결핍에도 불구하고 확실성을 위하여 일함으로써, 타자는 불확실성의 부담을 던다. 위험은 책임수용 속에 사라진다. 두 번째 경우는 정보에 대한 처리를 타자의 지배 하에 두고 불확실성을 타자에 대한 책임 귀속으로 흡수한다. 다시 위험은 책임 지우기 속에서 사라진다.

2. 재난관리 접근의 변화 시도

우리나라의 경우에는 급속한 산업화와 경제성장을 추진하는 성장 위주의 정책에서 효율성 추구에 주로 관심을 집중하였다. 그 결과 여러 가지 산업화의 부정적 효과들에 대한 대비가 허술하게 되었다는 점을 부인할 수 없다. 또 한편, 도덕과 염치, 겸양과 격조, 안전과 질서와 같은 경제적 가치 이외의 가치들을 소홀히 다루었다는 평가를 면하기도 어렵다. 우리 사회에서 발생하고 있는 대부분의 재난은 급속한 산업화에 대한 우리들의 부적응 내지는 이해의 부족에서 기인하였다고 평가할 수도 있다(김영평, 1994: 13).

우리 사회는 1960년대 이후로 근대화를 국가발전을 위한 정책목표로 채택하였다. 이러한 근대화(modernization)는 사회전체적인 수준에서의 상향적인 변화를 의미하는 것으로 이해할 수 있다. 보다 구체적으로는 경제적인 수준, 정치적인 수준, 사회적인 수준 모두를 망라하는 전반적 관점에서의 상향운동을 의미한다(김대환, 1998: 35). 즉, 경제적인 수준에서의 지속적인 성장 및 산업화, 정치적인 수준에서의 참여의 확대 및 민주화, 사회적인 수준에서의 합리적인 가치체계의 도입 및 확산이야말로 근대화의 기본조건이라 할 수 있다. 이와 같은 논의에 입각해 볼 때 한국 사회가 이러한 근대화의 기본조건에 부합되는 사회인지의 여부에 관한 의문이 제기된다. 일부 부합되는 부분도 있다. 그러나 우리 사회

구성원 어느 누구도 한국 사회가 이러한 기준에 전적으로 부합되는 사회라고 단언하지는 못한다. 물론 경제적인 측면에서 보면, 과거 40여년 전과 비교해 보면 농업 중심에서 공업 중심 국가로 전환되었고, 도시화 현상이 가속화되었으며, 산업화와 경제성장이 어느 국가 못지않게 이루어졌다. 그러나 정치적 조건과 사회적 조건에서는 다소 부정적으로 판단되고 있다. 즉, 급속한 경제적 성장이 총량성장에 집착하기가 쉽고, 이것이 정치적 민주화와 사회적 합리화를 저해하는 방향으로 작용하였다고 볼 수 있다(김대환, 1998: 37).

따라서 한국 사회에서의 위험 문제는 산업화되고 근대화된 서구 선진국의 그 것과는 다른 양상을 띠고 있다. 서구 선진국에서 문제가 되는 위험으로는 근대 산업국가로의 이행과정에서 발생하는, 즉 근대화에 수반되는 환경오염, 생태계 파괴, 생활 안전의 위협, 신종 범죄 등이 자리잡고 있다. 반면에 근대화된 측면과 근대화되지 못한 측면이 공존하고 있는 한국 사회에서는 근대화에 수반되는 위험과 전근대적 의식과 근대적 물질문명의 결합을 통한 위험이 동시적으로 나타나고 있다.

현재 우리 사회의 재난관리는 재난발생에 따른 대응과 복구에 치중하는 제도와 시스템을 지니고 있으므로 단기적 처방에 그치고 있다. 따라서 재난관리를 단기적 처방 차원의 집행으로부터 중장기적인 제도 개선의 차원으로 전환하는 것이 요구된다. 즉, 사회시스템의 제도적 개선 차원에서 재난관리를 접근하는 것이 바람직하다.

이를 위해서는 재난을 효율적으로 관리하기 위한 제도, 즉 재난 요소를 갖고 있는 사회구조에서 그 재난이 발생하지 않도록 조절하는 시스템이 필요하다. 예를 들면 지방자치단체 내부에 각종 재난을 사전에 예방·대비하고 사후에 대응·복구할 수 있는 경찰·소방 등과 같은 조직이나 기관이 제도적으로 내장되어 있어야 한다. 또는 건축물이나 시설물의 안전관리를 위한 전문가 시스템이 사회 속에서 정상적으로 움직일 수 있는 메커니즘이 구축되어 있어야 한다. 각각의 발생 가능한 재난을 관리하는 데 요구되는 수요를 파악하고 이를 충족시켜 줄 수 있는 서비스와 기능을 제공하고, 제도적인 메커니즘을 구축하는 것이 요구된다.

이는 재난발생 이후의 대증적 치료(allopathic treatment) 접근이 아니라 재난발생 이전의 사전적 차원의 재난관리 제도 개선 접근이 필요하다. 즉, 예방 및 완화 차원의 제도 개선 관점에서 보면, 장수를 하거나 건강을 지키기 위해 암을 진단하거나 치료해 주기 위한 각종 제도보다는 암 발생 자체를 막을 수 있도록 '발암물질이 없는 음식물'을 먹는다는 관점 또는 암 발생을 막아주는 '항산화제 복용에 대한 의료보험 혜택을 주는 제도' 등을 말한다.

현재의 사회뿐만 아니라 미래의 사회에서도 중장기적으로 그 효과가 발생할 수 있는 제도들이 개선의 대상이 될 수 있다. 이를 위해서는 일상화된 생활 속에서 일상생활과 깊게 밀착된 재난관리 거버넌스가 작동해서 재난관리를 하는 것이 바람직하다.

재난관리 서비스의 제공은 외부효과의 존재, 공공재적 성격, 그리고 불완전한 정보(imperfect information)로 말미암아 정부 규제나 정부 활동의 정당성이 주어진다. 그러나 재난관리에 대한 정부의 직접적 활동이나 개입은 다음과 같은 이유들로 인해 정부 실패(government failure) 또는 비시장 실패(nonmarket failure)를 가져올 수도 있다. 첫째, 시장 실패를 교정하기 위한 정부의 개입(government intervention)이 처음 의도한 바와는 거리가 먼 예기치 못한 부작용, 즉 파생적 외부효과(derived externalities)를 만들어냄으로써 비시장 실패 또는 정부 실패가 발생한다(Wolf, 1988: 77). 따라서 재난관리서비스를 정부가 직접 제공하거나 독점적으로 제공하는 것이 바람직하지 않게 된다. 둘째, 정부가 제공해야만 하는 재난관리서비스의 내용과 범위는 대단히 포괄적이고 다양하다. 그렇기 때문에 정부는 재난관리서비스를 효과적으로 제공하는 데 있어서 능력의 한계를 보이게 되고, 이로 말미암아 재난관리서비스에 대한 정부의 독점적 제공은 현실적으로 불가능하고 또 불필요하게 된다. 셋째, Rhoads(1983: 66)의 지적처럼 정부가 현재 서비스를 제공하고 있거나 제공해야만 하는 경우조차도 공공재가 만사가 아니며, 또한 작고 효율적인 정부를 지향하고 있는 정부정책에서 볼 때에도 정부의 직접적이거나 독점적인 서비스 제공은 바람직하지 않다.

그러므로 재난관리의 서비스 공급 주체들은 해당 재난관리서비스 및 기능에 대한 수요자를 파악하고, 수요자의 수요 서비스 내용을 정확하게 인식하여 이를 제공해 주는 것이 요구된다. 이러한 재난관리의 서비스 공급 주체로는 정부가 독점적으로 제공하는 것이 가능하지도 않고 효율적이지도 못하기 때문에 정부뿐만 아니라 기업, 시민단체까지도 포함하게 된다. 궁극적으로 재난의 예방, 대비, 대응, 복구를 위한 제 기능 및 서비스의 제공과 관련된 재난관리 조직 및 기관들이 각 단계별로 요구되는 수요를 파악하여 서비스를 제공해 줄 수 있도록 접근 방식의 전환이 요구된다고 볼 수 있다.

제 2 편

시선의 전환: 공급자에서 수요자로

제4장

재난의 변화

1. 재난현황과 복합재난의 출현

1) 우리나라의 재난현황

2000년대 이후 국내에서 발생한 위기 역시 다양한 양태로 심각한 피해를 가져왔다. 태풍 루사(2002)와 매미(2003)는 직접 피해액이 각각 6조원과 4조원 이상으로 나타났으며, 화물연대 파업(2003)이나 SARS(2003), 조류 인플루엔자(2003, 2004) 등의 공중보건 분야의 전염병 위기는 대규모 인명피해 가능성이 있다.

또한 현재 대형 위기로 확대되지는 않았으나 지역사회는 물론 국가사회 전반에 치명적인 영향을 미치게 되는 각종 핵심기반(critical infra-structure)의 위기 역시 중요하게 다루어야 한다. 이러한 위기는 금융, 교통 · 수송, 전력, 정보 · 통신, 주요 산업단지 및 상업시설, 에너지, 원자력, 댐, 정부시설, 공중보건, 공공안전 등 우리 사회의 생존성 보장과 직결되는 요소에 대한 침해나 위협이 있기 때문이다. 미래사회에서는 생태위기(ecological crisis) 등의 또 다른 신종 위기 유형이 출현하여 우리 사회의 생존성과 번영을 위협할 수도 있다. 이처럼 우리 사회에는 전통적인 위기와 새로운 유형의 위기가 계속해서 나타나는 한편, 사회를 구성하는 구성요소 또한 지속적으로 변화하고 있다.

현재 국민생활의 기본 요소인 의식주는 물론 교통이나 치안과 관련된 재난요소에 대한 관리체계가 일상적인 행정적 규제 차원에서 벗어나지 못하고 있는 한편, 사건 발생 이후의 대응에 초점을 둔 위기관리시스템으로 머물고 있다. 생활안전이나 치안을 위협하는 재난이나 위기의 종류나 계기가 워낙 다양하기 때문에 특정 부처나 정부기관이 모든 재난을 예측하고 사전 대책을 세우기가 어렵다.

오늘날에 와서는 새로운 재난이 복합재난(hybrid disaster) 형태로 발생하기 때문에 이에 대한 대처 역시 과거와 같은 일방향적이고 단선적인 방식으로는 어렵게 될 것이다. 인적 재난과 자연재난이 결합되어 발생할 수 있고, 자연재난의 발생으로 말미암아 인적 재난이나 핵심기반재난이 유발되어 나타날 수 있기 때문이다. 예를 들면, 집중호우에 의해 댐이 넘치면서 댐의 붕괴가 나타나고 이로 인해 전력공급시스템이 붕괴하고 도시기반시설이 물에 잠겨 통신망이 마비되는 한편, 교통망이 두절되는 동시에 농업기반시설이 무너지는 재난상황을 예상할 수 있다.

과거 자연재난으로 인한 피해가 주로 저소득층이나 농촌 지역 국민을 대상으로 하였던 것이라면, 오늘날의 인적 재난이나 질병재난, 사회적 재난은 소득 계층이나 지역에 관계없이 국민 누구에게나 무차별적으로 피해를 양산하고 있다. 그 중에서도 특히 자연재난은 국토 안전에 대한 가장 커다란 위협요인이 되어 왔다.

이는 전 지구적으로 발생하는 기상이변 현상과 지구온난화 등 자연환경의 변화와 급속한 도시화의 진전 및 환경파괴 등으로 인해 전 세계적으로 자연재난의 발생 빈도 및 규모가 증가하고 있기 때문이다. 특히 국토 내에 다중이용시설, 사회기반 시설 등 재난 취약시설이 급증하고 있는 것도 피해의 대규모화의 원인이라고 볼 수 있다. 이와 함께 오늘날에는 국민의 소득수준 및 생활수준의 향상으로 말미암아 안전에 대한 사회적 관심이 매우 높아졌다.

국내 자연재난의 발생 및 피해 추세를 중심으로 살펴보면 다음과 같다. 최근 급격한 도시화·산업화 및 범지구적인 이상기후 현상으로 자연재난으로 인한 피해가 점차 대형화·다양화되는 추세이다. 구체적으로 살펴보면 1조원 이상 피해(총 7회)가 1998년 이후 집중적으로 발생(6회)하였으며, 자연재해에 따른 2, 3차 재난으로 인한 피해도 대형화되고 있으며, 그에 따른 사회·경제적 부문에 미치는 영향도 증대되고 있다. 특히, 이상기후 등의 영향으로 홍수피해의 양상이 변화되어 집중호우의 발생빈도가 급격히 증가되는 추세이다. 최근 1992~2001년대의 1일 100mm 이상의 집중호우 발생빈도는 1970~1980년대의 222회에 비해 약 1.5배 증가한 325회에 이르고 있으며, 같은 기간 동안 연평균 강수량

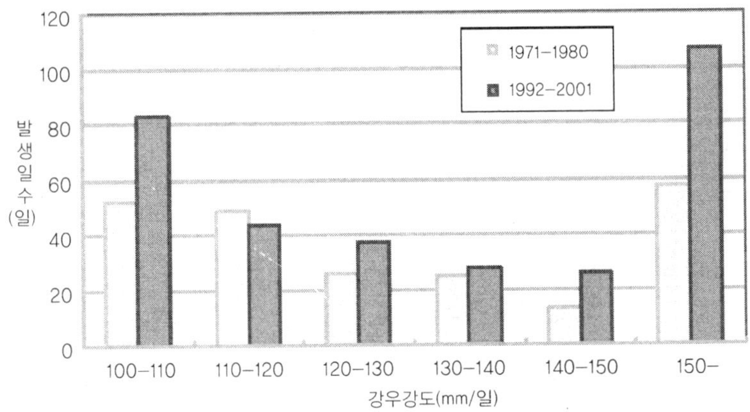

[그림 4-1] 과거 30년간 일 100mm 이상 강우 발생 일수

이 크게 변하지 않은 것을 감안하면 연간 강우 발생일수는 줄어드는 반면, 강우의 강도는 크게 증가된 것으로 판단된다.

1925년부터 대규모 자연재해의 발생 및 피해현황은 아래 표와 같으며, 최대 일일 강우량이나 피해 규모가 점차 대형화되고 있다는 것을 알 수 있다. 특히, 2002년 8월 집중호우의 경우, 기상관측 사상 처음으로 최대 일강우량이 500mm를 넘는 기록적인 호우가 양평 지역에서 발생하였으며, 2002년 태풍 루사의 경우, 태풍과 집중호우가 동시에 발생하여 강릉 지역에서 최대 일강우량이 897mm를 기록하였다.

▶ **표 4-1** ◀ **우리나라 대규모 자연재난 발생현황** (단위: 명, 억원)

재 해 명	발생년월일	우심피해 지 역	기상상황 (최대일강우량 : mm)	피해 내용	
				인명	재산
1. 을축년 대홍수	1925. 7.18~9.7	중부	-	517	0.89
2. 태풍 「사라」	1959. 9.15~9.17	영동, 영남, 호남	168.1 (제주)	849	662
3. 안양, 시흥지구 수해	1972. 8.19~8.20	서울, 경기, 강원, 충북	313.6 (수원)	550	265
4. 태풍 「쥬디」	1979. 8.25~8.26	제주	260.6 (서귀포)	136	502
5. 호우	1980. 7.21~7.23	충북, 충남, 경기, 강원	217.0 (제주)	160	1,255
6. '84 대홍수	1984. 8.31~9.4	서울, 경기, 강원	314 (속초)	189	1,643
7. 태풍 「셀마」	1987. 7.15~7.16	남해, 동해	216.8 (고흥)	345	3,913
8. 중부지방 호우	1987. 7.21~7.23	중부	517.6 (부여)	167	3,295
9. 영·호남 호우	1989. 7.25~7.27	충남북, 전남북, 경남북	335.6 (광주)	128	2,943
10. 태풍 「쥬디」	1989. 7.28~7.29	서울외 전지역	221 (거제)	20	1,192
11. 한강 대홍수	1990. 9.9~9.12	서울, 경기, 강원, 충북	330.8 (대관령)	163	5,203
12. 중부 호우	1991. 7.20~7.26	경기, 강원, 충북	308.5 (춘천)	70	1,132

재 해 명	발생년월일	우심피해 지 역	기상상황 (최대일강우량 : mm)	피해 내용	
				인명	재산
13. 태풍 「글래디스」	1991. 8.22~8.26	부산, 강원, 경북, 경남	439 (부산)	103	2,357
14. 태풍 「재니스」 및 호우	1995. 8.19~8.30	서울, 경기, 강원, 충남북	361.5 (보령)	65	4,562
15. 경기·강원 북부 호우	1996. 7.26~7.28	경기, 강원	268 (철원)	29	4,275
16. '98 대홍수	1998. 7.31~8.18	전국(제주제외)	481 (강화)	324	12,478
17. 태풍 「예니」	1998. 9.29~10.1	전북, 전남, 경북, 경남	516.4 (포항)	57	2,749
18. 집중호우·태풍 「올가」	1999. 7.23~8.4	전국	280.3 (철원)	67	10,490
19. 집중호우·태풍 「프라피룬」	2000. 8.23~9.1	전국 (대구, 울산제외)	310 (군산)	28	2,521
20. '01폭풍설	2001. 1.7~1.9	전국	적설량 98.2㎝ (대관령)	4	6,590
21. 8.4~8.11 호우	2002. 8. 4~ 8.11	경기, 강원, 충북, 경남북등	571 (양평)	23	9,181
22. 태풍 「루사」	2002. 8.30~9.1	전국	897 (강릉)	246	51,479
23. 태풍 「매미」	2003. 9.12~9.13	전국 (서울, 인천제외)	453 (남해)	131	42,225
24. 3.4~3.5 폭설	2004. 3.4~3.5	충남, 충북, 대전, 경북 등	적설량 49cm (대전, 문경)	–	6,734
25. 태풍 「에위니아」	2006. 7.9~7.11	경남, 경북, 전남, 강원 등	324 (진주)		18,344

※ 피해액은 당해 연도 가격 기준임.

우리나라의 최근 10년간(1997~2006)의 자연재난에 따른 피해 추이를 분석해 보면 다음과 같다. 첫째, 최근 10년간 연도별 피해 규모를 보면, 태풍, 홍수 등 자연재난의 위력에 따라 피해 규모가 많은 편차를 보이고 있으나 10년 평균 119명의 인명피해와 1조 9,654억원의 재산피해

▶ 표 4-2 ◀ 최근 10년간 피해현황(1997~2006년) (단위: 백만원)

연도별	이재민 (인)	사 망 (인)	침수면적 (ha)	경제적 손실					
				건 물	선 박	농경지	공공시설	기 타	합 계
1997	6,296	38	45,774	1,880	2,792	11,109	146,312	28,821	190,915
1998	30,308	384	91,629	38,618	1,316	105,291	1,227,366	210,219	1,582,811
1999	26,656	89	76,128	40,559	2,218	24,195	945,459	207,250	1,219,681
2000	3,665	49	53,092	11,378	8,098	6,436	530,452	89,087	645,451
2001	4,165	82	20,012	10,813	999	10,361	382,598	851,397	1,256,168
2002	71,204	270	61,579	115,791	4,781	436,873	4,920,926	636,922	6,115,293
2003	63,133	148	51,411	96,389	32,388	116,938	3,098,573	1,063,952	4,408,241
2004	30,446	14	56,903	8,012	473	20,638	516,829	684,484	1,230,436
2005	10,619	52	26,835	14,648	1,286	28,030	445,944	559,926	1,049,834
2006	2,877	63	42,098	28,018	1,791	141,217	1,703,748	79,953	1,954,727
연평균	26,518	119	52,546	36,611	5,614	90,109	1,391,821	441,201	1,965,356

가 발생하였다. 특히, 2002년 태풍 루사, 2003년 태풍 매미 때 가장 크게 나타났으며, 인명피해는 1998년 대홍수 때 가장 큰 피해를 경험하였다. 둘째, 인명피해도 재산피해 규모에 따라 증감현상을 보이고 있으나, 그동안 구축된 재해대응시스템의 효과로 전반적으로 감소 추세에 있는 것으로 나타났다.

재산피해의 경우, 공공시설에서 피해액 중 71% 정도가 발생하고 있는 것으로 나타났다. 그리고 민간시설 피해도 점차 증가하는 추세인 것으로 나타나고 있어, 공공시설은 물론 민간시설 분야에 대한 대책 마련도 필요하다.

▶ 표 4-3 ◀ 최근 10년간 자연재난으로 인한 공공 및 민간시설 피해현황

(단위: 억원)

연도별	합 계(A)	공공시설(B)		민간시설(C)	
		피해액	비율(B/A)	피해액	비율(C/A)
연평균	19,654	13,918	70.8%	5,735	29.2%
1997	1,909	1,463	76.6%	446	23.4%
1998	15,828	12,274	77.5%	3,554	22.5%
1999	12,197	9,455	77.5%	2,742	22.5%
2000	6,455	5,305	82.2%	1,150	17.8%
2001	12,562	3,826	30.5%	8,736	69.5%
2002	61,153	49,209	80.5%	11,944	19.5%
2003	44,082	30,986	70.3%	13,097	29.7%
2004	12,304	5,168	42.0%	7,136	58.0%
2005	10,498	4,459	42.5%	6,039	57.5%
2006	19,547	17,037	87.2%	2,510	12.8%

자료: 기획예산처 내부자료(2007).

2) 복합재난의 발생

우리 사회는 산업화와 도시화 및 지식정보화단계를 거쳐 변화 발전하면서 사회구조적인 변화는 물론이고 재난의 유형과 피해 규모도 함께 변화를 거듭하고 있다. 특히, 재난의 유형면에서는 자연재난 중심의 형태에서 과학기술 및 산업기술의 발전으로 인적 재난의 빈도나 규모가 차지하는 비중이 증가하였고, 개방화·국제화 및 다원화가 촉진되면서 사회주체들간의 첨예한 대립과정에서 운송노조의 파업에 따른 물류대란과 같은 사회재난의 발생도 빈번해지고 있다. 이러한 재난유형의 변화를 시대별로 살펴보면 다음과 같다.

우선, 1960-1970년대 이전에는 외부 침략으로부터 국가 안전을 보장하고자 하는 전통적 안보 위기에 중점을 두었다. 그러나 1970-1980년대

에 들어서 과거와는 달리 더욱 심각한 피해를 유발하고 있는 태풍, 홍수 등의 자연재난의 빈번한 발생으로 인하여 자연재난에 중점을 두게 되었다. 그 후 1990년대 중반 이후 우암상가 붕괴, 성수대교 붕괴, 대구 지하철공사장 가스폭발, 마포구 아현동 도시가스 폭발, 삼풍백화점 붕괴 등의 대형 인적 재난의 발생으로 말미암아 인적 재난에도 관심을 가지게 되었다. 특히, 최근에는 2002년 태풍 루사, 2003년 태풍 매미, 2004년 충청도 폭설, 2006년 태풍 에위니아 및 집중호우 등의 자연재난과 2003년 대구 지하철 화재참사와 같은 인적 재난 그리고, 화물연대 파업이나 북핵 문제, 극심한 사회적 갈등으로 인한 국가핵심기반 마비 현상이나 IT 관련 신종 재난도 발생하고 있다. 이렇듯 오늘날 우리 사회가 경험하고 있는 재난은 과거 재난발생 양상과는 사뭇 다른 추세로 나타나고 있고, 이러한 추세는 장래에 보다 빈번하고 다양한 모습으로 대두될 것으로 판단된다.

이와 같은 재난유형의 변화에서 발견할 수 있는 가장 큰 특징은 자연재난이나 인적 재난, 국가핵심기반 재난이 개별적으로 나타나기 보다는 복합적이고 대규모적인 양상으로 발전하고 있다는 점이다. 즉, 현대사회는 각 부문간의 긴밀한 관계성의 증가로 인해 자연재난 발생이 교량이나 금융관련 정보통신망 등의 사회간접시설에 피해를 유발할 수 있고, 이는 또 다시 물류공급의 마비나 금융거래 중단으로 인한 경제적 손실을 발생시킴으로써 국가 전체적인 경제활동 및 성장에 심각한 차질을 발생시킬 수 있다.

또한 단순한 화재사건이 인근 지역을 통과하는 광통신케이블을 훼손함으로써 금융 및 통신전산망이 마비되어 국가경제시스템 전체의 마비로 확산되는 경우도 발생할 수 있다. 이는 사회기반 구조의 첨단화와 네트워크화에 따른 부문간의 상호 긴밀한 관계성이 평상시에는 경제적

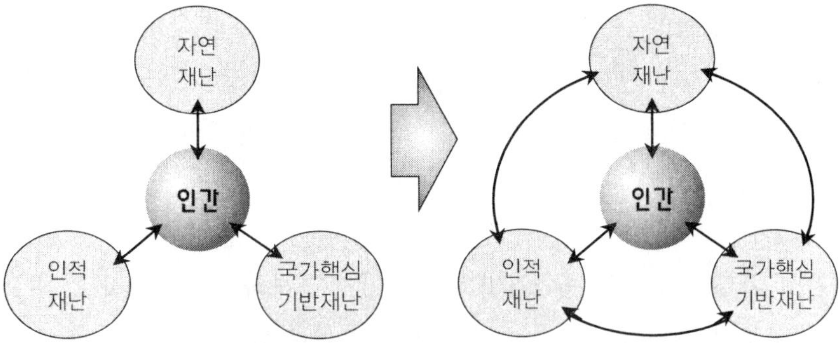

자료: 이재은 · 김겸훈 · 류상일(2005: 56)에서 수정.

[그림 4-2] 재난의 변화 양상

효율성을 창출하지만 재난이 닥칠 경우에는 피해를 심화시키고 관리의 어려움을 가중시킬 수 있는 하나의 요인이 될 수 있다. 그리고 이런 경우 피해발생시 공간적으로나 경제적 가치 면에서 대규모화하는 경향을 보임으로써 막대한 복구비용을 수반하게 된다.

2. 접근 방식의 변화

오늘날 우리 사회는 미래사회의 재난 양상이 과거나 현재와는 다른 방식으로 나타날 것임에도 불구하고 사회적 재난관리는 과거와 같이 외재적 재난에 치중하고 있기 때문에 재난관리 방식 자체가 재난관리 시스템상의 재난을 내재하고 있다. 재난에 대한 기존의 관리 방식이나 관리 시스템은 다음과 같은 접근 방식을 택해 왔고 지금도 그렇게 하고 있다.

먼저, 기존의 재난관리 방식은 정부 중심 접근이었다. 즉, 사회 구성요소들 중에서 정부나 국가의 기능과 역할을 중심으로 재난관리가 이루어지는 방식으로써 다른 사회 구성요소들은 정부의 재난관리에 지원을 하거나 협력을 하는 방식이다. 둘째, 기존의 재난관리는 정부 중심의 접근을 하고 있으며, 정부 중심 접근 중에서도 일회적 평가, 조사, 대책 마련에 치중하거나 기구 신설, 법 제정, 재난관리 교육, 전담기관의 지정 등 가시적인 성과 위주의 재난관리 방식을 채택해 왔다. 셋째, 기존의 재난관리는 댐이나 저수지 보강, 건축이나 시설의 구조 보강 등과 같은 엔지니어링 관점에서의 접근을 통한 재난관리가 주로 이루어져 왔다. 따라서 환경 친화적인 재난관리가 이루어지지 못하고 개발이나 건설 위주의 구조적 재난관리 위주로 이루어져 왔음을 알 수 있다. 넷째, 기존의 재난관리는 규제적 접근 방식을 택해 왔다. 즉, 행위나 기술에 대한 통제를 통해 외부 재난이 우리 사회에 출현하지 못하게 하거나 우리 사회에 접근하지 못하게 하는 규제적 방식의 재난관리가 이루어져 왔다. 다섯째, 기존의 재난관리는 개별재난에 대한 재난관리를 하는 방식이었다. 각각의 개별재난에 대해 피해를 최소화하거나 이미 발생한 경우를 대비하여 인명구조, 이재민 대피 등의 대응이나 원상태로의 회복을 위한 복구 등이 주를 이루어 왔다. 따라서 각각의 개별재난 종류에 대한 재난관리 접근을 해옴으로써 전체적 관점에서 재난관리의 사회적 총효용의 극대화가 이루어지지 못해 왔다.

그러나 미래사회에서의 재난은 외재적 위협 요인과 내재적 위협 요인이 공존하기 때문에 재난관리 또한 양 방향에서 이루어져야 한다. 미래사회에서 요구되는 재난관리의 접근 방식은 다음과 같다.

첫째, 재난관리서비스의 제공이 수요자 중심으로 전환되어야 한다. 현재의 재난관리서비스는 공급자 중심(provider-centered)의 관점에서 제공되고 있으나, 향후에는 수요자 중심(demander-centered)의 접근이 이루어지는 것이 요구된다. 이는 재난피해로 인한 이재민에 대한 구호 및 복구서비스뿐만 아니라, 재난관리의 예방, 대비, 대응, 복구의 각 단계별 기능 수행에 대해서도 적용된다. 즉, 효율적인 재난관리를 위해 재난관리에 참여하는 각 유관기관들이 협력체계를 구축하기 위해서는 협력 기관이나 단체가 필요로 하는 서비스를 제공해 주는 것이 필요하기 때문이다.

둘째, 외재적 재난과 내재적 재난 모두에 대한 재난관리시스템이 작동되는 총체적 접근 방식이어야 한다. 지금까지의 재난관리가 외부로부터의 재난에 대응하는 데 초점을 두었다면 향후에는 사회 내부에 지니고 있는 재난 가능성까지 고려한 재난관리 방식이 필요하다.

셋째, 미래사회의 재난관리에서 사회구조와 재난관리시스템이 각각 별개의 것으로 존재하는 경우에는 재난관리의 목표 달성에 많은 문제가 발생할 수 있다. 따라서 재난관리시스템이 사회구조에 내재화되어야 하는 사회구조 내장형 재난관리시스템이 요구된다.

넷째, 미래사회에서는 어느 특정한 사회 구성 주체가 우월적 지위에서 사회를 지도해 나가는 것이 아니라 사회를 구성하는 다양한 주체들이 공동으로 사회 운영에 참여하게 된다. 따라서 미래사회의 재난관리에서 정부라고 하는 특정한 한 주체가 재난관리의 책임을 지는 형태가 아니라 사회 구성 주체 전체에 의한 재난관리 거버넌스 접근 방식이 요구된다.

다섯째, 미래사회의 재난은 사회의 구조물이나 시설물 등과 같은 하드웨어적인 측면에서 발생하기 보다는 소프트웨어나 휴먼웨어 차원에서의 문제로 인해 발생할 가능성이 크다. 따라서 사회를 구성하고 운용하는 데 적용되는 기술, 원리, 작동 메커니즘 등에 대해서도 재난을 예방하고 대비하고 대응·복구할 수 있는 관리시스템이 내장되어 있는 재난관리 방식이 필요하다.

여섯째, 재난이 발생한 이후 대응과 복구를 위하여 자원이 투입되고 사회 시스템을 정상화시키려고 하는 것보다는 재난이 발생하기 이전에 재난발생을 전제로 예방, 대비, 대응, 복구를 위한 자원의 투입이 사전에 이루어지는 것이 요구된다. 국가 자원의 배분 체계에서 재난관리에 대한 자원의 할당이 제도적으로 가능한 시스템을 우리 사회가 지녀야 한다. 예를 들면, 정부에서 예산을 배정하는 경우 재난을 관리하는 데 대한 인정의 폭이 정해져 있거나 우선시되는 것이 제도화되어야 한다.

제5장

수요자 관점의 대두

1. 갭(gap)의 유형과 특징

재난피해자와 재난피해자 지원기관간 갭의 파악은 재난관리정책의 성패를 측정하는 중요한 기준이 된다. 특히 재난관리에 있어 재난피해자에게 관련 서비스를 제공하는 정부와 공공 및 민간기관의 규범(norms)과 재난피해자들의 기대했던 응급규범(emergent norms)의 차이는 잠재적 갈등의 원인이 되며(Schneider, 1992: 135-137), 재난관리 관련 서비스의 적실성과 효과성에 직접적인 영향을 미친다. 이에 본 연구는 슈나이더 모델을 활용하여 공급자 규범(supplier norms)과 수요자 규범(demander norms)을 파악하여 재난피해자 심리관리 지원시스템에 적용한다.

규범의 차이를 줄이는 것은 재난피해자의 수요를 정확하게 예측하고 대응할 수 있도록 하여 재난피해자 지원기관이 제공하는 서비스에 대한 재난피해자의 만족도를 높일 수 있다.

따라서 기존의 재난관리서비스 체계를 공공 부문과 민간 부문으로 나누어 살펴본 후 현장에서 발생하는 각 서비스 부문별 문제점 및 향후과제를 살펴보겠다.

1) 기존 국가 재난관리서비스 체계분석

우리나라의 재난관리서비스 체계는 공급자 중심의 재난관리체계로 이루어진다. 이재민 구호는 행정자치부 등 유관기관의 공동 피해조사와 '재해구호및재해복구비용부담기준등에관한규정'에 의거 보건복지부에서 지침을 정하고, 지장비나 지원받은 국고를 사용하여 기초자치단체가 직접 전달한다.

재해가 발생하면 중앙재난안전대책본부는 시·도 및 시·군·구에 구호 활동반을 편성, 구호 단체와 유기적 협조로 구호임무를 수행한다. 복구활동은 재해발생과 동시에 응급구호와 응급복구를 실시하고 재해요인 소멸 후 피해 최종보고에 의해 피해 정도에 따라 항구 복구 계획을 수립하는 것으로 구호 및 복구 지원에 필요한 사항을 사업별, 시설

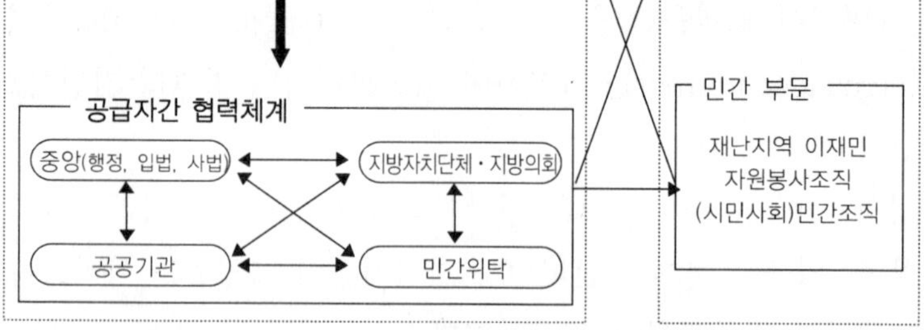

[그림 5-1] 재난관리서비스 체계

별, 재원별로 구분하고 가용인원을 감안하여 시행년도 및 재원 확보방안과 간접지원 등 방안을 수립하게 된다.

(1) 법적 체계

재난관리와 관련된 가장 상위의 법은 2004년 3월에 제정된 '재난및안전관리기본법'이 있으며, 재해구호에 직접적으로 관련된 기본법은 '재해구호법'이 있다. 지방자치단체에서 구호사업을 실질적으로 집행하는 데 지침이 되는 '재해구호지침'의 순으로 체계와 되어 있다. 그 외 관련법으로 '재해구호및재해복구비용부담기준등에관한규정'이 있고 '재해의연금' 등 기부금을 모집하기 위한 근거로 '기부금품모집규제법'이 있다. 또한 훈령으로 재해 구호물자 관리를 규정하는 '재해구호물자관리권의위임및관리요령'과 '의연금관리규정'등이 있으며, 기타 관련법으로 '자연재해대책법', '농업재해대책법' 등이 있다.

재해구호법은 구호의 종류(제5조)와 국고부담의 원칙(제14조), 광역자치단체의 재해 구호기금적립 조항(제15조) 등을 규정하고 있다. 이 법에 의하면 이재민 구호의 목적은 '각종 재난이 발생하였을 때 응급적 구호를 수행함으로써 이재민을 보호하고 재난의 신속한 복구와 사회질서를 유지하기 위한' 것이다. 재해구호의 대상은 중앙지원 대상과 그렇지 않은 경우로 구분되며, 중앙지원 대상이 아닌 소규모 재해발생 지역은 구호기관이 필요하다고 인정한 경우에는 '이재민 구호기준'에 따라 구호를 실시할 수 있다. 지방자치단체장은 지역실정에 맞는 재해구호 계획을 수립하여야 하며, 그 내용은 응급복구 지원계획, 이재민 수용시설 및 비축물자 관리계획, 재해 지역 방역 및 의료복구 계획 등을 포함하여야 한다(중앙재해대책본부, 2004: 201).

구호기관은 지역별 재해발생현황 및 지역실정 등을 감안하여 필요한 재해구호물자를 상시 확보하여 응급 지원할 수 있는 체제를 갖추어야 하고, 시장 군수, 구청장은 구호활동을 함에 있어 재해구호물자가 부족한 경우에는 시, 도지사에게 지원을 요청할 수 있으며, 지원요청을 받은 시, 도지사는 그 지원요청에 대한 조치를 충분히 할 수 없는 경우에는 보건복지부장관에게 그에 필요한 지원을 요청할 수 있다. 또한, 지원요청을 받은 시, 도지사 및 보건복지부장관은 이에 대하여 최대한 지원하여야 한다. 그리고 보건복지부장관은 대한적십자사조직법에 의한 대한적십자사 및 전국재해구호협회가 재해구호물자를 모집, 관리 배분하기 위한 창고의 설치, 운영을 지원할 수 있다.

구호기관은 구호를 행하기 위하여 특히 필요하다고 인정하는 때에는 타인 소유의 토지 또는 건물 등을 사용할 수 있다. 또한 구호기관은 구호를 행하기 위하여 특히 필요하다고 인정하는 때에는 의료, 방역, 급식 또는 물자의 취급을 업으로 하는 자에게 시설 또는 물자의 우선 사용 또는 판매에 관한 협력을 요청할 수 있다. 이 경우 협력을 요청받은 자는 정당한 사유가 없는 한 이에 협력하여야 한다. 또한 구호기관은 재해구호를 원활하게 하기 위하여 경찰관서, 소방관서, 군부대와 대한적십자사, 협회 등 민간재해구호 관련 단체와 상호 협조하여야 하고, 이재민과 그 인근 거주자는 구호기관의 구호에 관한 업무에 협력하여야 한다.

(2) 행정조직

우리나라의 이재민 구호 체계는 중앙정부, 광역자치단체, 기초자치단체 등 정부 차원의 지원체계뿐만 아니라 전국재해구호협회, 대한적십자사, 지역 군부대, 민간자원 봉사단체 등이 협조 및 연계체제를 구축하고 있다.

이재민 구호의 통괄기관은 재난안전대책본부이지만 결국 이재민에게 직접적인 지원을 실시하는 것은 기초자치단체라는 것이다. 즉, 상급부서는 지침, 예산지원 등을 통하여 기초자치단체가 직접적인 지원이 가능하도록 지원을 한다.

이러한 시·도와 시·군·구 활동반은 중앙재난안전대책본부에 피해 상황을 보고하고, 재해구호예산을 지원받아 이재민 구호를 수행하고 있는 것이다. 특히 시·군·구는 비축물자를 운영하여 이재민에게 구호품을 직접 전달하는 것이 가장 큰 업무이며, 아울러 전국재해구호협회나 대한적십자사 등 민간기관과의 연계 및 협조체제를 유지하고 있다.

2) 민간 부문의 참여 주체

(1) 대한적십자사

대한적십자사의 구호사업은 법률적으로는 「대한적십자사조직법」, 「자연재해대책법」, 「재해구호법」에 구호기관으로 지정되어 있다. 또한 대한적십자사는 국제적십자의 재해구호원칙과 규정과 대한적십자사 구호운영규정에 의거하여 구호사업을 수립하고, 국제적십자연맹 사업전략의 4대 핵심사업 가운데 재해응답과 재해대비(disaster response and preparedness)에 근거하여 구호사업을 실시하고 있다. 대한 적십자사는 재해구호를 위해 본사와 지사에 각각 긴급재해구호대책본부를 설치, 운영하고 있다.

대한적십자사의 구호사업은 재해구호, 일반구호, 특수구호 및 국제구호로 분류된다. 적십자사는 종합구호계획을 수립하여 각종 재난에 대비하고, 인도적 구호의 원칙에 따라 재해를 당한 모든 사람을 구호하며, 구호사업의 최우선 과제는 인명보호에 둔다. 이를 위해 적십자사는 구호에 필요한 물자와 자금을 비축하고, 긴급사태에 대하여 우선적으로 행하는 긴급구호 우선의 원칙을 갖는다.

한편, 대한적십자사의 구호사업은 정부구호사업의 보조적이고 보충적인 성격을 지니며, 정부의 구호업무 위탁에 대하여 적극적으로 참여한다. 즉, 적십자의 구호사업은 정부 구호업무의 보충적 역할이라는 점을 분명히 밝히고 있다. 이재민에 대한 적십자의 구호는 무상이어야 하며, 국적, 종교, 인종, 계급 및 정치적 견해에 대하여 차별하지 않고, 가장 위급한 재난부터 구호한다는 무상구호와 공평한 구호의 원칙을 갖고 있다.

대한적십자사는 저소득층 및 소외계층에 대한 일반구호계획은 별도로 수립하고, 실직자, 노숙자, 독거노인, 결식아동 등의 구호급식 사업을 실시하며, 긴급재해구호 잉여자원을 일반구호에 전용할 수 있다. 또한, 재해시의 구호능력을 제고시키기 위하여 평상시에 유관기관이 주관하는 구호훈련에 참여하고, 적십자의 각종 기능과 봉사조직 그리고 유관기관이 포함된 재해구호 대비계획을 수립하여 재해발생에 대비한다. 또한 지사별, 지역별 특성을 고려하여 구호계획을 수립하며, 수혜자 욕구에 따른 구호를 실시한다.

(2) 전국재해구호협회

전국재해구호협회는 「재해구호법」에 의해 설립된 법정 민간조직이다. 전국재해구호협회는 1961년에 발생한 대규모 수해를 계기로 발족한 “전국수해대책위원회”를 1964년에 전국재해대책협의회로 개칭하여 활동을 확대하여 오다가, 2001년에 「재해구호법」이 제정되면서 전국재해구호협회로 재차 개칭하여 활동하고 있다. 전국재해구호협회는 재난발생시 정부와 역할을 분담해 재해를 복구하고 이재민을 구호하는 역할을 하는 조직으로써, 이재민 구호를 위해 국민의연금품을 모집, 관리 및 배분하고, 자원봉사활동을 통해 직접 구호활동에 참여하여 이재민들을 돕는 일을 하고 있다. 특히 2002년 「재해구호법」 제정에 따라 법정단체화하면서 정부와 역할 분담을 통하여 의연금품을 모집 및 관리, 배분하고 있으며, 재해현장에서의 자원봉사활동과 교육지원 등의 활동을 하고 있다.

또한 전국재해구호협회는 신속하고 체계적인 구호를 위하여 구호물품 준비와 지원을 위한 물류센터를 경기도 파주시와 경남 함양군에 2곳을 운영하고 있다.

전국재해구호협회는 재난발생시 국민들의 자발적 참여를 통한 의연금품 모집과 이의 배분사업을 실시하는 대표적 민간구호조직으로서 오랫동안 활동을 해왔다. 그럼에도 불구하고, 전국적인 조직망을 갖추지 못함으로써 지방지치단체를 배분 일선조직으로 활용함으로써 민간조직의 효율성을 충분히 발휘하지 못하는 문제를 안고 있기도 하다.

(3) 지역자원봉사센터와 협의체

자원봉사센터는 지역단위에서 자원봉사 희망자와 수요처를 중개하고, 지역의 자원봉사관리를 위하여 행정자치부에서 시, 군, 구 단위에 설치한 지원봉사조직이다. 자원봉사센터는 지방자치단체 직영과 민간 위탁 운영의 두 가지 방식에 의해 운영되고 있다. 우리나라에 자원봉사센터는 1996년부터 설치되기 시작하여 2005년 말 현재 249개소가 전국에 설치되어 있다. 자원봉사센터에서는 자원봉사자와 수요처를 연계하는 업무 외에도 자원봉사 데이터 관리 및 정보 제공, 자원봉사자 교육과 프로그램 개발·보급 등의 업무를 수행한다. 한국자원봉사센터협의회는 전국재해구호협회와 함께 재해구호자원봉사단을 운영하며, 일반 시민들을 대상으로 재해구호자원봉사자 등록을 받고 있다.

한편, 자원봉사센터의 협의체인 한국자원봉사센터협의회는 재난발생시 재해구호를 위하여 재해구호 자원봉사 리더양성 교육, 재해피해 실태 모니터요원 모집 및 교육, 그리고 재해구호자원봉사활동 등을 실시하고 있다. 한국자원봉사센터협의회가 전국재해구호협회와 공동으로 자원봉사자들을 대상으로 재해구호와 관련한 자원봉사교육을 실시하고 있는 것은 매우 중요한 활동이라고 할 수 있다.

(4) 사회복지공동모금회

사회복지공동모금회는 우리나라 민간 부문의 사회복지자원을 동원하고, 이를 사회복지사업에 배분하기 위하여 1998년에 「사회복지공동모금회」에 의해 설립된 우리나라의 대표적 모금기구이다. 사회복지공동모금회는 중앙모금회 1곳과 광역자치단체에 16개 지회로 구성되어 있다.

사회복지공동모금회의 사업들 중 가장 핵심적인 사업은 모금과 배분이다. 모금사업은 민간 부문에서 시민들의 연대의식과 자발적인 참여를 통해 재원을 개발하여 동원하는 것이고, 배분사업은 모금된 재원을 사회복지사업을 실시하는 기관이나 개인에게 배분하는 것이다. 사회복지공동모금회는 배분사업의 한 요소로서 긴급지원사업을 실시하고 있다. 긴급지원사업은 「사회복지공동모금회법」 제25조 (재원의 사용)등의 조항 및 긴급지원시행세칙의 규정에 의한 재난에 대한 긴급구호 및 사회복지 영역의 긴급지원이 필요한 사업을 지원한다.

사회복지공동모금회의 긴급지원사업은 재해, 재난으로 인해 피해를 입은 개인 및 단체의 의식주를 포함한 의료, 구호 등 긴급한 사회복지 지원사업과 직접적인 재해, 재난은 아니지만 재해 및 재난에 준하는 사회복지 지원이 필요한 개인 및 단체 등의 지원사업을 포함한다.

(5) 기업네트워크

우리나라의 민간 부문 재해구호 체계에서 기업의 자원봉사활동은 점차 그 중요성이 커지고 있다. 최근 몇 년간 연속해서 발생한 대규모 자연재해와 인위재난시에 기업들의 구호활동 참여는 매우 실질적이고도 중요한 것이었다고 평가할 수 있다. 실제로 2003년 태풍 '매미'의 피해복구와 구호과정에서 전국경제인연합회는 재난극복을 위한 경제계 네트워크를 구성하여 기업의 참여를 지원하기 위한 체계적인 노력을 시작하였다.

3) 재난관리서비스 부문별 문제점 및 향후과제

(1) 정부 부문 협력 체계

재난관련 법률은 기본법으로 민방위기본법, 재난및안전관리기본법이 있고, 그 밖에 건축법, 소방법, 원자력법, 도로법, 항공법 등 다수의 개별법으로 규정되어 있어서 이들 법률 상호간 연계성이 부족하고 다수의 부처가 관련되는 재난사고가 발생할 경우 부처간의 협력체계도 미흡하여 책임소재가 불분명하게 되어 신속한 대처가 이루어지지 못해 왔었다.

한국은 사고와 재난의 유형별로 관리 업무가 분산되어 있어, 총괄 조정하는 기능이 매우 미흡하여 사고 예방을 위한 사전점검 및 사고수습이 효율적으로 운영되지 못하고, 정부 차원의 장기적인 재난관리가 불가능했었다. 또한 유형별 관리로 기능이 중복되거나 대응능력 없는 기관에서 담당하는 경우도 있었다.

각종 사고와 재난의 유형별로 주무 부처가 분리되어 있다는 것은 전문성 있는 행정의 수행이라는 측면에서 바람직하지만 종합대책이나 총괄 기능이 마련되지 못해 사전점검이나 사고수습이 효율적으로 운영되지 못하고, 정부의 종합재난관리가 미약하고 초동 대처가 어려운 실정이었다.

중앙정부와 지방자치단체 모두가 소수의 재난관리 전담 인력으로 관리 업무를 수행하고 있다. 현재의 행정조직 및 운영상 재난관련 담당 공무원은 다른 행정 업무와 재난관리 업무를 함께 수행함으로써 업무 과중으로 인해 재난관리가 형식으로 이루어지고 있으며, 잦은 순화보직과 인수인계의 미흡으로 전문성이 현저하게 떨어진다. 또한 재난관리에 대한 표준화된 지침이 없고 담당 인력과 장비의 부족으로 형식적인 예방 점검에 그치고 있으며, 재난관리 인력에 대한 교육의 소홀로 전문인력의 양성이 곤란하고, 장기적인 대응계획 수립이 어려운 형편이다.

따라서 지금까지의 구태의연한 자세에서 탈피하여 효율적인 사태수습 프로그램을 운용하기 위해서는 유명무실한 조직의 과감한 정리와 함께 사태수습 전문인력으로 구성된 전문직제가 존재해야 하며, 이곳에서 마련된 각 유형별 재난수습 프로그램을 현장에 적절히 활용해야 할 것이다.

(2) 민간 부문 협력 체계

① 시민협력 체계

시민단체는 기능 영역에 기반을 두고 있는 것과 지역에 기반을 두고 있는 조직으로 구분될 수 있다. 이러한 시민단체의 형성 여건의 관점에서 새로운 시대에 걸맞게 시민단체의 정책형성 능력과 실천 효과를 제고하기 위해 필수적으로 요구되는 것이 단체간의 협조 및 조정 기능이라 할 수 있다. 그러나 최근 들어 한국에서도 이와 같은 기능을 담당할 협의체 구성에 대한 필요성은 느끼고는 있었지만, 산발적인 시도가 있었을 뿐 통합적인 협력체를 발족하지는 못했었다. 그래서 대형 재난이 발생할 때마다 통합적인 협력 체계가 갖추어지지 않아 비효율적이고 체계적이지 못한 활동이 이루어져 많은 문제점들이 드러났다.

시민단체가 제공하는 서비스의 비중의 증대될수록 기존의 공공 서비스 공급면에서 정부 및 공공단체와의 역할 정립과 조정의 필요성은 더욱 증대될 것이다. 따라서 급격하게 변모하고 있는 공공서비스 공급 환경 변화에 신축적으로 대응하고, 시민단체의 자유로운 설립과 활동을 보장하는 한편 공공 서비스 공급의 효과성을 제고하기 위해서라도 정부 및 공공단체와의 기능간 또는 지역간, 그리고 종합적으로 정부와 파트

너가 될 수 있는 연합체를 육성하고 그에 따른 협조 규칙을 확보할 필요가 있다.

재난에의 대응은 재난현장의 긴급성과 위험성에 의해 전문화되고 일원화된 통합관리 체계에 의해 운영될 것이 요구된다. 그러나 조정 기능의 미약, 공공조직과의 연결 접전과 규칙의 미확보 등 일반적인 형성 기반상에 문제점이 있는 것으로 나타나고 있다. 재난발생시에는 현장에 참여하는 다양한 시민단체를 재난통합관리시스템으로 편입시킬 수 있는 대응 체제가 이루어지지 않는데다 재난현장의 긴급성과 위험성에 대처할 수 있는 교육·훈련된 시민단체도 부족하다는 점이 시민단체의 위기 상황 대처 능력을 어렵게 하는 요인이 되고 있다. 대형재난 현장에는 다양한 자원봉사자와 조직이 참여하게 된다. 그러나 한국 시민단체의 경우는 현장에서 활동할 전문 구호요원이 부족함은 물론 제대로 훈련된 전문자원봉사자나 단체도 부족하고, 다양한 자원봉사자나 조직을 일원화된 재난통제시스템으로 편입시킬 수 있는 체계가 구축되어 있지 않아 오히려 현장대응 활동을 어렵게 하는 요인으로 작용하기도 한다.

최근에 이르러 사고 대상물이 증대하고 그에 따라 예측하기 어려운 위험도가 증가되고 있다. 더불어 신기술과 신물질을 사용하는 생활 패턴의 변화로 인해 사고 유형이 다양화·복합화되고 있고, 고도의 시스템 사회로 이행함에 따라 피해의 파급도가 증가 또는 광범위화하고 있는데 반해 대응 기반과 체계는 특히 초동 체계에서 재난환경 변화에 적절히 대응하지 못하는 분야와 지역의 사각지대가 날로 증가하고 있는 것이 현실이다. 이러한 관점에서 재난발생시 현장의 발생 시점에서 초동 조치의 극대화와 공공의 실패가 발생하기 위순 사각 영역과 지대에의 재난대응을 위해 다음과 같은 시민단체의 재난대응 능력 극대화와 전문성 강화를 위한 역할과 기능의 재정립이 필요한 시점이다.

ㄱ. 재난발생시의 역할과 기능

유사시 신속한 자체 초동 조치, 정보 전달 연락, 구조 구급, 피난 유도, 급수・급식 등 구호, 피해자 안정 등의 기능을 수행하기 위해서는 적어도 (a) 소방 방재 안전관리 활동이 가능한 다수의 시민으로 구성된 시민단체, (b) 재난발생시 대응 가능한 능력을 갖춘 구성원과 장비, (c) 대응력 극대화를 위한 재난 참여 자원봉사자와 단체의 조정・통제 장치 등이 필요하다.

자율조직의 성과는 지도자의 지도력에 좌우되는 경향이 있다. 따라서 이를 지휘하고 통제할 수 있는 의사결정 능력이 가능한 지도자의 능력도 중요한 활동조건이 된다고 할 수 있다.

ㄴ. 평상시의 역할과 기능

평상시에는 재난관리에 대비한 능력과 여건을 구비하기 위한 활동을 수행하게 된다. 즉, (a) 다양한 활동 기반과 계층의 방재 안전 문화의식 조성, (b) 자율교육과 훈련, (c) 지역 및 활동 장소의 자율방재 안전감시, (d) 자율방재 조직의 운영 및 공공과의 협조, (e) 국내외 안전시민운동의 네트워크 구축, (f) 다양한 재난발생 상황을 감안한 정책 형성 및 대응을 위한 지식기반 지원 등의 기능을 수행할 수 있는 시민단체의 역할과 기능이 필요하다.

② 기업협력 체계

전국경제인연합회를 중심으로 '재난재해 극복을 위한 경제계 네트워크'를 구성하고 있다. 전국경제인연합회는 2003년 '재난재해 극복을 위한 경제계 네트워크 구성 간담회'를 개최하고, 기업의 재난구호 활동을 적극 지원하기 위한 민간 경제계의 네트워크 구성 현황과 운영 계획을 밝혔다.

'재난재해 극복 경제계 네트워크'의 주요 활동 내용으로는 평상・완화 단계, 준비 단계, 대응·복구 단계, 회복 단계 등 각 단계별 행동지침을 수립하는 등 기업간 정보 교류 및 코디네이터의 역할을 충실히 수행하는 방향으로 세분했다. 향후 주요 활동계획으로는 기업별·업종별 특성을 감안한 기업의 재난재해 대처 실천 매뉴얼을 작성하여 배포하는 한편 긴급구호 세트 제작, 온라인상 정보 공유를 위한 '재난대책 사이트' 운영, 재난대책 관리자 교육 세미나 개최 등을 수행하기로 했다.

기업간의 역할 분담을 이끌어냄으로써 과잉 중복 지원으로 인한 자원의 낭비를 해소하고 효율적인 자원연계를 기할 수 있다는 점에서 매우 바람직하며, 활동의 표준화를 위한 매뉴얼 제작 그리고 재난정보 공유를 위한 재난대책 사이트 운영 및 정기적인 모임 등은 재난현장에서의 긴밀한 공조 체계를 확립해 줄 것이며, 관리자들에 대한 교육 세미나 개최 등을 통해 규범의 내재화가 이루어질 것으로 생각된다.

③ 민관협력 체계

재난관리 단계별 민관협력 체계가 어떻게 구성되는 것이 바람직할 것인가를 살펴보면 다음과 같다.

예방 단계에서는 시민, 기업, 정부가 안전문화를 정착시키기 위해 공동의 노력을 기울여야 할 것이며, 시민은 특히 안전감시 활동 분야에서, 기업은 안전 규칙을 준수함으로써, 그리고 정부는 안전 법규를 제정하고 지속적인 방재 연구를 통해 안전대책을 마련하고 공영방송을 통해 국민들의 안전의식을 고취하도록 해야 하며, 안전도 검사를 철저히 하여 다중 이용 시설물의 안전을 책임지는 활동 등을 전개해야 할 것이다.

대비 단계에서는 민관 공동의 재난대응계획을 수립하고 민관 합동 협의체를 구성하여 운영하며 민관협력으로 재난교육(합동훈련 포함)을 실시하여 대형 재난을 준비하는 활동을 전개해야 할 것이다. 이 단계에서는 시민조직은 구호물자 및 장비 확보, 분야별 재해구호 요원 양성 그리고 장애인, 노인, 아동 등 취약층에 대한 구호 프로그램 개발 등의 활동이 필요하다. 기업은 방재자원을 확보하고 피고용인에 대한 훈련을 실시하며 시설안전 점검을 한다. 정부는 구호 기금을 적립하고 구호장비 및 물자를 비축하며 방재시설을 점검하고 국가안전관리 정부시스템을 구축하도록 한다.

대응 단계에서는 민관합동재난상황실을 운영하여 각종 재난정보를 교류하면서 자원을 연계해서 활동해야 할 것이다. 시민조직은 재난현장에 봉사센터를 개설해서 각종 구호 서비스를 제공하고 의연금품 등의 관리를 하게 된다. 기업은 봉사자 제공, 구호물자 제공, 재정적 지원 등을 통해 지역사회에 기여하며 피고용인의 보호를 위해 활동한다. 정부는 주민을 안전하게 대피시키고 소방, 치안, 교통대책을 마련하며 라이프 라인(life line) 등의 긴급 수리를 실시하여 주민들을 보호한다.

복구 단계에서는 이재민들의 생활을 회복시키고 지역 경제를 재건하기 위해 민관의 공동 노력이 전개되어야 할 것이다. 시민조직은 저소득층에 대한 자활지원이나 외국인들에 대한 지원 등 특별 구호활동을 전개하며 이재민들이 조속히 안전한 생활을 할 수 있도록 복구활동을 전개한다. 기업은 지역 공동체의 재건을 위해 경제적으로 후원하며 정부는 도록, 다리, 공공시설 등에 대한 복구를 전개하고 이재민들의 생활안정을 위해 위로금 지급, 긴급생계자금 대출, 세금 감면 등을 실시한다.

재난 지역에 대한 복구는 1차적으로 지역 주민이, 2차적으로 정부가 책임을 진다는 인식과 복구에 대한 정부의 지원도 지역 주민의 복구 의지에 상응하는 지원이어야 한다. 지역 주민이 재난관리에 참여한다고 하는 것은 개인적 차원이 아니라 비영리조직과 자원봉사조직을 통한 조직화된 참여가 이루어져야 하며, 지역 주민의 적극적인 참여 하에서 재난관리 과정이 이루어질 때 그 효과성이 극대화될 것이다.

2. 수요자 관점의 정의

1) 수요자 개념

본 연구에서는 재난관리서비스 행정에서의 수요자를 재난현장에 참여하고 관계되는 모든 주체들로 파악하고 '[그림 5-2] 재난현장의 구조'와 같이 재난관리서비스 행정에서의 수요자를 모형화하였다. 재난현장에 관계하고 있는 주체들은 중앙정부, 지방정부, 구조·구급, 자원봉사자 및 시민단체, 이재민 등을 들 수 있다. 이 중 재난피해자인 이재민은 재난관리서비스 행정의 가장 일차적인 수요자라고 할 수 있다. 그러나 이재민뿐만 아니라 중앙정부, 지방정부, 구조 구급, 자원봉사자 및 시민단체 등도 역시 재난관리서비스 행정의 수요자로 볼 수 있는데, 그동안 흔히 재난관리서비스 행정의 공급자라고만 생각해 왔던 중앙정부나 지방정부 등도 재난관리서비스를 공급해 주는 공급자인 동시에 재난현장에서 필요로 하는 것들이 무엇인지를 알아야 하는 정보의 수요자이기 때문이다.

이재민은 재난관리서비스 행정의 일차적 수요자이면서 동시에 재난현장에 속해 있는 다른 주체들과 수평적인 관계를 가지게 된다. 이는 앞서 언급했듯이 중앙정부와 지방정부가 단순히 재난관리서비스 행정을 일방적으로 공급하는 공급자가 아니라 공급자인 동시에 재난현장에서 일어나고 있는 정보를 필요로 하는 수요자이기 때문이다. 이 밖에 재난발생시 가장 먼저 재난현장에 투입되어 긴급구조 및 구급활동을 하는 기관 및 단체, 자원봉사자 및 시민단체 등도 재난현장에서 사고를 수습하고 재난 이전의 상태로 되돌리기 위해 복잡한 네트워크를 형성하며 상호작용하게 된다. 이들 모두의 궁극적인 목적은 재난현장의 복구에 있다. 하지만 목적을 달성하기 위한 방법과 절차, 우선순위 등은 서로가 처한 입장에 따라 다를 수 있기 때문에 전체 재난관리서비스가 하나의 시스템으로서 효과적으로 운영되기 위해서는 다양한 주체간에 발생하는 의견의 불일치, 갈등, 문제에 대한 인과관계의 이해 등을 명확히 분석하고 해결방안을 모색하는 일이 매우 필요하다. 이러한 시각에서 재난관리서비스 행정의 수요자는 재난현장의 모든 참여자로 규정하는 것이 바람직하다.

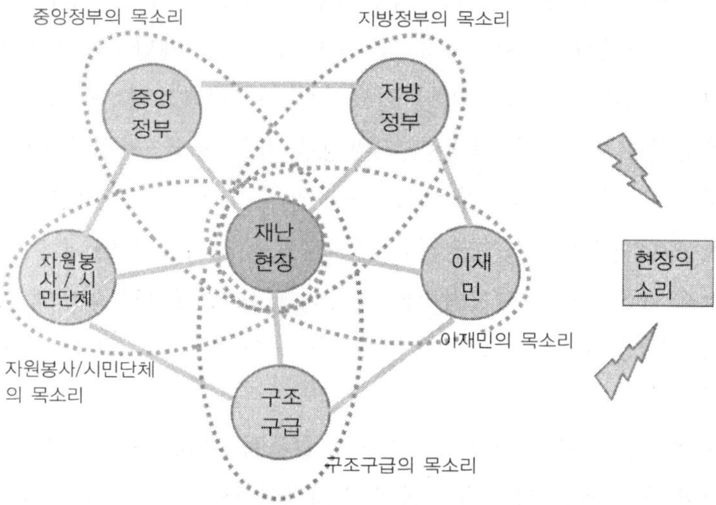

[그림 5-2] 재난현장의 구조

2) 재난 및 수요자에 대한 정의

(1) 재난

재난은 통상 사망과 부상, 재산 피해를 가져오고 일상적인 절차나 정부 차원으로는 관리할 수 없는 심각하고 규모가 큰 사건으로 정의할 수 있다. 재난및안전관리기본법(§3①)에서는 재난을 국민의 생명・신체 및 재산과 국가에 피해를 주거나 줄 수 있는 것으로 규정하고 있다. 그리고 재난및안전관리기본법 등은 재난으로 인한 결과인 피해 중심의 관점에서 재난을 세 가지로 구분하고 있다(이재은 · 유현정 · 안철현 · 정병윤, 2007: 285-287). 첫째, 자연재난은 태풍 · 홍수 · 호우 · 폭풍 · 해일 · 폭설 · 가뭄 · 지진 · 황사 · 적조, 그 밖에 이에 준하는 자연현상으로 인하여 발생하는 재해로 규정하고 있다. 둘째, 인적 재난은 화재 · 붕괴 · 폭발 · 교통사고 · 화생방사고 · 환경오염사고, 그 밖에 이와 유사한 사고로 대통령이 정하는 규모 이상의 피해로 국가 또는 지방자치단체 차원의 대처가 필요한 인명 · 재산의 피해와 이에 준해 소방방재청장이 재난관리를 위해 필요하다고 인정하는 재난을 의미한다. 셋째, 사회재난은 에너지 · 통신 · 교통 · 금융 · 의료 · 수도 등 국가 기반체계의 마비와 전염병 확산 등으로 인한 것을 의미한다.

그러나 여기서는 연구의 목적상 재난을 자연재난과 인적 재난의 두 가지로 구분하고, 자연재난을 자연현상에 의하여 대규모 피해가 발생되는 상황으로 정의하고, 인적 재난을 안전 또는 인위적인 요인에 의하여 대규모 피해가 발생되는 상황으로 정의한다. 이는 피해가 발생했거나 발생할 수 있는 상황 모두를 가정한 정의로서 예방, 대비, 대응, 복구의 노력을 통해 상황을 관리하는 것이 가능한 것으로 본다.

(2) 수요자

재난관리 수요란 재난관리 활동에 대한 기대와 요구를 의미하는 것으로 이해할 수 있다. 즉, 재난관리 수요는 두 가지의 차원에서 논의될 수 있다. 첫째, 재난관리 행정에 대한 사회적 수요로서 재난관리 행정을 통해 해결되기를 바라는 사회 일반의 기대와 요구를 말한다. 둘째는 재난관리 활동 기관 상호간의 기대와 요구를 말한다. 이는 재난관리 활동에 참여하는 기관들이 자신의 목표를 효율적으로 달성하기 위해 필요한 다른 재난관리 기관에 대한 기대와 요구를 말한다. 따라서 재난관리 수요자는 재난관리 행정 및 활동에 대해 기대와 요구를 지니는 일반 시민과 재난관리 참여기관들이라고 정의할 수 있다. 따라서 재난관리 활동에 참여하는 기관들은 재난관리서비스의 공급자인 동시에 수요자로서의 위치를 차지하게 된다.

(3) 중앙정부

재난관리 업무의 지역 관할 범위가 전체 국토에 미치고, 재난관리 업무의 대상 국민이 전체 국민인 행정 각 부·처·청을 의미한다. 행정자치부, 소방방재청, 건설교통부 등을 통칭하여 중앙정부라고 할 수 있다.

(4) 지방정부

지역 공동체의 재난관리 업무를 중앙정부로부터 독립된 의사에 의해 처리하는 자치단체를 의미한다. 우리나라의 경우에는 지방정부가 광역자치단체와 기초자치단체로 구성되어 있으며, 광역자치단체는 특별시·광역시·도가 있으며, 기초자치단체에는 시·군 및 자치구(특별시와 광역시의 구)가 있다. 여기서 자치단체는 공공단체의 하나로서 국가로부터 그 존립목적이 부여된 공법상의 법인을 말한다.

(5) 소방·군

재난발생시의 상황에서 재난으로 인해 정신적, 신체적, 재산상 등의 어려움에 처한 사람을 도와주는 것을 구조라고 한다. 그리고 구급은 재난이 발생하여 위급한 상황에 처한 사람을 구하는 것을 의미한다.

(6) 자원봉사자

재난이 발생한 현장이나 재난관리 관련 활동 또는 재난으로부터 피해를 입은 이재민을 도와주기 위해 자신의 뜻에 따라 스스로 도움을 제공하는 사람을 의미한다.

(7) NGO

재난관리에 참여하여 정부의 재난관리정책을 감시하고, 재난관리 관련 정보 제공을 통해 시민의 재난관리 참여를 장려하며 재난관리 관련 특정 이슈를 제기하는 자발적인 비영리 시민단체를 의미한다.

제3편

외국의 시스템과 기능분석

현대사회에서는 국가가 재난의 방지와 대응에 있어서 주도적인 역할을 수행하여야 한다는 것이 일반적인 개념이다.

미국의 재난관리 방식은 1979년 연방위기관리청이 설립된 이후 수정, 보완과정을 거쳐 연방위기관리청의 재난관리 방식으로 채택되었다. 따라서 미국은 모든 재난을 총 망라하고 광범위한 재난관리시스템을 구축하고 있다. 일본의 재난관리의 기본적인 사항은 재해대책기본법에 규정되어 있고, 내각부에서 총괄한다. 국토교통성, 소방청 등 지정기관이 내각부를 지원하며 지방정부의 재해대책은 일차적으로 시정촌을 중심으로 이루어지며 각 도도부현에서 중앙정부의 정책을 반영하여 총괄관리한다.

중국의 재난관리는 홍수나 가뭄 등의 재난이 발생하면 비상설기구인 국가 홍수·가뭄재해방지 총지휘부를 설치하여 관련되는 여러 부처가 유기적으로 대처하고 있다. 또한, 중국은 광대한 영토를 지니고 있어 중앙에서 전 국토를 직접 관장하기보다는 큰 강을 중심으로 유역체계를 구축하여 적정하게 대처하고 있으며, 유역대처가 필요하지 않은 작은 하천의 경우에는 성급이나 현급 등의 지방정부에서 관리한다.

영국, 독일, 스위스 등의 유럽 국가는 대부분 민방위 체계에 의해 재난을 관리하며 중앙정부에서 총체적인 관리를 하며 지방의 민방위조직이 중앙정부와 협력하여 재난상황에 대응한다.

제6장

미 국

1. 미국의 재난관리 체계

미국의 안전관리조직은 크게 중앙연방정부의 조직과 지방주정부의 조직으로 양분되고 각자의 역할과 임무가 명확히 구분되어 있다.

연방정부의 조직으로는 FEMA가 대표적인데 1961년 국방부 산하에 민방위청 설치를 시작으로 1979년 카터 대통령 당시 대통령직속기관인 FEMA로 독립하였다(2003년 3월 1일자로 Department Homeland Security, Emergency Preparedness and Response Directorate로 통합되었으나 외부적으로는 FEMA기관의 이름을 현재까지 사용하고 있음). 전국에 10개 지방청을 두어 50개주를 10개 광역권으로 묶어 효과적으로 통제하고 있으며, 연방재난관리청의 임무 및 기능은 행정의 연속성을 확보하기 위한 계획과 국가적 위기가 발생하였을 때의 자원 동원을 총괄하고 광범위한 재난관리계획, 재해대비, 피해경감, 복구활동시 주와 지방행정기관을 지원한다. 대통령이 대규모 재난(major disaster) 또는 비상사태를 선포할 때 연방정부의 지원을 총괄한다. 대규모 재난 지역의 선포는 유사시 주지사의 요청이 있은 후 심사를 거쳐 연방조정관(Federal Coordinating Officer)이 대통령을 대신해 주지사와 함께 대책을 수립한다. 또한 재난에 대한 연방, 주, 지방행정부 공무원들의 전문적인 능력을 향상시키기 위한 훈련, 교육, 실습 등을 담당하고 국가홍수보험사업(National Flood Insurance Program)의 홍수위험도 평가와 보험료 산정, 홍수피해경감 효과 분석 등을 수행한다. 홍수지도 작성은 지침만 제공해 주고 실제적인 작성은 민간에 위탁하여 실시하고 있다.

국가지진재해경감사업(National Earthquake Hazards Reduction Program) 또한 관할하고 전국비상식량 및 대피기구(Emergency Food and Shelter National Board)의 의장기구 역할을 담당하며 기상재해와 가정안정을 위한 지역사회의 의식개혁사업을 연구개발하고 있다. 한편 각 지방정부는 관할구역 안에서 비상업무를 수행할 1차적인 책임을 지며, 각 지방정부의 법률 및 연방정부의 정책과 지침에 따라 필요한 활동과 계획을 수립・시행한다.

지방정부의 안전관리조직은 지방마다 차이는 있으나, 평상시 상설조직과 비상시 관리조직으로 이원화하여 운영하고 있는데 평상시 상설조직으로는 비상운영센터(EOC: Emergency Operations Center)에서 비상준비협력관(Manager of Preparedness Coordination)을 기관장으로 실무인력 3~4명으로 운영하며, 비상시 관리조직으로는 발생 지역 자치단체장을 본부장으로 하는 비상대책기구(EOO: Emergency Operations Organization)를 운영한다. 담당공무원, EOC 담당자, 자원봉사자 등의 활동본부인 비상운영센터에서 비상지휘센터의 역할을 수행하며 수색 및 인명구조, 화재진압, 이재민 구호 등을 담당한다.

중앙과 지방과의 역할 분담이 명확하며 안전사고나 재해발생시 일차적으로 지방정부가 사고수습 및 구조구난의 모든 책임을 지고, 재해 규모가 클 때 주정부에 지원요청을 하고, 주정부가 감당하기 어려울 때는 주지사가 FEMA에 재해 내용을 통보, 대통령에게 지원을 요청한다.

2. 미국의 재난관리 실태

1) 연방정부의 정책과 조직

1979년 8월 카터 대통령은 산발적으로 진행되던 연방 차원의 재난관리를 효율적으로 운영하기 위해 FEMA를 비로소 설립하게 된다. 이에 따라 FEMA는 다음 세 가지의 임무를 받게 된다.

1. 연방 재원 동원
2. 지방정부, 주정부 및 연방정부의 재난대응 조정
3. 재난대응을 위한 공적 · 사적 업무관리

(1) FEMA의 임무

FEMA는 정식 직원이 2,600명에 지나지 않는 작은 조직이나 재난발생시 정식 직원의 몇 배에 해당하는 수천명을 추가로 동원할 수 있는 능력을 보유하고 있다. 주정부 및 지방정부와 긴밀히 협력하고 있으며, 대통령직속기관으로서 청장은 국무회의에 참가하는 국무위원급이다. FEMA의 법적 설립 목적은 아래와 같다.

1. 연방정부, 주정부, 지방정부, 자원봉사기관, 사기업체 등과 응급관리 협력강화
2. 모든 재난에 대비하고 종합적인 국가재난관리체계 구축
3. 복구가 아닌 사전대비(mitigation)를 국가재난관리체계의 근간으로 함
4. 빠르고 효과적인 대응, 복구체계 구축
5. 주정부 및 지방정부의 재난관리능력 강화

(2) FEMA 조직

FEMA에는 10개의 지역사무소와 더불어 6개의 기본 국(directorate)이 있다. FEMA의 조직도는 아래 [그림 6-1]과 같다.

[그림 6-1] FEMA 조직도(2003년 4월 현재)

(3) 국가재난관리계획(NRP) 흐름도

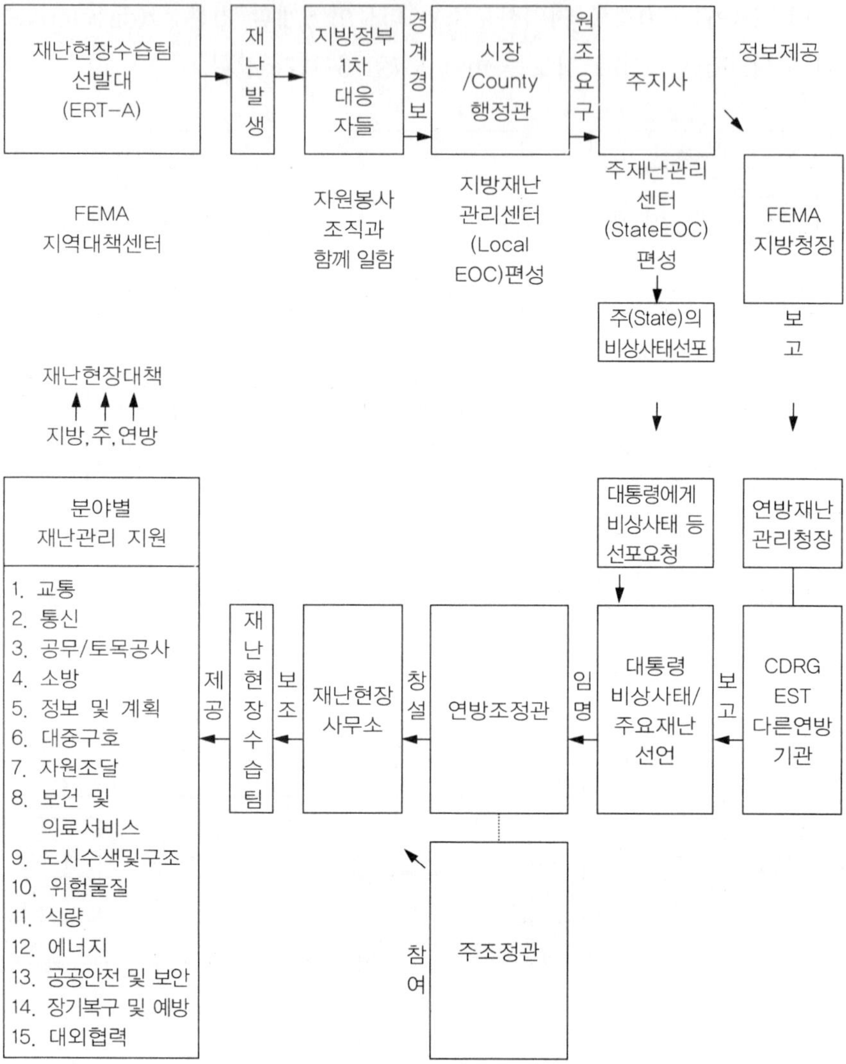

[그림 6-2] 국가재난관리계획(NRP) 흐름도

2) 지방정부의 정책과 조직

미국에서 재해대책의 핵심은 바로 지방정부이다. 공공안전의 1차적 책임을 지고 재난대응의 역할을 담당하며, 응급운영계획(emergency operation plan)을 작성, 유지하여야 하는 책임이 있다. 방재개념에 입각하여 개발사업에 대한 제재를 가할 수도 있으며, 건축물 시방규정도 제정하여 위법 여부를 판단한다. 또한, 지방정부는 교량, 도로, 상하수도 시설, 발전소 등 사회기반시설을 건설하며, 때때로 댐과 제방, 수위관측소, 홍수통제소 등도 건설한다. 보험관련 규정도 관할한다.

지방정부에서 운영하는 응급관리 사무소는 주정부의 경우처럼 다양하게 운영된다. 독립기관으로 있을 수 있으며, 소방 혹은 경찰조직의 일원으로 있거나 다양한 책임을 지고 있는 어떤 부서의 일부로 있을 수도 있다. 지방정부에서 외부의 지원이 필요하다고 판단될 때는 '피해평가'가 선행되어야 한다. 물론, 때때로 피해평가 자체를 위해 외부의 지원이 필요할 때도 있다. 이럴 경우는 주위의 지방정부 도움을 1차적으로 요구하고, 그 다음 주정부의 도움을 요청하게 된다. 외부지원을 요청할 때에는 재난유형, 피해 지역, 책임기관 등을 설명하여야 한다. 지방정부의 재난관리에 대한 책임 및 권한은 아래와 같다.

1. 응급관리를 위한 재원 동원 및 재난관리 공무원의 지휘 및 배치
2. 재해 지역에서의 주민대피 결정 및 지휘
3. 피난로, 교통수단 및 피난처 지정과 재해 지역 관리
4. 사유재산 점유
5. 지방조례 일시정지권
6. 재해특별 예비비 승인

3) 미국의 재난관리체계

(1) 안전관리 조직체계

- 각 위험분야별 독립적 기관에 의한 예방활동
- FEMA의 재난 피해 최소화를 위한 준비
- 지방정부에 의한 재난 상황 대응체계 및 주정부의 지원체계
- 연방재난대응계획에 의한 동원계획 위주의 연방 차원 대응지원체계

① 중앙정부(연방정부)

분 류	세 부 사 항
상설 행정조직	· 연방재난관리청 (FEMA: Fedral Emergency Management Agency) – 재난발생 후의 피해복구를 재정적으로 지원
대책본부(상황실)	· 비상정보 · 조정센터(EICC) – 비상 조정 업무 수행 · 연방조정관(FCO) · 재난현장수습팀(ERT)
중앙정부 부처 및 기관	· 비상지원기능(ESF) – 12개의 비상지원기능

② 지방정부(광역)

분 류	세 부 사 항
상설 행정조직	· FEMA 지역사무소(10개) · 주 비상사무국 – 주 안전관리의 집행기능 수행
대책본부(상황실)	· 재난현장수습팀 선발대(ERT–A) · 주 비상운영센터(EOC)

③ 지방정부(County)

분 류	세 부 사 항
상설 행정조직	· 비상관리과

④ 기타 관련 조직

분 류	세 부 사 항
전문가 집단	· 도시 수색 · 구조단 등
자원봉사 단체	· 구난 보조원 등

(2) 안전관리 업무체계

① 예방 및 피해 완화

분 류		세부 사항
안전관리 법령·계획	중앙정부	·국가재난관리계획 (NRP) ·FEMA의 각종 피해경감 프로그램
	지방정부 (광역)	·각 주별 비상관리계획(EOP) (주요 재난·재해 선포 건의)
	지방정부	·각 지방 비상관리계획
방재설비 및 동원자원		·지방정부 – 기본자원 관리 ·주/연방정부 – 비상자원 관리

② 대비

분 류	세부 사항
대응계획	·EOP – 단위 조직의 대응능력 초과시 조치 내용 포함 ·SOP
교육훈련, 연구	·국립 비상훈련센터(NETC) – 간부, 전문인력 교육 ·비상관리연구소(EMI) (재난, 재해대비 훈련프로그램)
대민홍보·계몽	·FEMA의 대민홍보, 계몽활동

③ 대응

분 류	세부 사항
현장대응조직들에 대한 지휘체계	·현장지휘체계 (ICS) – 소방서장 관리, 지휘
군의 지원관리 체계 및 협조방안	·DCO(Defence Coordinating Officer)
상황수집 및 관련기관 전파 및 교환체계	(911 출동체계) (통신수단 구축)
대 언론 정보 제공	FEMA 본부

④ 복구

분 류	세부 사항
피해에 대한 재정 지원	복구비 일부 FEMA 지원, 재해신고 센터 설치

제 7 장

일 본

1. 일본의 재난관리 체계

재해대책은 국가, 지방공공단체, 공공기관, 주민 등의 협력 하에, 종합적·통일적으로 실시될 필요가 있으며, 이를 위해 2001년 1월의 중앙성청 재편에 의해 방재 분야가 내각의 중요 정책으로 책정됨에 따라 새로이 설치된 내각부에 방재 부문이 형성되었다. 행정각부의 시책의 통일을 도모하기 위한 기획, 입안 및 종합 조정을 행하며, 사고재해를 포함한 다양한 재해대책에 신속하고 효율적인 대응이 가능하도록 관계 성청을 종합적으로 조정하도록 되어 있다.

우선, 국가에 있어서는 전 각료 및 일본은행, 일본적십자 등의 공공기관의 대표자 등으로 구성되는 중앙방재회의가 설치되고 방재에 관하여 정부 시책의 통일을 도모하기 위한 기본방침의 입안이나 종합조정 등을 위한 조사심의 및 방재기본계획의 추진 등을 행하고 있다. 도도부현, 시정촌에 있어서는 지방공공단체, 지정지방행정기관, 경찰·소방기관, 지정공공기관 등의 장 또는 그 지명하는 직원으로 구성되는 도도부현 방재회의, 시정촌 방재회의가 설치되고, 이것이 정하는 지역방재계획 등에 기초하여 각종의 재해대책이 실시되고 있다.

또한 재해대책기본법에 있어서는 독립행정법인, 인가법인, 특수법인 및 민간회사 중에서 내각총리대신이 지정하는 것을 지정공공기관으로 위치 매겨 재해대책에 관련된 각종의 책무를 부과하고 있다. 2002년 3월 현재로 60개의 기관이 지정공공기관으로 지정되어 있다. 재해가 발생했을 때의 응급대응 조직에 대해서는 「재해대책기본법」에 기초하여 시정촌 또는 도도부현에는 각각의 시정촌장 또는 도도부현 지사를 본부장으로 하는 재해대책본부를, 국가에는 방재담당대신을 본부장으로 하는 비상재해대책본부, 또는 내각총리대신을 본부장으로 하는 긴급재해대책본부를 설치하는 것이 가능하며, 재해응급대책의 신속 또한 정확한 추진을 도모하도록 되어 있다. 또한 과학기술청 산하에 방재과학기술연구소와 건설성 산하 토목연구소에서 재난 대책에 관한 학문적 · 제도적

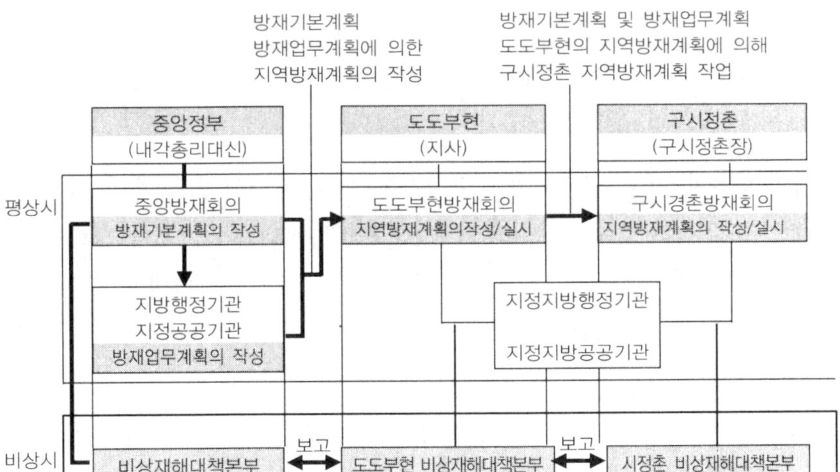

[그림 7-1] 일본의 방재운영 체계

연구를 수행하고 있고 대학부설의 방재연구소에서도 활발한 연구활동을 하고 있다.

2. 일본의 재난관리 실태

1) 중앙 및 지방정부의 조직과 기능

(1) 중앙정부 조직과 기능

상설된 방재관련 정부조직은 내각부 정책총괄관 방재담당 및 중앙방재회의가 있고, 방재기본계획을 추진하는 실시기관이며 정부의 방재조직 외에 지정행정기관 및 지정공공기관을 두고 있다. 내각부, 국가공안위원회, 경찰청, 소방청, 금융청, 총무성, 우정사업청, 경찰청, 법무성, 외무성, 문부과학성, 문화청, 후생노동성, 원자력안전・보안원, 중소기업청, 국토교통성, 국토지리원, 기상청, 해상보안청, 환경성 등이 지정행정기관(평성 12년 12월 15일 총리부고시 제62호)으로 되어 있다. 또한, 각 성・청 등 관련부처(지정행정기관), 일본전기전화주식회사, 전력회 등 관련산하기관(지정공공기관)들이 담당업무와 관련한 방재업무계획을 수립하여 실시하고 있다.

중앙정부의 기능으로는 재해대책기본법 등 재해관련 법률에 의해 방재대책을 수립하고 있으며, 재해예방활동 및 재해복구대책에 대해 직접적으로 지원 및 보조를 수행하고 있다. 또한 중앙방재회의를 설치하여 방재기본계획을 수립하고 각 성・청 등 관련부처(지정행정기관), 일본전기전화주식회사, 전력회 등 관련산하기관(지정공공기관)들이 담당업무와 관련한 방재업무계획을 수립하여 구체적인 대책을 실시하고 있다.

(2) 지방정부의 조직과 기능

지방정부에서는 중앙정부의 정책을 반영하여 총괄관리하고 있다. 평소에는 방재계획 및 행정, 시정촌의 방재행정 전반 지도·조언 등의 업무를 수행하고 재해발생시 소방무선시설을 이용하여 응급대책, 복구대책 업무를 수행하고 있다. 도도부현 구역 내의 방재사무에 관하여 도도부현의 기관, 중앙정부의 지방지분부국, 지정공공기관과 같은 관계기관들 간의 연락조정을 수행하고, 종합적이고 계획적인 방재행정을 위해 도도부현 방재회의 및 시정촌 방재회의를 설치하고 있다.

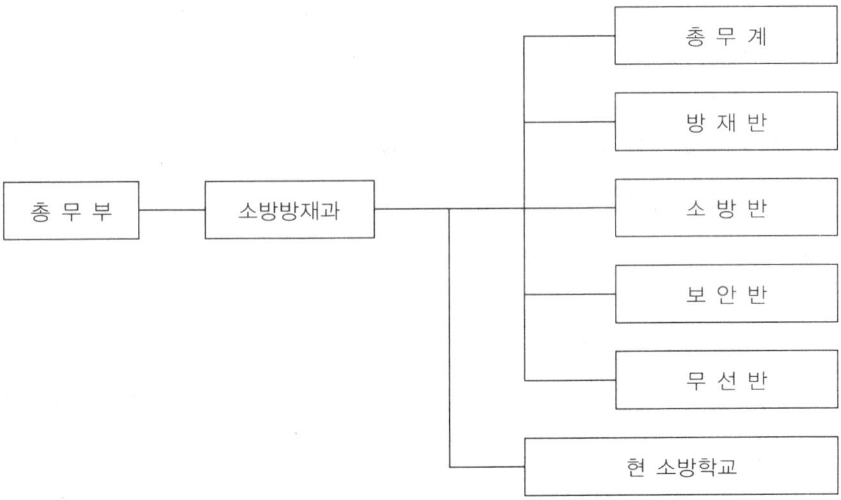

[그림 7-2] 일본의 지방정부 조직과 기능

2) 재난관리 활동

(1) 대응체제

원칙적으로 재난이나 안전을 위협하는 사고가 발생하면 시정촌이 1차적 책임이며 각 현에서는 재난대책 및 정책에 중앙정부의 정책을 반영하여 총괄·조정한다. 재해발생의 위험이 높아지게 되면 주의보·경보가 발생되며 상황에 따라 대기·준비·출동·경계·해제경보가 단계별로 발령된다.

(2) 긴급구조 체계

일본의 응급의료 체계에서 의료기관이 참가하는 방식은 다음의 네 단계로 구성되어 있으며, 다음의 여러 제도들이 운영되고 있다.

① 초기구급 의료시설: 지역사회 구급환자의 의료 확보 목적
- 휴일야간급환센터, 재택당번의사제도, 휴일 및 주야간 진료제도

② 2차구급 의료시설: 입원치료를 필요로 하는 중증환자의 의료확보가 목적. 2차 구급의료시설은 1991년 현재 전국에 379개소가 운영
- 병원군 윤번제, 공동이용형 병원

③ 3차구급 의료시설: 두부외상, 뇌졸중, 심근경색 등 중증구급환자를 위한 목적
- 도도부현(道都府縣) 단위의 구명구급센터

④ 특수구급 의료시설: 뇌신경외과, 신생아, 정신과, 심장질환, 화상센터가 지정
- 휴일야간급환센터: 인구 5만명 이상의 시에 1개소, 인구 20만명 이상의 시에는 인구 20만명마다 1개소를 설치(단, 추가로 15만명을 넘는 경우 1개소를 가산 설치)
- 재택당번의사 제도: 지역 사회별로 재택당번을 정하고 진료를 담당하게 함(1991년 현재 전국에서 727개 지역이 재택당번의사 제도를 운영)
- 병원군 윤번제 병원: 휴일, 야간의 중증구급환자를 대상, 광역 시

정촌(市町村)별로 구역을 설정하고 수개 병원이 교대로 진료를 담당

- 공동이용형 병원: 복수의사회 설립병원 등이 병원의 일부를 개방하여 지역사회의 협력 하에 운영
- 구명구급센터: 연중무휴 운영, 노령인구의 증가 등에 의한 질병구조의 변화에 대한 대처, 대체로 인구 100만에 1개소가 설치되도록 정비(1991년 현재 전국에 104개소 설치)
- 구급의료정보센터: 연중무휴 운영, 컴퓨터 등을 이용하여 구급의료시설에서 수집한 정보를 다른 의료시설이나 소방본부 등에 제공함으로써 원활한 연계체제 하에 구급환자의 의료확보가 목적(道都府縣에 1개소 설치 원칙-현재 전국에 32개소)
- 구급현장 의료확보 사업: 구급자동차에 의사 및 간호사 동승, 그리고 핫라인 시스템 사업 및 구급의료 정보전송 시스템 모델사업
- 중독정비센터 데이터베이스 정비사업: 재단법인 일본중독정보센터가 화학물질 등에 의한 급성중독의 치료방법 등의 정보를 신속히 제공하기 위해 이들 정보에 관한 데이터베이스를 정비하여 급성중독대책의 충실을 도모
- 닥터카의 운용: 일본의 경우, 닥터카는 의료기관이 소유하고 있거나 소방청의 구급차에 의사가 승차하는 경우를 지칭

(3) 재난관리 정보시스템

대규모의 지진이 발생했을 시에 신속한 재해대책이 가능하도록 기상청으로부터의 지진정보, 관계성청 등으로부터 헬리콥터에 의한 피해영상정보, 또한 지역의 시정촌, 도도부현, 일본방송협회를 필두로 하는 지정공공기관, 그 외의 방재관계기관으로부터의 피해상황·규모에 관한 정보 등 재해에 관한 제1차 정보를 정확히 수집하여 전체적인 피해 규

모나 정도를 파악함과 함께 총리대신관저, 지정행정기관 등에 전달하기 위한 정보·통신체제의 정비를 추진하기 위해 재해에 관한 정보의 수집·전달시스템의 정비를 추진하고 있다.

[참고] 중국의 재난관리 체계

세계에서 3번째로 큰 국가인 중국은 9백 6만㎢의 면적으로 전 세계 육지의 1/15을 갖고 있으며 우리나라 남한 면적의 100배를 차지하는 큰 나라로 일년 내내 홍수나 지진 등에 의한 자연적으로 재해에 시달리고 있다. 따라서 홍수기에 집중적인 재해관리 체계를 구축하고 있는 우리나라와는 상당히 다른 개념을 지니고 있다.

1998년 이상기후로 양자강, 송화강, 주강 등에서 일어난 대홍수는 홍수 규모 자체뿐만 아니라 대응 방법 등에 있어서 세계적 이목을 끌기에 충분하였다. 양자강은 1954년 이후 20세기 들어 두 번째로 큰 대홍수였으며, 송화강의 경우는 20세기 들어 가장 큰 대홍수였다. 또한, 주강 유역의 홍수도 금세기 들어 두 번째로 큰 대홍수였다. 중국에서는 당시의 당 주석인 강택민이 직접 나서서 재해에 대처하는 등 중앙 차원의 노력을 기울였으며, 실제적인 업무는 홍수재해를 담당하고 있는 수리부를 중심으로 수행되었다. 수리부가 속해 있는 국무원은 우리나라의 국무회의 정도에 속하는 것으로 총리, 4명의 부총리, 5명의 국무위원, 23개 부처의 책임자 및 5개의 위원회의 책임자로 구성되어 있다.

중국에서는 1999년 현재 수리부로 이관되고 있는 업무인 지표수관리, 지하수관리, 도시지역홍수방재업무는 업무분담이 이루어지고 있는 상태이며, 그 밖의 업무는 크게 10가지로 구분되어 수리부에서 주요 업무 처리가 이루어지고 있다. 이와 같이 평상시에는 수리부에서 홍수재해업무를 포함한 물 문제에 관한 업무가 이루어지고 있다.

그러나 홍수나 가뭄 문제가 발생되면 비상설기구인 국가 홍수·가뭄재해방지 총지휘부를 설치하여 관련되는 여러 부처가 유기적으로 대처하고 있다. 또한, 중국은 광대한 영토를 지니고 있어 중앙에서 전 국토를 직접 관장하기보다는 큰 강을 중심으로 유역체계를 구축하여 적정하게 대처하고 있으며, 유역대처가 필요하지 않은 작은 하천의 경우에는 성급이나 현급 등의 지방정부에서 관리하고 있다.

국가 홍수·가뭄재해 방지 총지휘부는 우리나라의 재해대책본부와 기능이 유사하며 국무원의 비상설기구로 국가의 홍수·가뭄 재해방지에 종합적으로 대처하기 위하여 설치되고 있다. 그러나 국가 홍수·가뭄 재해방지 총지휘부는 비상설기구이기 때문에 평시에 이를 위한 준비나 관련된 업무를 수행하기 위하여 수리부 내 상설기구로 총지휘부 사무실이 설치되어 있다. 또한, 중앙에 국가 홍수·가뭄 재해방지 총지휘부가 설치되는 것과 마찬가지로 지방에는 지방 홍수·가뭄 재해 방지 지휘부가 설치되고 있다.

국가 홍수·가뭄재해 방지 총지휘부의 책임자(총지휘)는 국무원 부총리가 임명되며, 수리부 부장이 부책임자(부총지휘)로 임명되어 실제적인 업무를 수행하고 있다. 국가 홍수·가뭄 재해 방지 총지휘부에는 국가발전기획위원회 등

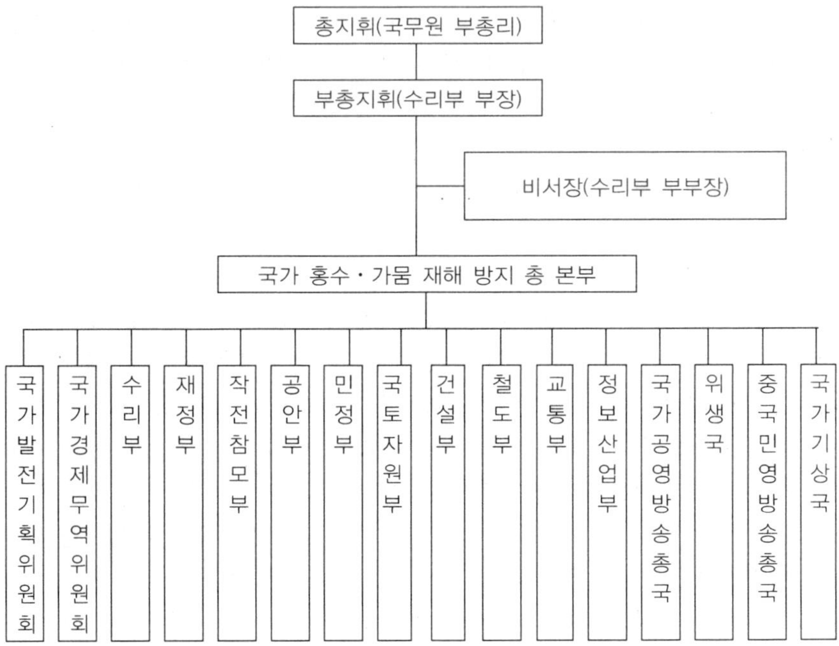

[그림 7-3] 국가 홍수·가뭄 재해방지 총본부 조직

국무원의 16개 관련 부서가 참여하고 있다.

이와 같이 설치된 국가 홍수·가뭄재해 방지 총지휘부의 주요 업무는 국가 재해방지, 홍수 및 가뭄재해 방지 규정 제정, 중요 홍수 및 가뭄 대책 결정 및 지휘, 타 분야 재해방지 업무 협조, 지방재해 방지 지휘부의 업무체계 지도이다.

댐 및 도시홍수 방지처는 댐과 도시홍수를 방지하기 위한 각종 업무를 담당하며 한발대책처는 가뭄에 관한 업무를 담당한다. 기술처는 홍수나 가뭄을 극복하기 위하여 사용되는 각종 기술에 관한 업무를 담당하며 피해방지처는 홍수나 가뭄에 의한 피해를 방지하기 위한 각종 업무를 담당한다. 강·하천 관리처는 강과 하천을 관리하는 업무를 담당하고 총무부는 이와 같은 기구운영을 위한 각종 행정적 업무를 담당한다.

중국 내 재해방지의 특징으로는 재해복구에 군부대 역할이 커서 총본부 조직에는 작전참모부가 참석하고 있으며 이를 통하여 부대 요청이 가능하고 지방에서는 차상급 부대에 부대 동원 요청 후 부대를 동원할 수 있다. 이는 장비가 부족한 중국에서 신속한 대처를 위하여 불가피한 조치라 할 수도 있으나 군인들이 시민생활 안정에 늘 참여한다는 긍정적인 측면도 있다. 부대가 동원된 이후의 지휘권은 총지휘부에 넘기지 않고 부대에서 그대로 유지한 상태에서 홍수에 관련된 업무를 담당하며, 중국에서의 홍수는 거의 매년 일어나므로 부대 자체에서도 재해 복구 물자를 비축하고 재해 복구를 위한 기술을 보유하고 있다.

한편, 중국은 일찍부터 행정 지역을 초월한 수자원관리를 위한 하도(河道) 총 감독기관을 설립하였으며 양자강 수리위원회나 황하 수리위원회 등이 대표적인 기관이다. 신중국 수립 후, 중앙 인민정부는 유역 수자원관리를 매우 중시하여 1949년 11월 중앙의 수리부가 개최한 각 해방구 수리연합회의에서 모든 수리사업은 반드시 통일적인 계획, 상호 보조, 통일적 지도, 통일적 정책 시행 등 수자원관리의 기본 원칙을 정하였다. 60, 70년대는 여러 가지 요인으로 인하여 회하, 주강 등 일부 유역기구가 폐지되었고, 유역 계획 업무도 영향을 받았다. 70년대 후반기에 이르러 유역 계획 업무는 다시 새롭게 관심을 끌기 시작하였고, 치회위원회(1977년)가 재설립 되었고, 송요 수리위원회(1982년), 해하 수리위원회(1979년), 주강 수리위원회(1979년), 태호 관리국(1984년)이 새롭게 설립되었다. 이로써 중국 7대 유역기구가 성립되었다. 현재는 중앙급으로 장강

(양자강), 황하, 회하, 해하, 주강, 송하강, 태호의 7개 유역이 있고, 7개 유역 내 56,000여 명의 직원이 있으며 이 중에서 기술 인력은 15,000여 명, 상위 직급의 과학기술 인력은 1,600여 명에 이르고 있다.

중국의 재난관리 지방조직은 중국에서는 성, 시, 현의 각급 지방정부가 각각 홍수 및 가뭄 재해방지 지휘부를 설치하고 각 자치구의 재해방지 업무를 책임지고 있으며, 지방 재해방지 지휘부의 업무는 지방 재해방지 조직을 구성하여 지방마다 각기 다른 양의 홍수대책을 마련한다. 즉, 댐, 제방 등 홍수 방지시스템의 수요량을 충분히 활용하여 홍수량을 합리적으로 조절과 홍수 피해 및 위협 지역과 범람 지역의 인원 및 재산 이동을 예측한다. 즉, 홍수 예상기간 동안 지방정부는 홍수피해 및 위협 지역의 인원과 재산을 이동시키게 된다. 또한 긴급 상황 시에는 부대인력을 동원하여 인명과 재산 구조 활동에 투입한다.

제8장

영　국

영국은 일찍이 지역 민주주의가 발전하여 지방자치제도의 근간을 이루는 나라로서, 국토의 면적과 인구 등 우리나라와 흡사한 면을 지니고 있는 신사의 나라이다. 이러한 영국은 제2차 세계대전으로 가장 큰 피해를 입은 나라 중 하나로서, 국가의 위기관리체계는 1948년에 제정되어 2002년에 개정된 민방위법(Civil Defence Act)을 기반으로 하여 주변의 나토(NATO) 국가들과 연계 및 협조를 통한 국가위기관리정책을 펼치고 있는 나라이다. 이러한 영국은 튼튼한 지방자치제도로 인하여 미국과는 달리 각종 위기관리에 있어서 초기단계부터 지방자치단체가 주관하는 특이한 형태를 가지고 있고, 미국과 같은 강력한 위기관리조직을 두고 있지는 않지만, 치안경찰, 소방, 재난, 범죄와 교정행정, 이민 등의 업무를 수행하는 내무성(HOME OFFICE)이 위기관리조직으로서 그 기능과 역할을 하고 있다. 아래에서는 이러한 영국의 위기관리체계에 대해서, 첫째, 민방위법을 중심으로 하여 영국 위기관리 법제도를 살펴보고, 둘째, 내무성을 중심으로 하여 영국 위기관리 조직을 살펴보고자 한다.

1. 영국의 재난관리 체계

영국은 위기를 관리하는 별도 조직이 없는 것이 특징이나 평시 긴급업무를 수행하는 소방 및 경찰조직을 중심으로 긴급대응을 수행하고 있으며 이에 지방정부와 보건성 등이 협조하는 독특한 시스템으로 운영되고 있다. 영국의 방재담당은 다른 중앙부처와 중복되지 않는 범위 내에서 소방과 경찰이 포함된 내무성을 중심으로 수행되며 대형재난이 발생할 경우에는 군대나 전시 긴급조직 등의 국방성이 활용된다.

1) 영국의 위기관리 조직의 의의

영국은 위기를 관리하는 별도 조직이 없는 것이 특징이나 평시 긴급업무를 수행하는 소방 및 경찰조직을 중심으로 긴급대응을 수행하고 있으며 이에 지방정부와 보건성 등이 협조하는 독특한 시스템으로 운영되고 있다. 영국의 방재담당은 다른 중앙부처와 중복되지 않는 범위 내에서 소방과 경찰이 포함된 내무성을 중심으로 수행되며 대형재난이 발생할 경우에는 군대나 전시 긴급조직 등이 활용된다.

방재담당의 주무부처인 내무성의 소방 및 긴급사태 계획국에서는 소방 등 긴 급업무 가이드 라인을 작성하고 지방정부에 조언을 하며 긴급사태시의 준비로서 공공정보망의 정비, 경찰에 의한 재해자정보센터 설립, 임시주택과 식량의 준비, 민간기업 등이 포함된 계획을 작성한다.

아울러 재해발생시 자원봉사활동을 효과적으로 수행하기 위하여 정부의 적극적인 지원을 받고 있는 다양한 민간조직들이 활동하고 있으며 특히 이들 민간조직들은 정부에 의한 보험가입의 혜택이 주어지는 것이 특징이다.

내 무 성(Home Office) – 장관(Home Secretary)
교정감독관(HM Chief Inspector of Prisons)
통신국(Director, Communication)
사회정책국(Director, Constitutional and Community Policy)
자원협력국(Director, Corporate Resources)
형사정책국(Director, Criminal Policy)
개발협력국(Director, Corporate Development)
화재 및 비상기획국(Director, Fire and Emergency Planning)
국적 및 이민국(Director, Immigration and Nationality Directorate)
조직폭력 및 국제범죄(Director, Organised and International Crime)
재정계획국(Director, Planning and Finance)
경찰정책국(Director, Police Policy Directorate)
개발연구 및 통계국(Director, Research Development and Statistics)
법률자문(Director, Legal Adviser)

자료: HMSO(2000: 5).

[그림 8-1] 영국 내무성 조직체계

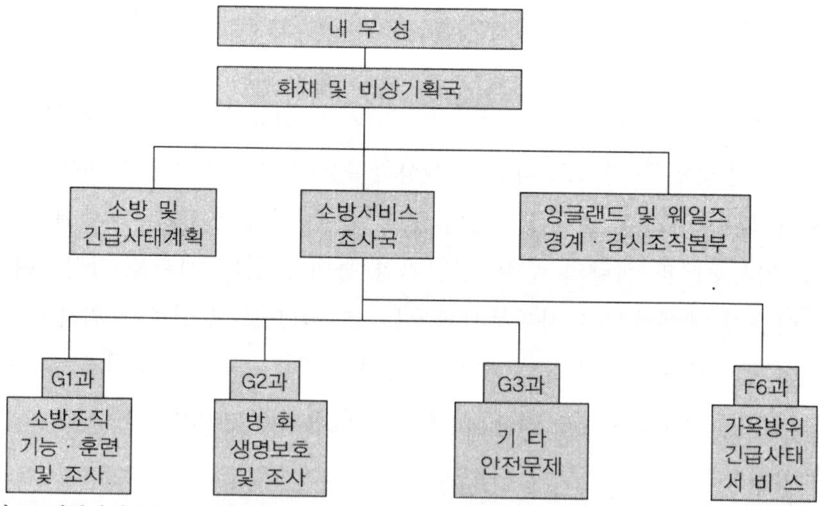

자료: 행정자치부(2001: 13).

[그림 8-2] 내무성 산하 재난관련 조직

2) 중앙과 지방의 위기관리체계(민방위체계)

영국은 전·평시와 자연재해로 인한 비상 상황시 총체적인 관리를 시행하는 중앙 부서 없이 각 부서별로 고유의 업무를 수행하면서 각 부서에 해당하는 민방위 업무만 처리하면서 런던구(區) 및 시·군의 지방행정체계를 활용하여 주민방호계획을 수립하고 집행하였다. 2001년 내각성에 CCS가 설립되면서 민방위의 중앙집행기관으로서의 역할을 담당하게 되었다. 영국의 민방위 체제는 아래의 [그림 8-3]와 같이 나타낼 수 있다.

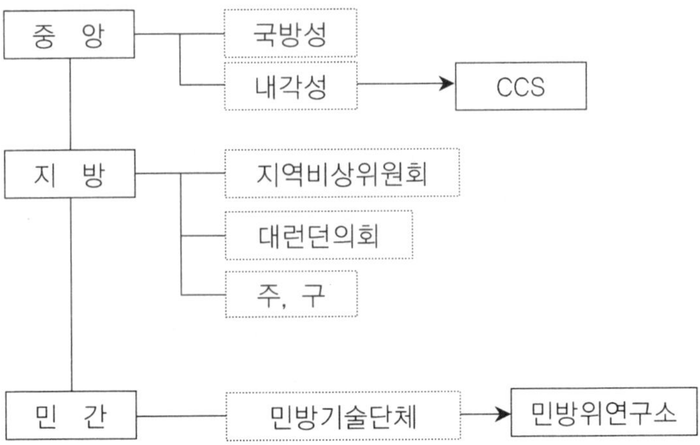

자료: 박덕근(2003).

[그림 8-3] 영국의 민방위 체계

그림에서 보는 바와 같이 영국은 민방위 활동이 중앙과 지방으로 나뉘어져 중앙은 국방성과 내각성에서 정책입안 및 행동지침을 제정하고 지방에서는 지역비상위원회와 런던의회, 주와 구의 비상운영센터를 중심으로 실질적인 민방위집행업무를 수행하고 있다. 1938년 설립된 민방공연구소에서 발전된 민방위연구소는 민방위 분야에 관한 의회간행물

발간, 재난기금지원 등의 활동을 수행하고 있는데 자선단체라는 점이 특징이다. 특히, 2000년 겨울에 발생한 홍수와 유럽에서의 구제역 발호로 인해 내각성에서는 이렇게 어려운 상황을 신속하고 용이하게 해결할 수 있는 국민재해사무국(The Civil Contingencies Secretariat)을 2001년 설립하게 되는데 국민재해사무국의 조직은 [그림 8-4]와 같다(박덕근, 2003).

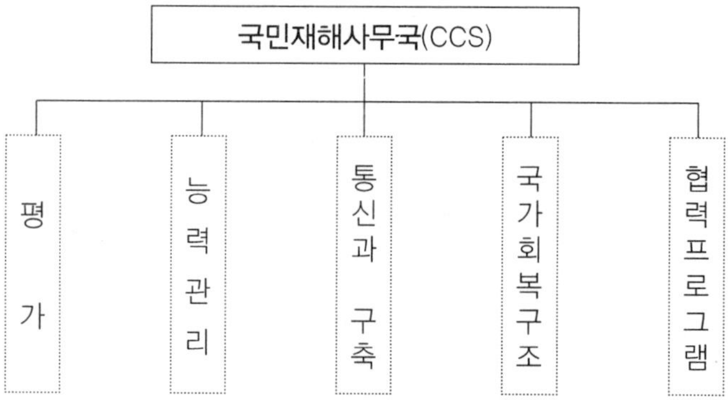

자료: 박덕근(2003).

[그림 8-4] 국민재해사무국 조직

이러한 영국의 민방위체계는 영국 위기관리의 핵심으로서 그 특징은 다음과 같다. 초기 영국의 민방위(civil defence) 개념보다는 좀더 포괄적인 의미를 가지는 국내방위(home defence) 개념으로 변천되었다는 것이 첫 번째의 특징이고, 다음으로 전담 대책기관을 설립하지 않고 각 부서별로 고유의 업무를 수행하면서 각 부서에 해당하는 민방위 업무만 처리하면서 런던구(區) 및 시, 군의 지방행정체계를 활용하여 주민방호계획을 수립하고 집행하는 특징을 들 수 있다. 마지막으로, 2001년 내각성에 국민재해사무국이 설립되면서 민방위의 중앙집행기관으로서의 역할을 담당하게 되었는데, 국민재해사무국은 국내방위보다는 민방위의 개념에 충실하며, 새롭게 대두되고 있는 유럽의 구제역과 홍수 등의 자연재해에 능동적으로 대처하여 영국의 민간방위에 일익을 담당하고 있을 뿐만 아니라, 나토와의 연계활동을 통해 범 세계적인 민방위체제 구축에 앞장서고 있다.

2. 영국의 재난관리 실태

1) 내각 산하 민간비상대비사무처

민간비상대비사무처는 내각의 일부이며 2001년에 설립, 민간비상대비사무처장이 결정사항에 대하여 내각수상에 직접 보고하는 체계로서, 설립배경은 여객기 추락, 함정침몰 등 대형사고가 많이 발생하고 특히 2001년에는 영국의 3대 위기 즉, 유가상승에 따른 택시기사들의 전국적 시위, 홍수, 구제역 발생 등 비상사태에 대비하기 위하여 설립되었다. 설립목적은 국내에서 발생되는 대형재난은 물론, 외부에서 자국에 영향을 미치는 위험요소에도 대응하기 위한 위기관리평가 및 재난복구를 위함으로써, 중앙정부와 영국의 복구를 개선하기 위해 설립한 조직기관 및 센터이고, 내무장관이 의장인 시민비상대비위원회을 보조하면서 선별적으로 장관들을 보좌한다. 특히, 영국의 내각부처는 냉전 후 위협이 사라져 기존조직을 폐지하여 없고, 9·11 테러사건을 계기로 새로운 조직구성을 추진 중에 있다(내각 산하 민간비상대비사무처; http://www.epc.go.kr/emergency/world_view08.html).

민간비상대비사무처의 주요 기능으로는 첫째, 비상상황 및 재난으로부터 교훈을 얻고 이를 처리하도록 국가를 더욱 효과적으로 계획하고, 둘째, 잠재적인 위험요소를 밝힘, 즉 어떤 필요한 조정수단을 강구하고 위험요소를 처리하거나 담당부서를 지원하며, 셋째, 재난복구가 항상 모든 사람의 관심사에 있도록 하는 환경을 설정하고, 넷째, 지방과 관련한 비상대비의무사항을 다루는 비상대비계획 법제화를 재검토한다. 이 밖에도 지방정부에 대한 보조금 지급, 중앙정부계획에 선도적인 역할을 함으로써 국가적인 시민보호의 질을 높이고, 지방시민보호의 질을 향상시킴으로써 재난으로부터 공공의 안전 증진, 시민보호 분야에서 정부의 관심을 국제적인 수준으로 증진, 국가적인 시민 보호의 질을 향상시키기 위해서 노력을 한다.

민간비상대비사무처의 직제 및 주요 기능은 다음과 같다. ① 중앙센터: 인적자원관리, 사업조정/계획, 프로그램관리, 접촉자명단관리, CCS 비서실운영/등록, 전국복구투자/회계감사, 시민위험프로그램 관리, 경쟁력 강화. ② 평가 및 기획팀: 평가(수평적 진단, 전면재평가), 위기관리계획, 정책제공시행계획 작성, 주요 국내의 파괴적인 위험요소에 대한 발생을 감지. ③ 자원관리/지원팀: 인력선발지원, 합동계획/자문팀운영, 정부정책사업지속계획, 비상시 지원 및 연락, 훈련계획. ④ 정보획득팀: 정보조정센터, 국가경보시스템, CCS인터넷/인트라넷, CCS지 발간, 비상기획대학/국가복구센터, 세미나 및 전시회, 여론연구. ⑤ 전략적 재난복구팀: 복구정책 및 법제화, 개방적 복구기준 설정, 비상계획 재검토 및 시민보호정부보조금 지원, 국가복구설계도 작성, 복구관련 연구, 런던 및 기타지역 등 행정기능 이전 등의 직제와 그 기능을 수행하고 있다.

2) 민간비상대책위원회

민간비상대책위원회는 내부성장관이 의장이 되어, 전국적 재난 및 사고시 개최하며 관련 부처장관들이 참석한다. 이러한 민간비상대책위원회의 특징으로는 비상사태의 성격에 따라 기타 핵심기관에서 참석하는 게 특징이다. 즉, 공공질서의 경우 경찰이, 홍수 등의 경우에는 환경기관이 참석한다. 또한, 분야별 민간전문가를 위촉하여 해당 전문가의 자문

을 구하도록 하고 있다
(http://www.epc.go.kr/emergency/world_view08.html).

3) 비상기획학교(Civil Contingencies Secretariat Emergency Planning College)

비상기획학교는 민간 비상대비사무처 예하로써 35명 정도의 직원으로 운영되고 있는 조직으로서, 영국 중부 요크시에 위치하고 있다. 이 기관은 중앙정부 및 비상대비업무기관 공무원, 지방행정기관 공무원, 민간 기업체 직원 및 유관기관 민간인, 군 및 지원자를 대상으로 하여 짧게는 2~3일에서 많게는 1~2주간(교육대상에 따라 상이)에 걸쳐서 비상대비에 대한 교육을 실시하고 있다. 2001~2002년간 7,653명의 교육을 시켰을 정도로 활발한 교육기관으로서, 교육대상별로 다양한 프로그램을 운영하는 것이 특징이다.

4) 런던재난복구팀

런던재난복구팀은 수도 런던의 중요성을 감안하여 내각실 예하 별도로 운영되고 있는 조직으로서 형식상으로는 런던시장이 수행하여야 하나, 교통정책 등의 국한된 업무를 집행하고 있다. 런던경찰청은 비상사태 전업무 관장, 중앙정부에 직접보고(인원 2,700명)체계를 갖추고 있고, 런던 교통경찰국은 철도, 지하철 안전 등에 신경을 쓰며, 런던 소방청은 런던 경찰청과 정보교환 등 협조체제를 유지하면서 소방안전 업무를 수행하고 있다. 특히 화생방 등 특수훈련 이수자가 많은 게 특징이다.

5) 재난대비 인력 및 물자 동원계획

영국의 재난관련 인력 및 물자 동원계획을 살펴보면, 우선 화생방 전문가를 확보하기 위한 계획을 수립하고 있으며, 주로 구급차, 소방차 소요에 대비하고 있으며, 부족시 군장비 협조, 국내 부족시 이웃국가 지원 요청(독일) 계획 등을 수립하고 있다. 특히 군의 경우 소규모 동원에 국한하여 계획하고 있는 게 특징이다.

제9장

독 일

1. 독일의 재난관리 체계

독일 민방위 체계는 1990년 10월 3일 역사적 통일 이후 그 역할과 내용에 일부 수정이 이루어졌다. 현재 독일은 16개 주(州)로 구성되어 있으며 각 주마다 각자의 법률과 의회를 가지고 있다. 주는 3~7개의 행정구역으로 나뉘며 각 행정구역은 또다시 시군구로 나누어진다.

독일의 민방위는 네 개의 정부단위로 나뉘어 운영되는데, 연방(federal)정부, 주(state)정부, 지역(regional, town)정부 및 시(市, local, municipality)정부 등이다. 독일은 전시의 국가방위개념의 민방위와 평상시의 응급관리 및 계획을 구분한다. 이러한 구분은 두 가지 독립된 법적·행정적 기초를 가지고 있다. 평시 응급상황관리는 주(Länder)정부가 담당하며 대규모 재난 및 전시에는 연방정부가 그 책임을 맡게 된다. 독일 민방위의 기본목표는 국가 및 국민보호이며 민방위 연방계획은 정부기능의 연속성 보장, 국민보호, 물자조달, 정규군 지원 등 위기상황에서 사회기능이 유지되도록 그 방안을 마련하는 데 목적이 있다.

평상시 재난에 대비한 지원은 주정부의 몫이며 군사적 위기상황은 연방정부가 담당한다. 각각의 주는 독립적인 민방위 계획을 수립하고 소신껏 업무를 수행한다. 민방위 업무에 관한 조정은 주(州) 내무부에서 수행한다. 지방단위의 민방위 업무는 시정부에서 담당하며 소방당국과 긴밀한 협조체계를 유지한다. 방호 및 구조·구급을 담당하는 정규 소방대는 27,000여 명이며 110만 정도가 자원봉사대로 조직되어 있다. 또한 적십자 요원 305,000여 명이 함께 활동한다.

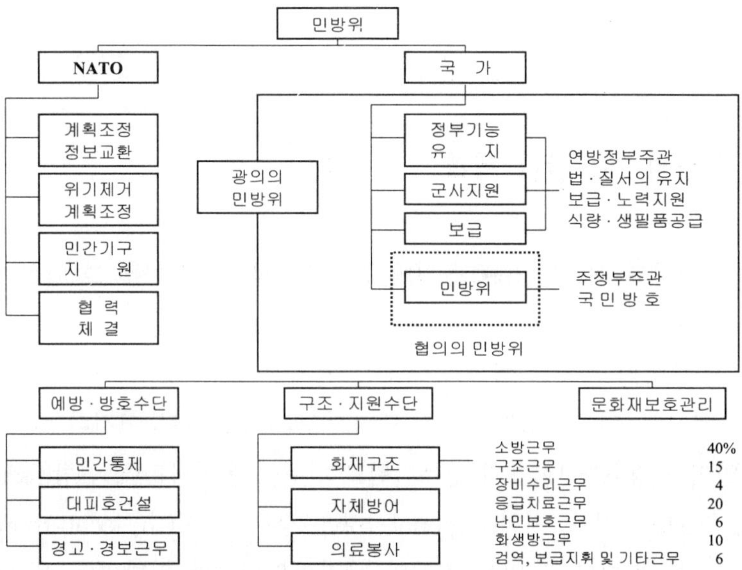

[그림 9-1] 독일의 민방위 체계

주(州)정부는 각종 위험으로부터 국민을 보호하는 종합적인 업무를 담당하고 있다. 소방 및 구급 등 재난상황 대처는 지방정부에서 담당하며 소방법에 의거 시정부에서 소방관련 예산과 운영을 담당한다. 중앙 또는 연방민방위는 연방정부 내무성산하에 설치된 민방위청에서 전담하고 있으며 민방위청은 다시 관리부, 민간방위부, 재해통제부, 경계경보활동부 등으로 구성되어 있다. 민간협조기관단체 및 주요 조직으로는 중앙민방위에 있는 각부산하에 연방자위연합회, 연방민방위학교, 11개 주 연합회와 618개 지방지부, 10개 경보센터 등이 있다.

민방위 중앙교육기관으로는 Bonn 근교 Neuenahr Ahrweiler시에 위치하고 있는 연방재난통제학교(Federal Disaster Control School)가 있으며 전국에 10개의 재난통제학교, 전국 400여 곳에 지방훈련소를 설치하여 지방민방위교육을 담당하고 있다.

독일 연방공화국의 국가재난방지를 위한 국가안전관리시스템은 연방차원 및 주정부 차원으로 이분하여 설명된다.

2. 독일의 재난관리 실태

독일 연방공화국의 국가재난방지를 위한 조직체계는 연방내무성하의 시민보호·재난대응청(BBK) 제5국, 연방기술지원단(THW) 그리고 민간방위아카데미(AKNZ)로 구성된다([그림 9-2] 참조).

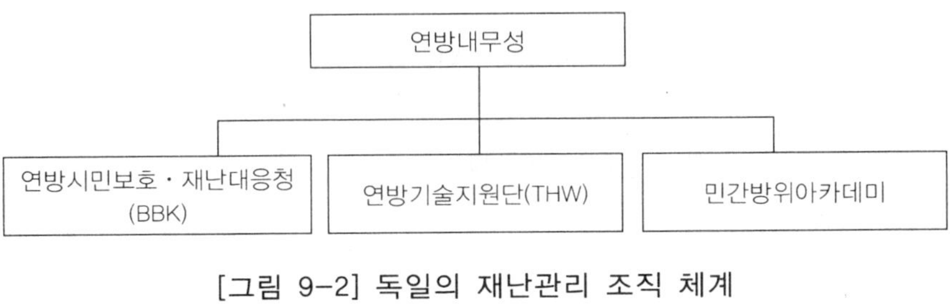

[그림 9-2] 독일의 재난관리 조직 체계

1) 연방내무성(BMI)

연방내무성은 전국적인 국가재난의 총괄적인 책임기관이다. 연방내무성은 총 8개국(Abteilung)으로 조직되어 국가재난방지는 제5국(Abt. 5)이 담당하였으나 2004년 5월부터 연방시민보호·재난대응청(Bundesamt für Bevölkerungsschutz und Katastrophenhilfe, BBK)이 신설되어 이를 총괄하고 있다.

특히, 이러한 연방시민보호·재난대응청(BBK)은 설립 이후 공동신고상황센터를 만드는 한편, 긴급사태에 대한 정보시스템(deNIS)를 구축하였다. 시민보호및재난대응청은 7개센터와 홍보부가 있으며, 312명의 직원과 7천 4백만 Euro의 예산을 지니고 있다. 시민보호및재난대응청의 조직구조는 다음과 같다.

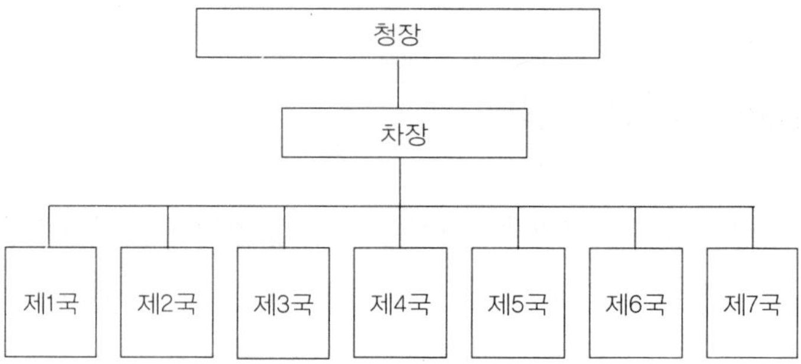

제2, 3, 4국은 신설기관임.
자료: http://www.bva.bund.de/zivilschutz/zfz/unterseite2/index.html

[그림 9-3] 연방시민보호·재난대응청(BBK) 조직구조

(1) 제1국: 위기관리및재난지원센터

위기관리및재난지원센터는 중앙상황실(공동신고상황센터)·긴급상황대처정보시스템(deNIS) 운영, 경보발령을 주 기능으로 수행하고 있으며, 해외 발생 테러나 대형 재난발생시 독일인을 지원하고 업무를 조정하고 있다.

- 현재는 연방과 주정부 세 곳에 연결되어 있음.

- 독일 국방부와 연결되어 항공기 움직임을 파악.
- 항공기, 로켓이 뜨면 자체 경보시스템에 잡혀서 중앙시스템에 경보기가 울려서 주정부에 알려주고 있음.
- "공동신고상황센터(GMLZ)"는 시스템이 크게 만들어져 있고 직접적으로 정보를 주고받을 수 있는 체계가 잘 갖추어져 있음. 그리고 이것과 긴급상황대처정보정보시스템이 잘 연결되어 있음.
- 긴급상황대처정보시스템은 web정보시스템으로 독일 전역에 퍼져 있으며, 군 장비까지 모든 정보를 주고 받을 수 있음.
- 외국이나 대규모 사건의 희생자 및 가족들에 도움을 주고 있음.

(2) 제2국: 긴급사태대비기획및국제협력센터–신설기관

긴급사태대비기획및국제협력센터는 긴급사태대비기본계획 등 위기관리계획을 수립하고 시민보호의 기능을 수행하고 있다. 이는 국가가 적극적으로 국민을 보호해야 한다는 의미의 시민보호(civil protection) 개념에 입각한 것이다. 이곳에서는 대국민 관련 정보를 제공하고 국제협력 기능을 수행하고 있다.

긴급사태대비기획및국제협력센터는 5개 부서로 구성되어 있다.

① 긴급사태대비기본계획 수립 부서

② 국제협력센터

③ 국민정보센터

④ 국민자율단체담당센터: 의용단, 자원봉사단체에 관한 사항을 위주로 하며, 17만명이 속해 있다. 소방관도 자신의 직을 가지고 있으면서 저녁에 시간이 나면 자원봉사단체에서 일을 하고 있다.

⑤ 자기보호센터: 자기보호센터의 기능과 관련하여 여타의 민간 부문기관이나 조직들도 소속 구성원들에게 교육해야 한다.

예를 들면, 원자력 유출시에 일반 시민에게 방독면을 주지 않음. 1차적으로 방사능 유출 지역에서 멀리 떨어지게 하고 요오드 약을 제공해 줌.

- 국민에게 규정되어 있는 법은 없음.
- 독일은 워낙 자유로운 분위기
- 법적으로 강제하는 것이 어렵다.

(3) 제3국: 국가핵심기반보호센터 (Zentrum Schutz Kritischer Infrastrukturen)-신설기관

국가핵심기반보호센터는 위험상황 분석, 에너지, 물, 정보통신 기술, 교통시설 등을 보호하고 있다. 5개의 부서(Fachbereiche)로 구성되어 있다.

① 위험분석 및 평가센터- 도시별로 위험 분석해서 BBK로 보내고 주별로 분류함. 각 주별 주요 재난 파악.

② 에너지센터

③ 물(식용수)/ 과거 벙커, 국민보호 구조물관리센터

④ 통신정보체계보호센터

⑤ 교통체계보호센터: 교통기반 시설보호: 옛날부터 있어 왔던 시스템으로 지금은 BBK가 받아서 실질적으로 일을 병행하고 있다.

(4) 제4국: 재난의료센터(Zeutrun Katastrophenmedizin)-신설기관

건강보호와 의료・전염병의 관리, 응급처치 등의 기능을 수행하고 있다.

- 시민건강보호
- 위생관리: 전염병이 발생하였을 때 예방주사, 응급상황조치 등에 대해 기능

(5) 제5국: 시민보호연구센터(Zentrum Zivilschutzfaschug)

재난관리 연구 및 전문 정보처를 운영하고 재난대처의 기능을 수행하

고 있다. 화생방 보호의 기능을 수행하고 있다.

세계대전 이후에 화생방이 쓰이지 않을 것으로 생각해서 중요하게 생각하지 않았으나 최근 테러 발생과 Scenario 작성을 통해 체계적으로 보호해야 한다고 생각하고 중요하게 인식하고 있다.

(6) 제6국: 재난대처훈련센터(Zeutrum Zivilschutzausbildug)

위기관리, 비상기획, 재난대처아카데미(AKHZ)를 운영하고 있으며 재난대처 분야의 교육 및 재교육을 기획 수행하고 있다. 또한 국제적 정보를 수집하고 해결방안을 모색하는 기능을 수행한다. 전문가들에 대한 교육 기능을 수행한다.

(7) 제7국: 재난대처 연관업무 및 기술·장비센터(Zeutrum Ergänzender Katastrophenschutz, Technik und Ausstattung)

재난대처를 위한 공사와 문화재 보호, 장비의 조달, 재난 분야의 예산 업무를 담당하고 있다. 소방차들과 구조장비가 여기에 포함되어 있고, 전시상황에서의 식수관리, 벙커 등 시설물 관리를 통해 실제 상황에서도 사용할 수 있게 하는 기능을 수행한다. ① 시민보호 구조물, ② 식수 확보시설, ③ 문화재 보호(체계적으로 하고 있음-연방: 큰 문화재, 지방정부: 동상 등), ④ 자동차 · 의료 시설물, ⑤ 재난보호로 인해 각종 돈이 지불되었는데도 이에 대한 평가 · 감독 기능 수행(제대로 되었는지에 대해)

특히 문화재 보호의 경우 주로 보존하는 데 초점을 두고 있다. 즉, 독일은 옛날 건축물을 그대로 보존하는 데 초점을 두고 있다.

(전시 · 재난으로 인해 파괴된 후에 그대로 복원하기 위해 사진이나 비디오 촬영)

- 문화재 보호 원래 내무부에서 하고 있었으나 엘베강 이후 문제→정치적 문제→보호 Focus

- 체계적으로 주정부에서는 건축가 파견해서 복구하고, 엘베강 이후 주정부에서 고치고, 이후 연방정부가 이를 모니터링하는 기능 수행

2) 기술지원단

기술지원단이란 독일이 제2차대전 후 전쟁으로 인한 화재 그리고 폭우, 폭설 등 자연재해로부터 주민을 보호하기 위한 구조단체로 설립하면서 조직화된 독일 고유의 재난방지시스템이다.

연방정부가 자발적인 민간구조단체에 예산을 지원하면서 연방행정기구로 발전시켰기 때문에 연방청(Bundesanstalt Technisches Hilfswerk) 아래 주정부 단위 그리고 지방자치단체 단위같이 다른 연방행정조직과 비슷한 형태를 취하고 있다. 독일은 연방정부가 단지 법률을 제정하는 권한만 갖고, 집행권은 주정부에 위임하고 있기 때문에, 연방기술지원단(THW)도 다음과 같이 행정조직도를 나타낼 수 있다.

연방기술지원청장 (Präsident der Bundesanstalt THW)
(Bonn 소재)

66개 THW 사업본부
(8 주정부 소재)

665개 THW
(지방자치단체 소재)

[그림 9-4] 기술지원단 행정조직

본(Bonn)에 소재하는 연방기술지원청에는 청장이 전국의 기술지원단을 대표하고 기술지원단 행정을 총괄하고 있다. 그러나 실질적인 기술지원 관할권은 8개 주에 분포되어 있는 66개 기술지원 사업본부에 있다. 기술지원사업본부는 약 850명의 구조전문직 공무원들로 구성되고 산하

기초자치단체별 기술지원단의 기술구조사업을 총괄 지휘하며 구조작업을 지원하고 있다.

지방자치단체 소재 665개 기술구조단에는 총 6만명의 명예직 구조단원들이 각종 구조 기술장비 및 구조차량을 보유하고 있다.

3) 위기관리센터(Zentrum für Krisenmanagement)

연방시민보호·재난대응청(BBK) 내에 설치된 위기관리센터는 연방 내에서 발생한 재해 및 재난상황을 신속하게 파악하여 그 피해를 최소화 하는 데 목적이 있다. 이러한 위기관리센터는 다음의 5개 기구로 조직되어 있다([그림 9-5] 참조).

독일긴급정보체계 연방-州 시민정보 대규모 재난 이후 국외의 경보센터 공동신고 상황센터 독일인 희생자 및 가족의 보호를 위한 조정국

[그림 9-5] 위기관리센터(Zentrum für Krisenmanagement)

(1) 독일긴급정보체계(das deutsche Notfallvorsorge-und Informationssystem: deNIS)

2001년 9·11테러와 2002년 8월에 엘베강, 도나우강 및 그 지류의 범람 이후에, 민방위·재난보호(Zivil-und Katastrophenschutz)가 새롭게 부각되고 있다. 이러한 재해 및 재난으로 인해 그 피해 규모는 재산뿐만

아니라 모든 생명의 영역을 파괴한다는 데 문제가 있는 것이다.

따라서 이러한 자연재해나 인간에 의해 야기되는 재난 및 불행한 사태와 위협으로부터 보호 및 예방조치를 하기 위해 인터넷을 통하여 많은 정보들이 활용될 수 있다. 그러나 관심을 가진 사람들이 이러한 정보들을 인터넷 검색기에서 찾는 것은 매우 수고스럽고 시간을 투자해야 할 일이다. 이러한 이유로, 연방행정청(BVA) 제5국은 공개적인 재해 및 재난관련 인터넷 사이트를 하나의 시스템으로 구축하였다.

즉, deNIS의 프로젝트팀은 수천 개의 인터넷 사이트들을 검색하여, 적합성을 점검하였다. 이제 www.denis.bund.de에서는 사용자들에게 2,200개 이상의 인터넷사이트 링크를 제공한다. 여기서 재난에 대한 배경정보, 시민을 위한 보호조치와 위험시의 행동규칙에 대한 정보, 위험 예방을 위한 조치에 대한 경험보고서가 제공되고 있다. 여기에 민방위센터 및 기타 다양한 정보들도 제공되고 있다.

(2) 연방-주 공동신고 상황센터(das Gemeinsame Melde-und Lagezentrum des Bund und Länder: GMLZ)

연방행정청(BVA) 제5국 민방위본부의 위기관리센터(Zentrum für Krisenmanagement)는 2002년 10월 1일부터 「연방-주(州) 공동신고 상황센터」(GMLZ)를 가동시켰다. 이러한 「연방-주(州) 공동신고 상황센터」는 연방과 주에 재난관련 정보 및 자원에 대한 최상의 관리를 보장한다.

이때 가장 중요한 것은 연방과 주(州)간 수직 및 수평적인 협력관계와 서비스정신이다. 나아가서 GMLZ는 재난방지의 협력강화 촉진을 위하여 유럽연합(EU)의 공동 범위 내에서 연방 내무성의 위임을 받아서 직무를 수행한다.

GMLZ의 임무는 심각한 재해 및 재난상황에서 다양한 부서들에 지속적으로 최신의 상황정보를 발송하는 것이다. 이외에도, GMLZ는 재난관련 신고 및 정보의 수령, 조달, 분석, 정리, 조정, 전달 및 교환과 재난발생시 피해상황의 진단이다. 나아가서 GMLZ는 州보다 위에 위치하여 재난관련 전문연구와 자원리서치를 수행하고 수요자에게 결과를 전달한다. 이를 위해서 GMLZ는 deNIS뿐만 아니라, 재난방지를 위한 다양한 기관 및 관청으로 구성된 독자적인 전문가들을 지속적으로 연계할 수 있는 네트워크를 활용하고 있다.

(3) 시민정보(Aufgabenbereich "Information der Bevölkerung": InfoBev)

위기관리센터의 중요 임무 중의 하나는 시민에게 재난관련 정보를 제공하는 일이다. 또한 시민은 사전에 독일 내의 통합된 구조체계인 민방위에 대해서 그리고 특히 위기상황에서 자기보호를 위한 정보를 전달받아야 한다.

시민을 위한 정보는 다음과 같은 수단과 방법들을 이용한다. 즉, ① 출판물(안내책자), ② 인터넷, ③ 전시 및 발표, ④ 핫라인(Hotline) 등이다.

첫째, 출판물(Publikation)이다. 위기상황에서의 자기 보호적인 태도에 대한 포괄적인 정보를 제공하는 것은 안내책자이다. 따라서 재난관련 모든 종류의 정보가 수록된 출판물이 제공된다. 연방내무성은 4분기로 나누어 재난방지 및 예방에 관련된 각종 잡지, 민방위 및 재난보호에 대한 전문잡지를 출판한다.

둘째, 인터넷(Internet)이다. 재난방지 문제에 대한 지속적이고 직접적인 정보의 근원은 민방위 및 deNIS를 위한 중심 부서의 인터넷을 통해 제공된다.

셋째, 전시 및 발표(Ausstellungen/Präsentation)이다. 전문적인 전시회 및 전문회의를 앞두고, 전시회 방문객이나 참가자들은 재난방지에 대한 전시를 통해서 보편적이거나 특정한 전문 주제에 대한 정보를 제공받을 수 있다.

넷째, 핫라인(Hotline)이다. 예를 들면 홍수, 대규모 화재, 화학물 사고 또는 기타 ABC-위험과 같은 특별한 위험상황에서, 시민에게 정보를 제공하기 위한 시민-핫라인이 설치될 수 있다. 시민들은 이러한 핫라인을 통하여 문의할 수 있다.

(4) 대규모 재난 이후의 국외의 독일인 희생자 및 그 가족의 보호를 위한 조정국(die Koordinierungsstelle zur Nachsorge, Opfer-und Angehörigenbetreuung von Deutschen nach Grosschaden-sereignissen im Ausland: NOAH)

연방정부의 반테러조치의 맥락에서 그리고 BMJ(테러희생자기금의 지휘 관할권), 외무성(국외의 독일인에 대한 영사 보호) 및 연방내무성(BMI)간의 관할권 조정의 결과로써, 국외에서 심각한 사고나 테러공격을 받은 독일인 희생자 및 가족을 위한 후속조치의 조정을 위한 중심부서가 2003년 초 연방행정청의 민방위본부에 개설되었다.

연방정부는 주(州), 지방자치단체(Kommunen), 관련 부서들, 기관 및 개인기업들의 관할권을 침해하지 않고, 외무부를 통해 영사법에 근거하여 국외에서의 보호조치(Betreuungsmaßnahmen)를 국내에서 가능한 신속하게 처리 및 지속시키는 부서를 만들고자 하였다.

지금까지 연방정부는 기존의 관할권 부족으로 이러한 사무를 충분히 이행하지 못했지만, 2003년 이후부터는 연방행정청의 전담부서를 통하여 수행되게 된 것이다. 따라서 2001년 9·11테러, Djerba와 Bali의 테러를 통해서, 희생자와 그 가족을 위한 보호조치 및 더 나은 조정에 대한 요구를 수용할 수 있게 되었다.

(5) 경보센터(Warnzentrale: WarnZ)

경보시설은 80년대 이후 국가 중심의 경보시스템이 주정부와 사회단체 단위로 이관되었다. 1990년도까지 8만여 개가 설치되어 있었으나 현재는 3만 6천개 정도로 축소되어 관리되고 있다.[2] 바르샤바 협약 준수 차원 및 동구권의 붕괴로 인한 국가 안보의 위험 감소가 계기가 되었다. 엘베강 대홍수 이후 사후대책의 일환으로 연방에 「경보사이렌센터」를 설치되었다. 민방위 담당기관에서는 중앙통제 방식의 전국단위 취명시설을 구축하고자 하지만 실현가능성은 장기적 과제로 보고 있다. 연방정부에서 인공위성을 이용한 16개주 연락시스템을 개발 중에 있다. 핸드폰, 전자시계 알람 시스템을 이용한 개인별 경보체계를 병행하는 방안도 검토되고 있다.

그러나 필수적인 기타의 경고와 재난진행상황에 대한 정보는 방송을 통해서 전달된다. 이때 연방은 대규모의 재난상황시에 주(州)의 방송경고 절차에 근거하며, 방위상의 긴급사태(Verteidigungsfall)의 경고를 위해서 기존의 기구를 활용한다. 이때 재난공지사항은 텔레비전에서도 자막으로 처리하여 방송하며, t-online 및 myweblife 등의 인터넷에도 입력된다.

이를 위해 본(Bonn)의 경보센터는 여기에 소속된 3개의 민방위연락소(Zivilschutzverbindungsstellen)인 Brockzetel, Schölnewalde와 Meßstetten을 설치하였다. 이들 3개의 민방위연락소는 인공위성을 이용하여 州의 상황센터들과 방송 및 t-online의 인터넷-운영자로의 연결(SatWaS)한다. 그 밖에 이들은 주(州)의 상황센터로 연방 및 주(州)의 상부 지휘 영역의 경찰네트워크 내의 신속한 데이터 연결(CNP-ON) 및 이러한 모든

---

2) 냉전시기에는 구 서독의 민방위에 의해서 뿐만 아니라 구 동독의 민방위(Zivilverteidigung)에 의해서도 시민경보를 위한 광범위한 시스템들이 구축되었다. 경보체계의 두 가지 중대한 구성요소는 ① 경보사이렌과 ② 위험상황에 대한 경보 및 경고방송이다. 그러나 정치적 긴장완화의 결과로서, 동・서독에서의 경보업무(Warndienst) 시설들은 중단되었으며, 1992년 말에는 많은 비용이 투자되었던 민방위-경보시스템도 가동을 중단하였다.

부서들로의 ISDN-Fax 연결을 활용한다.

3. 독일 주정부의 재난관리 실태

평상시 재난에 대비한 지원은 주정부의 과제이다. 각각의 주는 독립적인 안전관리 계획을 수립하고 소신껏 업무를 수행한다. 안전관리 업무에 관한 조정은 주(州) 내무부에서 수행한다. 지방단위의 안전관리 업무는 시, 군 지방정부에서 담당하며 소방당국과 긴밀한 협조체계를 유지한다. 방호 및 구조·구급을 담당하는 정규 소방대는 27,000여 명이며 110만 정도가 자원봉사대로 조직되어 있다. 또한 적십자 요원 305,000여 명이 함께 활동한다.

각 지방정부는 각자의 민방위 관련법과 구조를 다양하게 가지고 있다. 독일기본법은 민방위에서의 연방정부 및 지방정부의 역할을 명기하고 있다. 연방정부는 민방위 관련 전체 활동의 감독을, 그리고 지방정부는 업무관리와 실무를 담당하게 된다. 지방정부는 필요시 연방정부의 민방위 재원을 활용할 수 있다.

1) 주(州)의 안전관리체계

각 주정부의 내무부에는 소방 및 재난관리국이 있으며, 국민의 생명과 재산보호에 대한 국가책무로 규정되어 있다. 주정부의 내무부는 관할구역 내의 재난재해에 대한 기본계획과 예산계획을 수립한다. 각 주의 내무부는 민방위본부(라인란트 팔츠주의 경우 지도감독 및 직무청(Aufsicht und Diestleistungsdirektion))와 협의하여, 재난재해 발생시 대응계획을 수립하며, 주의 민방위본부가 대처하는 사고수습을 지원한다. 각 주의 민방위본부는 7개 협력기관의 인력을 공동으로 관리하여 비상시 활용 가능한 인력으로 유지관리하고 있다. 민방위본부 산하에는 응급구조본부, 기술지원단 등이 주내무부의 인적·재정적 지원을 받아 운영되고 있으며, 주는 이에 대한 지도감독권한이 있다.

라인란트 팔츠주의 민방위사무는 내무·체육부에서 담당한다.[3] 내무·체육부의 조직은 그림과 같으며, 5국에 민방위 관련국을 설치하고 있다.

[그림 9-6] 라이란트 팔츠주의 내무 · 체육부

3) 바이에른(Bayern)주의 재난재해의 방재를 위한 최종 책임기관은 주내무부이다. 방재를 위한 내무부 산하에 7개 광역행정기구가 있으며, 96개의 지방자치단체(시군)가 있다.

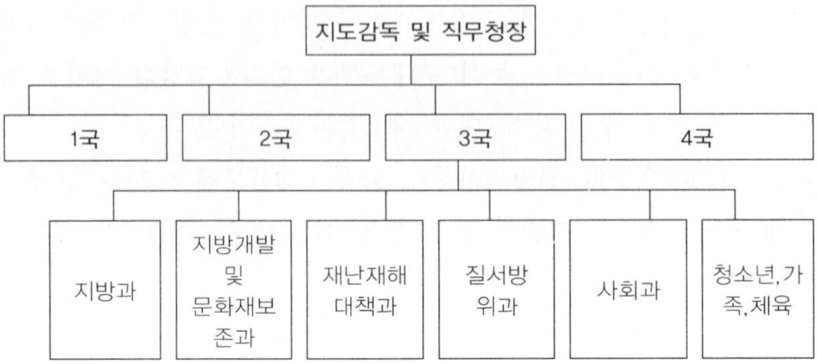

[그림 9-7] 안전관리 지도감독 및 직무청

2) 지도감독 및 직무청(Aufsicht und Dienstleistungsdirektion)

주정부의 실질적 실무기관으로서는 지도감독 및 직무청(Aufsicht und Diestleistungsdirektion, ADD)이 있으며, 지도감독 직무청이 주 내무체육부의 지휘감독을 받아 민방위사태 또는 재난·재해를 총괄 관리한다. 주정부는 모든 민방위 사태에 책임과 의무가 주어지며, 지도감독 및 직무청은 투입의 효율성을 제고하기 위한 조직으로 볼 수 있으며, 연방행정청의 지도감독 및 협력기관으로 활동하게 된다.

지도감독 및 직무청의 민방사태에 대한 대응은 주 소방대, 기술지원단(THW)의 협력을 얻어 수행하게 된다. 각종 사태발생시 지도감독 및 직무청은 각급 자원봉사단체에 협력을 통하여 대응하게 된다. 이들 기관은 연방과 같이 국가단체 DFV(독일소방협회)와 THW(기술지원단)의 지원과 민간단체 ASB(근로자자선단체), DLRG(독일구조협회), DRK(독일적십자사), JOH(존스앰블런스협회), MHD(말타자선회)를 통하여 지원받게 된다. 연방과 주정부에서 조직한 국가단체를 비롯 민간단체는 직능별로 국가과제를 위임받아 자발적으로 처리하게 된다. 이러한 기구는 주정부로부터 재정 및 장비지원이 이루어지는 것이 일반적이다.

라인란트-팔츠(Rheinland-Pfalz)주의 주정부의 민방위 및 재난재해 실무기관으로서 지도감독 및 직무청(Aufsicht und Diestleistungsdirektion)은 트리어(Trier)시에 설치되어 운영되고 있다.

[참고] 스위스의 재난관리체계

스위스 민방위당국은 현재 자국에 미치는 다양한 위험을 인식하고, 위험의 종류에 따라 각기 다른 해결책을 동원하여 해결하고자 노력하고 있다. 스위스의 안보정책은 외교정책을 필두로 국방, 정보, 그리고 민방위의 개념을 포함하고 있으며 에너지, 환경, 보건 등에 관한 상황도 중요하게 다루어지고 있다. 특히 국가안보 차원에서의 민방위의 역할은 경제, 생태, 사회적으로 영향이 증대하고 있는 인위 및 자연재해의 범위까지 확대되고 있는 실정이다.

스위스 민방위의 원칙은 한마디로 '현장에서 보호, 지원 및 구조'로 표현된다. 당국은 성공적인 민방위 운영을 위해서는 몇몇 전문가들만의 활동으로 불가능하다는 점을 인식, 국민 대다수가 자원봉사자로 참가할 수 있도록 노력하고 있다. 스위스 민방위 조직은 현재 군대 및 공무원으로 활동하고 있지 않는 20세에서 50세까지의 모든 남성을 대상으로 육체적·정신적으로 문제가 없는 남성들은 의무적으로 봉사하여야 하고, 여성과 외국인은 자원봉사자의 형태로 민방위조직에 참가할 수 있다. 시민과 가장 가까운 시(市)정부가 민방위 운영의 근간이며 자체적 책임을 지고 있다.

대피소(shelters)는 스위스 민방위의 기본이 되고 있으며, 국민 모두가 빠짐없이 가까운 거리에 대피할 수 있도록 대피소 마련에 목표를 두고 있다. 위험이 닥치면 정부의 명령에 따라 대피소를 이용하고, 평상시에는 비워둔다. 민방위 기본법이 1995년에 수정됨에 따라 전쟁과 같은 비중으로 재해 및 재난에 대한 대피도 그 중요성이 인식되어 있으며 지역 단위별로 각각의 필요성에 따라 민방위 활동이 독립적으로 보장된다. 민방위 활동의 일환으로 문화유산을 보호하는 활동이 비중있게 다루어지는 것은 스위스 민방위 제도의 특징이라고 할 수 있다. 현재 민방위를 포함하는 시도 및 시군구 응급대책관련 조직은 [그림 9-8] 및 [그림 9-9]와 같다.

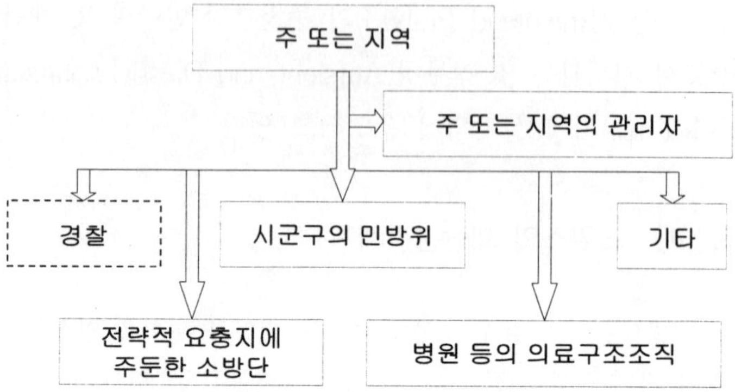

[그림 9-8] 시도(canton/regional) 응급대책관련 조직

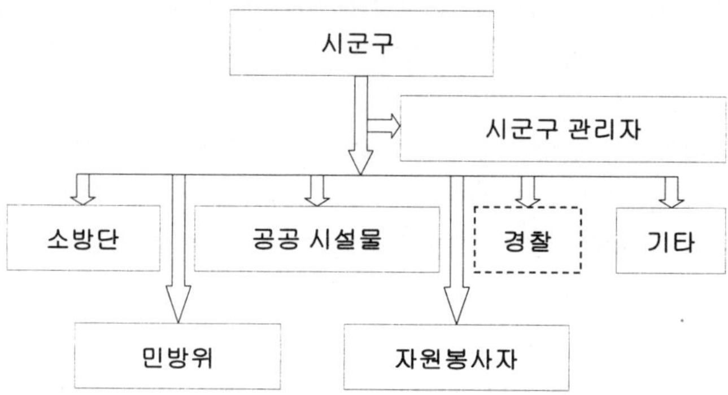

[그림 9-9] 시군구(municipal) 응급대책관련 조직

재해 및 재난상황 발생시 즉시 출동하는 기관은 경찰, 구급차 및 소방대원이며 보강이 필요할 경우 소방지원 및 민방위가 동원된다. 이것이 1차 파견이며 2차 파견은 민방위 동원의 확대, 타 지역의 지원 등이 포함되며 군대는 3차 파견 형식으로 지원된다.

▶ 표 9-1 ◀ 사안에 따른 스위스 민방위 동원

구분	무력 충돌	재해 및 재난 구호
원칙	예방이 최선	간결, 신속, 업무조정
시간 조건	수년 전 예측 가능	대책이 완료될 때까지 지속: 몇 분에서 몇 일 전 예측 가능
동원 부처	연방위원회(주정부는 예외적)	시 및 주(대규모 재해시 연방)
동원 절차	연방법(전체 및 일부동원)	주법(州法)
계획 및 대책	국가 전체 계획	지역특성에 기초한 세부계획
보호 준비	초기보호 2일, 완전보호 6일내	상황에 따라
구호 준비	실행준비 완료되는 즉시	1시간: 관리체계, 구호 및 물자 지원 기본사항구축 6시간: 지원, 구조팀 및 보강완료 24시간에서 36시간: 기타 요소

민방위 구조의 핵심은 시정부에 존재한다. 지방자치단체는 민방위 업무 및 조직구성에 실무책임을 맡고 있으며 아래 [그림 9-10]과 같은 구조를 가지고 있으나 지방자치단체의 실정에 맞게 변형된 형태로 존재하기도 한다.

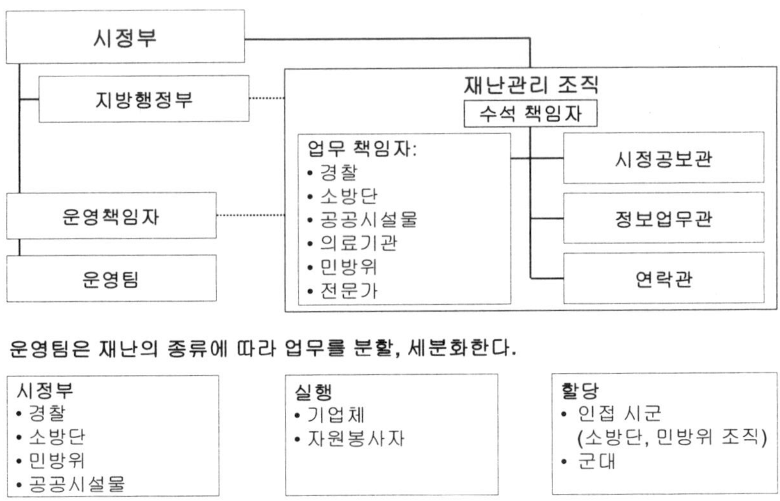

[그림 9-10] 일반적인 재난관리체계의 구조

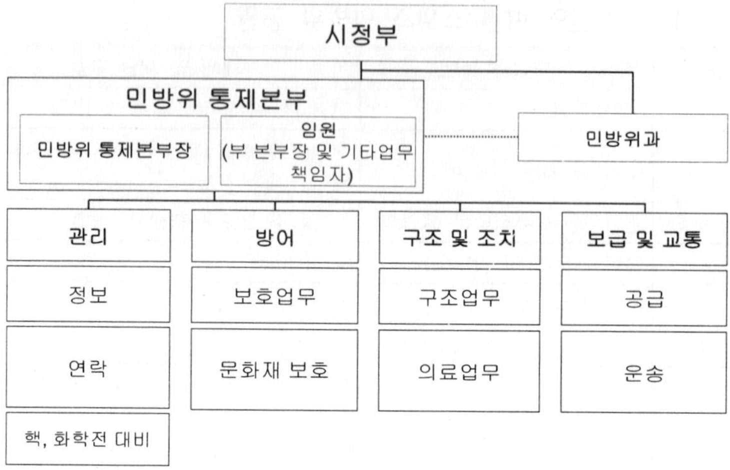

[그림 9-11] 일반적인 시(市)단위 민방위 체계

또한, 몇 개의 시정부가 연대하여 하나의 민방위 체계를 구성할 수도 있다. 시장직속의 민방위 본부장이 모든 권한을 가지고 민방위조직을 운영, 지휘한다.

스위스 민방위가 특히 강조하고 있는 부분은 민방위 조직의 일부로써의 구조대인데, 특히 각종 재난시 응급구호의 역할을 담당한다. 구조대는 소방대를 지원하며 무력충돌 발생시에는 구조·구급뿐 아니라 방호활동에도 참가하게 된다(그림 9-11).

제 4 편

한국의 시스템과 기능분석

제10장

부문별 구조와 기능

1. 공공 부문의 구조와 기능

재난관리 행정체계(disaster management system)는 재난을 예방하고 그 위험으로부터 국민의 생명과 재산을 보호하고 재난위험시설의 안전관리와 재난의 조기수습 대응체계를 구축해 재난발생시 신속한 초동대처로 각종 피해의 최소화를 궁극적인 목표로 하는 행정체계의 하나이다. 재난관리 행정체계의 기능은 일반적으로 행정체계는 개방체계로, 행정 내적으로는 다양한 하위체계가 존재하고, 행정 외적으로는 환경과의 끊임없는 상호작용을 하는 체계이다. 재난관리 행정체계도 일반 행정체계의 하위체계로서 재난관리의 목표를 효율적으로 달성하기 위해 기구를 구성하고 유지하며 환경과 끊임없이 상호작용하는 하나의 체계인 것이다. 이러한, 재난관리 행정체계는 재난환경에 적응하는 기능과 조직 내부의 부문 요소들의 활동을 원활히 조직화하고, 요소들간의 활동을 상호 조정·통합하는 기능을 수행하게 된다(이재은 외, 2006).

재난의 예방 · 대비 · 대응 · 복구를 위해 행하는 모든 활동을 담당하는 기관인 재난관리 책임기관은 재난에 대응할 조직의 구성, 재난 예측과 정보전달 체계의 구축, 재난발생에 대비한 교육 · 훈련 · 홍보, 특정관리 대상시설의 지정 · 관리 · 정비, 물자 · 자재의 비축, 재난방지시설의 정비, 장비 · 인력의 지정 등의 업무를 담당하게 된다. 또한, 재난이 발생할 우려가 현저하거나 재난이 발생한 때에 국민의 생명과 신체 및 재산의 보호를 위해 긴급구조기관과 긴급구조지원기관은 인명구조와 응급처치 등의 업무를 수행하게 된다(이재은 외, 2006).

이재은 외(2006)에 의하면 우리나라의 공공 부문의 재난관리 행정체계를 중앙정부와 지방정부로 구분하고 다시 상설 재난관리 행정체계와 비상설 재난관리 행정체계로 구분하여 정리하고 있으며 그 내용은 다음과 같다.

1) 중앙정부의 재난관리 행정체계

중앙정부의 재난관리 행정체계는 상설 재난관리 행정체계와 비상설 재난관리 행정체계로 나뉜다. 우선 상설 재난관리 행정체계는 2004년 6월 1일에 소방, 방재, 민방위 운영, 안전관리에 관한 업무를 전담하기 위해 행정자치부 장관 소속하에 상설 재난관리 행정체계 전담조직인 소방방재청을 신설하였으며, 소방방재청은 자연재난과 인위재난에 대한 정보의 수집 · 전파, 신속한 지휘와 상황관리를 위해 24시간 연중무휴로 종합상황실을 설치하여 운영하고 있다.

또한, 국가기반 체계에 대한 재난정보의 수집과 전파를 위해 행정자치부에 별도의 재난상황실을 설치 · 운영하고 있다. 소방방재청 종합상황실은 소방방재청장 아래 종합상황실장을 두고 그 아래 상황관리 지원팀, 상황분석 판단팀, 재난정보 관리팀, 소방 상황팀으로 4개의 분과를 두어 관리하고 있다. 종합상황실 구성팀의 담당 업무는 다음과 같다. 상황관리 지원팀은 상황실 운영관리를 지원하고 일반행정 업무를 담당하며, 상황분석 판단팀은 재난의 예측 및 분석, 재난 피해정보를 수집하고 분석한다. 재난정보 관리팀은 재난대책 종합상황을 관리하고 총괄하며 각종 재난정보를 수집하고 분석한다. 소방 상황팀은 화재, 재난 등 신고를 접수하고 출동지령을 내린다.

비상설 재난관리 행정체계는 중앙민방위협의회, 중앙안전관리위워회, 중앙재난안전대책본부, 중앙사고수습본부, 중앙긴급구조통제단 등에 의해서 이루어진다. 각 단체의 기능은 다음과 같다.

먼저, 중앙민방위협의회는 민방위기획위원회, 재해대책위원회, 재해구호대책위원회, 농업재해대책위원회, 방사능재해대책위원회 등 5개 분과위원회를 두어 분야별 재난관리에 관한 업무를 분담하고 있다.

중앙안전관리위원회는 국무총리 소속 하에 두며, 안전관리에 관한 중요 정책의 심의 · 조정, 국가 안전관리 기본계획안과 집행계획안의 심의, 중앙행정기관이 수행하는 재난 및 안전관리 업무의 협의 · 조정, 재난사태 선포 건의와 특별재난지역 선포 건의사항 심의기능 등을 담당하고 있다.

중앙재난안전대책본부에서는 재난및안전관리기본법 제3조의 자연재난과 인위재난에 의한 대규모 재난의 예방 · 대비 · 대응 · 복구 등에 관한 사항을 총괄 · 조정하며 더불어, 중앙재난안전대책본부 소속 하에, 재난복구계획의 심의 · 확정, 재난예방 및 응급대책, 국고 지원 및 예비비 사용 등을 협의하기 위해 중앙재난안전대책본부를 구성하여 운영하고 있다. 또한 자연재난과 인위재난을 제외한 국가기반 체계 보호와 관련하여 중앙재난안전대책본부를 구성하기 위한 주무 부처의 통합 지원을 위해 행정자치부 국가 기반 체계 보호 관련 부서를 두고 있다. 중앙사고수습본부는 대규모 재난으로 인한 중앙재난안전대책본부를 편성했을 때는 주무 부처의 장 소속하에 중앙사고수습본부를 편성하여 운영한다.

▶ 표 10-1 ◀ 중앙정부 재난관리 행정체계

<table>
<tr><th>구분</th><th colspan="3">관리조직</th></tr>
<tr><td rowspan="3">상설
재난
관리</td><td rowspan="3">소방방재청</td><td>차장</td><td>행정지원팀 / 정책홍보본부
소방대응본부 / 복구지원본부</td></tr>
<tr><td>재난종합
상황실장</td><td>상황관리지원팀
상황분석 판단팀
재난정보 관리팀
소방 상황팀</td></tr>
<tr><td>정책개발분석팀</td><td>–</td></tr>
<tr><td rowspan="9">비상설
재난관리</td><td>중앙
민방위
협의회</td><td colspan="2">민방위기획위원회
재해대책위원회
재해구호대책위원회
농업재해대책위원회
방사능재해대책위원회</td></tr>
<tr><td>중앙
안전관리
위원회</td><td colspan="2">풍수해대책위원회
교통안전대책위원회
시설물재난대책위원회
화재 · 폭발사고 대책위원회
전기 · 유류 · 가스사고 대책위원회
환경오염사고 대책위원회
방사능사고 대책위원회
국가기반체계보호 대책위원회</td></tr>
<tr><td>중앙재난
안전대책본부</td><td colspan="2">–</td></tr>
<tr><td>중앙사고
수습본부</td><td colspan="2">–</td></tr>
<tr><td rowspan="5">중앙
긴급구조
통제단</td><td>총괄지휘부</td><td>국방부조정관 / 연락공보담당
바상지원팀(상황실)</td></tr>
<tr><td>대응계획부</td><td>상황보고반 / 계획지원반
정보지원반</td></tr>
<tr><td>자원지원부</td><td>수송지원반 / 통신지원반
자원지원반</td></tr>
<tr><td>현장지휘대</td><td>구조진압반 / 현장통제반
응급의료반</td></tr>
<tr><td>긴급복구부</td><td>긴급구호반 / 긴급시설복구반
긴급오염통제반</td></tr>
</table>

중앙긴급구조통제단은 긴급구조에 관한 사항의 총괄·조정과 긴급구조기관 및 긴급구조지원기관이 행하는 긴급구조 활동에 대한 역할 분담과 지휘통제를 위해 소방방재청에 설치된 중앙긴급구조통제단을 둔다. 이와 더불어, 긴급구조에 관한 사항을 심의하기 위해 중앙긴급구조통제단에 위원장을 포함하여 15인 이상 20인 이내의 위원으로 구성된 운영위원회를 설치·운영한다.

2) 지방정부의 재난관리 행정체계

지방정부의 재난관리 행정체계 역시 중앙정부의 재난관리 행정체계와 마찬가지로 상설 재난관리 행정체계와 비상설 재난관리 행정체계로 나누어 볼 수 있다. 우선, 상설 재난관리 행정체계를 살펴보면, 재난관리 전담조직으로 시·군·구의 재난관리 전담조직은 '과(課)'단위로 조직되어, 민방위 업무는 자치행정과(민원봉사과 등), 자연재난·인위재난 업무는 재난안전관리과(건설과 등), 소방 업무는 시·도 산하기관인 시·군·구 소방서의 소방과의 방호과에서 재난관리 업무를 전담하고 있으며 상황실은 시·도는 자연재난·인위재난·소방 등의 재난에 대한 상황관리를 위해 대부분 소방본부에, 시·군·구는 재난안전관리과(실과명은 시·군·구마다 다름)와 소방서별로 각각의 종합상황실을 설치·운영하고 있다.

비상설 재난관리 행정체계는 지역민방위협의회, 지역안전관리위원회, 지역재난안전대책본부, 지역긴급구조통제단 등에 의해 이루어진다. 지역민방위 업무에 관해 필요한 사항을 심의하기 위해 지역민방위협의회를 운영하며, 지역안전관리위원회는 안전관리정책·안전문화운동 추진계획 등의 심의, 재난관리 책임기관이 수행하는 재난관리 업무를 협의·조정 등의 업무를 담당한다. 지역재난안전대책본부는 해당 관할구역 안에서 재난의 예방·대비·대응·복구 등에 관한 사항을 총괄·조정하고, 필요한 조치를 수행한다. 지역긴급구조통제단은 지역별 긴급구조에 관한 사항과 당해 지역에 종사하는 긴급구조기관 및 긴급구조 지원기관의 역할 분담 및 재난현장에서의 지휘·통제 등에 관한 업무를 수행하기 위해 소방본부나 소방서에 설치하여 운영한다.

▶ 표 10-2 ◀ 지방정부 재난관리 행정체계 정리

<table>
<tr><th>구분</th><th colspan="3">하위 조직</th></tr>
<tr><td rowspan="4">상설
재난관리</td><td rowspan="3">시·군·구</td><td>도시국
(산업건설국 등)</td><td>재난안전관리과
감사담당과</td></tr>
<tr><td>총무국
(행정관리국 등)</td><td>자치행정과</td></tr>
<tr><td>소방서</td><td>소방과
방호과
소방파출소</td></tr>
<tr><td>시·도 종합상황실</td><td colspan="2">소방본부(재난관리과·방재복구과 등)</td></tr>
<tr><td rowspan="8">비상설
재난관리</td><td>지역민방위협의회</td><td colspan="2">–</td></tr>
<tr><td>지역안전관리위원회</td><td colspan="2">–</td></tr>
<tr><td>지역재난
안전대책본부</td><td colspan="2">상시 대비 체제 실무반
사전 대비 체제·비상 단계 실무반
예방단계 실무반
대비단계 실무반
대응단계 실무반</td></tr>
<tr><td rowspan="5">지역
긴급구조
통제단</td><td>총괄지휘부</td><td>통합지휘팀 / 안전담당
연락공보담당(대중정보센터)</td></tr>
<tr><td>대응계획부</td><td>상황분석반 / 상황보고반
작전계획반</td></tr>
<tr><td>자원지원부</td><td>서비스지원반 / 자원지원반</td></tr>
<tr><td>현장지휘대</td><td>항공통제반 / 구조진압반
현장통제반 / 응급의료반</td></tr>
<tr><td>긴급복구부</td><td>긴급구호지원반 / 긴급시설복구반
긴급오염통제반</td></tr>
</table>

3) 한국의 재난대응 기능과 조직별 역할의 문제점과 개선방안

재난관리 행정체계에 대한 선행연구를 살펴보면 다음과 같은 문제점을 밝히고 있다.

류상일(2007)의 연구에서는 재난대응조직의 다원화와 현장지위체계의 혼란과 재난대응조직간 네트워크의 부재를 재난관리의 문제점으로 지적하고 있다.

공준영(2003)의 연구에서는 우리나라 재해체계의 문제점을 재해대책관련법 및 행정 부서의 다원화, 재해관련 예산체계의 문제점, 방재담당자의 비전문성, 인적 · 물적 자원의 동원능력 부족, 안정규정의 무시, 지방자치단체의 개입, 재해구호기금의 운용문제를 들고 있으며 행정체계의 기본방향 재정립, 재해관련 제도 및 정책 개선, 행정조직체계 개선, 재해관리 전담기구 설치, 재해구호 각 단계의 활동을 개선해야 함을 주장하고 있다.

이재원(2000)의 연구에서는 재난관리의 효율적인 행정체계 마련을 위해서는 재해구호품 지급 기준을 설정하고, 현장 중심 전산망과 권역별 관리체계, 중앙정부 · 언론 · 구호감사간의 협조체제를 구축하는 것이 필요하다고 하였다.

최용선(1999)의 연구에서는 재난관리 행정체계의 한계 재난이 발생하면 단시간 내에 모든 구성원과 재난관리 책임기관, 긴급구조기관, 긴급구조지원기관 등 관련 기관들이 적극적으로 대응하고, 신속한 정보 교류와 상호 협조가 이루어져야 하지만 실제 재난상황에서 많은 문제점이 발생하여 효율적인 운영을 방해받는다고 하였다. 그의 연구에서는 이러한 재난관리 행정체계가 안고 있는 다섯 가지 한계점을 제시하고 있다.

첫째, 재난관리 행정체계는 여러 구성원들로 조직되어 있기 때문에 재난발생시 신속하게 이루어져야 하는 재난정보의 교류가 어렵다. 또한 사후에 자신에게 돌아올 책임 문제를 회피하기 위해 정보를 숨기는 경우가 종종 발생한다.

둘째, 재난관리 행정체계는 재난발생시 여러 부처의 우수한 요원이 파견되고, 소속 부처 간의 상호 이해관계 때문에 지휘 · 감독 · 조정의 어려움이 발생한다.

셋째, 재난관리 행정조직에 계파주의 문화(monocratic culture)가 팽배해 있으며 재난발생시 심각한 문제를 발생하게 한다. 계파주의는 부하나 상관 사이에 특정 사람만이 자신의 부하나 상관이라는 획일적인 상하 관계에 대한 인식에서 비롯되며, 이와 같은 획일적인 사고가 지배하는 집단에서는 상호 협조와 조정에 어려우므로 효율적인 재난관리 조직 운영을 저해하게 된다(송종길 · 이동훈, 2003; 이재은, 2006).

넷째, 재난관리 행정체계에는 두 사람 이상의 상관이 존재한다. 하나는 직능조직의 상관이며, 다른 하나는 재난관리 행정체계의 상관이다. 그렇기 때문에 명령체계의 권위가 없는 재난관리 행정체계의 상관은 그 구성원에 대한 통제가 어렵게 된다. 구성원들도 마찬가지로 특정 목적만 달성되면 당시 직능조직으로 돌아가기 때문에 재난관리 행정체계상의 상관의 명령보다 직능조직상의 상관의 명령에 더 복종하게 된다.

다섯째, 재난관리 행정체계의 구성원들은 조직에 대한 충성심이 낮다. 재난관리 행정체계의 구성원은 활동시에 적극적이고 신속한 대응을 요구받게 되는데, 임시조직(안전대책본부, 긴급구조통제단 등)의 성격을 지닌 재난관리 행정체계의 구성원은 대개 파견에 의해서 형성되기 때문에 직능조직의 상관에 의한 통제가 어려우며, 임시조직의 상관은 실제 권한보다 형식적 권한을 가진 경우가 많기 때문에 업무에 적극적인 성향을 보이지 않다.

위 선행연구들을 바탕으로 한국의 재난대응 기능과 조직별 역할의 문제점과 개선방안을 정리해 보면 다음과 같다.

▶ 표 10-3 ◀ 재난관리 행정체계의 문제점

저자	연도	문제점
류상일	2007	재난대응조직의 다원화 현장지위체계의 혼란 재난대응조직간 네트워크의 부재
공준영	2003	재해대책 관련법 및 행정 부서의 다원화 재해관련 예산체계의 문제점 방재담당자의 비전문성 인적・물적 자원의 동원능력 부족 안정규정의 무시, 지방자치단체의 개입 재해구호기금의 운용 문제
이재원	2000	재해구호품 지급 기준을 설정 필요 현장 중심 전산망과 권역별 관리체계 구축 민간구호 파트너십 중앙정부・언론・구호감사간의 협조체제를 구축
최용선	1999	재난정보의 교류의 문제 책임 회피 문제 상호이해관계 문제로 지휘・감독・조정의 어려움 행정조직 계파주의 문화(monocratic culture) 팽배 두 명 이상의 상관으로 지휘체계 혼란 재난 행정조직에 대한 충성심 저하

(1) 한국의 재난대응 기능과 조직별 역할의 문제점

① 재난대응 조직의 다원화와 현장지휘체계의 혼란

위와 같이 재난에 대응하는 조직의 다원화로 인하여 많은 문제점들이 발생하게 된다. 재난대응 조직 측면에서는, 첫째, 지방자치단체의 재난대응체계의 이원화로 인한 문제를 들 수 있다. 한국 지방자치단체 재난대응 기관은 위에서도 살펴본 바와 같이 지역재난안전대책본부와 지역긴급구조통제단이라는 두 개의 기관에서 재난에 대응하고 있어 이로 인한 혼선이 발생하는 경우가 종종 있다. 즉, 전통적으로 화재 등의 인위재난에 대응하여 왔던 소방본부가 지역 긴급구조통제단을 맡고, 태풍, 홍수 등 자연재난에 대응하는 기관으로 시・도의 재난관리 담당 부서가 지역 재난안전대책본부를 맡는 이원화된 구조로 되어 있다. 때문에 지자체의 재난대응이 일사분란하게 움직이지 않게 되고, 소방과 방재라는 서로 다른 부서간 갈등이 빚어지는 결과를 초래하게 된다. 더구나 지역 재난안전대책본부는 행정 위주의 부서이고, 지역 긴급구조통제단은 현장 위주의 업무다보니 서로의 업무 영역이 다른 것처럼 인식되어 지자체의 재난대응 협력체계 연결이 미흡해지게 된다.

둘째, 재난대응 기관들의 부처이기주의를 들 수 있다. 재난대응에 관여하는 기관은 재난안전대책본부와 긴급구조통제단뿐만 아니라 지방경찰청, 기상대, 기타 재난유형에 따라 관여하는 기관들이 많다. 홍수와 태풍 등의 경우에는 시·도 재난관리 담당 부서와 전력공사, 수자원공사 등 많은 부서가 활동하게 되고, 화재나 가스폭발의 경우 소방본부, 가스안전공사 등 많은 부서가 활동하게 된다. 즉, 지자체의 경우 중앙과 같이 재난유형에 따라 대응하는 기관들이 달라진다. 한 마디로 많은 지방의 재난대응기관들이 존재하게 되는데, 이들 기관들은 자신들만의 고유영역을 고집하다 보니 간섭과 지시를 받는 것을 싫어하게 되어 부처이기주의가 발생하게 된다.

또한, 재난대응 지휘체계 측면에서의 문제로는 통합적인 현장 지휘체계 미흡 문제를 들 수 있다. 재난대응에 관여하는 기관은 재난안전대책본부와 긴급구조통제단뿐만 아니라 지방경찰청, 기상대, 방송국, 기타 재난유형에 따라 관여하는 기관들이 많다. 이에 대한 통합적인 현장 자휘체계가 구축되어 있어야 함에도 불구하고 실제로는 그렇지 못하다. 법률적으로 지역 재난안전대책본부장이나 긴급구조통제단장의 지휘체계를 받게 되어 있으나, 현실적으로는 기관장간 정치권력관계가 작동하게 되어 통합적인 현장 지휘체계가 미흡하게 되어 기관간 협력체계가 형성되지 못하고 있다.

② 재난대응 조직간 네트워크의 부재

다음으로, 재난대응 자원교류 측면에서는, 첫째, 정보와 인적자원 교류의 부족 문제를 들 수 있다. 신속하고 효율적으로 재난에 대응하기 위해서는 재난대응 기관간 정보공유는 필수적이라고 할 수 있다. 특히, 재난대응 공공기관만으로는 대규모 재난에 대처하기 힘들기 때문에 지역의 민간 재난대응 기관간 상호 협조관계의 유지는 필수적이라고 할 수 있다. 그러나 지역에 재난대응 협의체 등이 작동하고 있지 못하고, 많은 민간단체들이 스스로의 역할을 정립하지 못하고, 우왕좌왕하는 경향이 있다. 즉, 평시에 이들 재난대응 기관간 정보공유가 형성되어 있어야 함에도 불구하고 그러지 못하다. 특히 재난대응 인적 교류가 거의 이루어지고 있지 못해서 지방 재난대응 인력들의 능력개발이 되지 않고 이로 인한 재난대응 전문성이 향상되지 못하는 결과를 초래한다.

둘째, 공공 부문과 민간 부문의 재난대응 네트워크 형성의 부재 문제를 들 수 있다. 현재 한국 지자체의 재난대응 기관간 네트워크는 공공 부문간에만 형성되어 있고, 민간 부문과는 거의 연계가 이루어지고 있지 못하다. 위에서도 설명한 바와 같이 대규모 재난발생시에는 짧은 시간에 많은 장비와 인력이 필요하게 되고, 이에 따라 민간 부문의 활용이 필수적이다. 그러나 민간단체들 사이에 매개조직 역할을 수행하는 기관이 정비되어 있지 못해서 재난이 발생할 경우 스스로의 역할을 정립하지 못하고 있다. 이로 인해 오히려 혼란이 가중되는 결과를 초래한다.

셋째, 지역간 재난대응 연계체계의 부족 문제가 있다. 대규모 재난이 발생할 경우 지자체 혼자만의 힘으로는 재난에 대응하기가 벅차다. 또한 다수의 지자체가 동시에 피해를 입을 수 있기 때문에 인근 지자체와 재난대응 협력체계를 구축하는 것이 필요하다. 그러나 우리나라의 경우 지자체간 상호 연계체계 구축이 거의 이루어지고 있지 못하다.

(2) 한국의 재난대응 기능과 조직별 역할의 개선방안

① 재난대응 현장지휘체계 확립

재난대응 조직의 다원화와 현장지휘체계의 혼란을 개선하기 위해서는, 첫째, 지방자치단체 재난대응체계의 개편이 요구된다. 지방정부의 상시 재난대응기관으로 재난안전 관련 부서가 있고, 대규모 재난에 관한 사항을 총괄 및 조정하고 필요한 조치를 하기 위하여 지역재난안전대책본부, 지역긴급구조통제단 등을 두고 있다. 즉, 지역의 안전관리에 관한 중요정책의 심의 및 총괄・조정, 안전관리를 위한 부서간의 협의・조정 그 밖에 안전관리에 필요한 사항을 시행하기 위하여 시・도지사 소속 하에 지역안전관리위원회를 두고 있고, 지자체 측면에서 대규모 재난의 예방・대비・대응・복구 등에 관한 사항을 총괄・조정하고 필요한 조치를 하기 위하여 시・도지사 소속 하에 지역재난안전대책본부를 두고 있으며, 긴급구조에 관한 사항의 총괄・조정, 당해 지역에 소재하는 긴급구조기관 및 긴급구조지원기관간의 역할분담과 재난현장에서의 지휘・통제를 위하여 시・도의 소방본부에 시・도긴급구조통제단을 두고, 시・군・구의 소방서에 시・군・구긴급구조통제단을 두고 있다. 그러나 위에서 살펴본 바와 같이 전통적으로 화재 등의 인위재난에 대응하여 왔던 소방본부와 태풍, 홍수 등 자연재난에 대응하는 기관으로 시・도의 재난관리 담당 부서로 이원화되어 있어 지자체의 재난대응이 일사분란하게 움직이지 않고, 소방과 방재라는 서로 다른 부서간 갈등이 빚어지고 있다. 따라서 지역 재난안전대책본부와 긴급구조통제단을 담당하고 있는 시・도의 재난관리 부서와 소방본부간에 일사분란한 지휘체계를 확립할 수 있도록 지자체의 대응체계를 개편할 필요성이 있다.

둘째, 재난대응 기관들의 부처이기주의 극복이 필요하다. 지방 재난대응에 관여하는 기관은 재난관리 담당 부서와 소방뿐만 아니라 지방경찰청, 기상대, 방송국, 기타 재난유형에 따라 많은 기관들이 참여하게 된다. 따라서 이들 재난대응 기관들간 부처이기주의를 극복하는 것이 관건이다. 이를 위해서 적어도 재난대응 기관간 조정 협의체를 구성하는 것이 시급히 요구된다. 즉, 평시에 재난에 대응하는 부서간 활발한 교류와 기관간 협력을 요하는 업무에 대한 공동 대응 매뉴얼 개발 등의 노력이 요구된다. 또한 재난대응 기관간 활발한 정보교류와 함께 인적 자원의 교류도 순차적으로 추진하여야 한다.

다음으로, 재난대응 지휘체계를 개선하기 위해서는 통합적인 현장 지휘체계 확립이 구축되어야 한다. 재난대응과 관련하여 많은 기관들이 현장대응에 참여하고 있어 이들 기관간 통합적인 현장지휘체계 확립이 요구된다. 소방방재청은 통합무선지휘통신망사업단 사업을 진행중에 있다. 즉, 군·경 및 소방, 병원 등 전국 1,440여 개의 재난관련 기관들에 일원화된 지휘 통신망을 구축, 재난발생시 일사불란한 현장지휘 체계를 확립하는 것을 목표로 하여 평상시에는 각 기관의 고유 업무용으로 사용되다가 재난발생시에는 재난현장 지휘통신용으로 전환되는 국가 차원의 재난통신망 사업을 진행하고 있다. 종전까지 국내 주요 재난관련 기관들은 독자적인 무선망을 구축, 20여만 대의 무전기를 운영하고 있다. 그러나 각 기관별로 서로 상이한 주파수와 변조 방식을 사용해 상호 통신이 불가능했던 게 사실 재난발생시 언론의 도마 위에 종종 올랐던 늑장대응, 대책허술이란 지적도 통신망 호환의 문제에서 비롯된 것이다. 이처럼 통합무선망은 재난사고 발생시 신속한 초기대응과 효율적인 사고수습을 가능케 할 수 있다. 지자체 측면에서도 통합무선망 구축과 같이 통일된 무선망을 운영하여 통합 현장지휘체계를 구축하는 것이 요구된다.

② 재난대응 조직간 네트워크의 확립

재난대응 조직간 네트워크를 확립하기 위해서는, 첫째, 활발한 정보와 인적 자원 교류가 필요하다. 미국의 경우에는 본인이 지원해서 재난관리에 종사하기 때문에 사명감이 존재한다. 그러나 우리나라의 경우 공무원 순환보직으로 인하여 처음부터 재난관리 실무에 종사하지 않는다. 때문에 재난관리 실무 종사자들의 전문성이 부족하다. 따라서 재난관리 실무 종사자들의 전문성 향상을 위한 교육과 훈련이 요구된다. 또한 재난관리 유관기관간 활발한 정보교류와 함께 인적 자원의 교류도 병행하여 재난대응 실무자들의 전문성을 향상시켜야 한다.

둘째, 공공 부문과 민간 부문의 상시 재난대응 네트워크 형성이 요구된다. 미국 허리케인 카트리나 재난대응시 각 지방간 상호협정서를 맺어서 워싱턴 등 피해가 발생하지 않은 지역에서 재난관리 직원 및 경찰 등이 파견되었고, 이들은 전문인력이기 때문에 특별한 훈련을 거치지 않고, 현장에 투입된 바 있다. 허리케인 카트리나와 같이 대형 재난이 발생할 경우 정부의 기능이 붕괴되어 공공 부문에서 재난대응 기능을 수행할 수 없는 상황이 발생할 수도 있어, 비정부기관, 자원봉사기관 등의 역할 중요성이 요구된다. 또한 공공 부문은 법령과 규제 하에서 기능을 수행하기 때문에 업무에 경직적인 면이 있으나, NGO는 보다 융통성을 가지고 재난대응 업무를 수행할 수 있다. 따라서 지자체의 경우에도 재난대응 공공 부문과 민간 및 NGO간 상시 재난대응 네트워크 형성이 무엇보다도 필요한 대목이다.

셋째, 지역간 재난대응 연계체계의 구축이 필요하다. 우리나라의 경우 지자체간 상호 재난대응에 대한 협력체계 구축이 거의 이루어지고 있지 못하다. 미국 허리케인 카트리나 이후 5-6개 주의 재난대응체계를 협력하여 구축하도록 개선안을 제시한 바 있다. 대규모 재난이 발생할 경우 지자체 혼자만의 힘으로는 재난에 대응하기가 벅차고, 다수의 지자체가 동시에 피해를 입을 수 있기 때문에 인근 지자체와 재난대응 협력체계를 구축하는 것이 필요하다. 이러한 지역간 재난대응 연계체계 구축으로 대규모 재난에 미리 대비하는 준비 자세를 가져야 할 것이다.

2. 민간 부문의 구조와 기능

이재은 외(2005)에 의하면 우리나라 민간 부문의 재해구호체계는 대한적십자사와 전국재해구호협회 등 몇몇 주요 기관들과 다양한 자원봉사조직들로 구성되어 있으며 재해구호체계라 함은 이러한 다양한 기관들의 상호 협조관계나 연계망이 마련되어 있어야 하지만 현재로서는 아직 이러한 조직망이 마련되지 못하고 있는 실정이다. 이재은 외(2005)의 연구에서는 민간 부문의 재해구호체계 및 참여주체를 대한적십자사, 전국재해구호협회, 기업네트워크로 구성하였으며 이재원(2000)의 연구에서는 이재은 외(2005)에서 소개한 기관 외에 언론기관을 추가하였다. 이재은 외(2005)와 이재원(2000)의 연구를 정리하면 다음과 같다.

1) 대한적십자사

대한적십자사는 우리나라의 대표적 구호기관으로서, 재해구호, 모자보건사업, 국민건강사업, 현혈수급업무, 국제구호활동 등을 주요 사업으로 전개하고 있다. 이러한 대한적십자사의 재해구호 사업의 체계 및 기능은 다음과 같다.

대한적십자사의 재해구호사업은 크게 재해대비(disaster preparedness)와 재해대응(disaster response)으로 구분된다. 재해대비활동의 중점사항은 구호물자 확보 및 분산비축, 구호물자 접수·분배·보급·수송, 구호장비 확보·정비, 구호요원 지휘통제, 구관기관-단체협조, 종합보고,

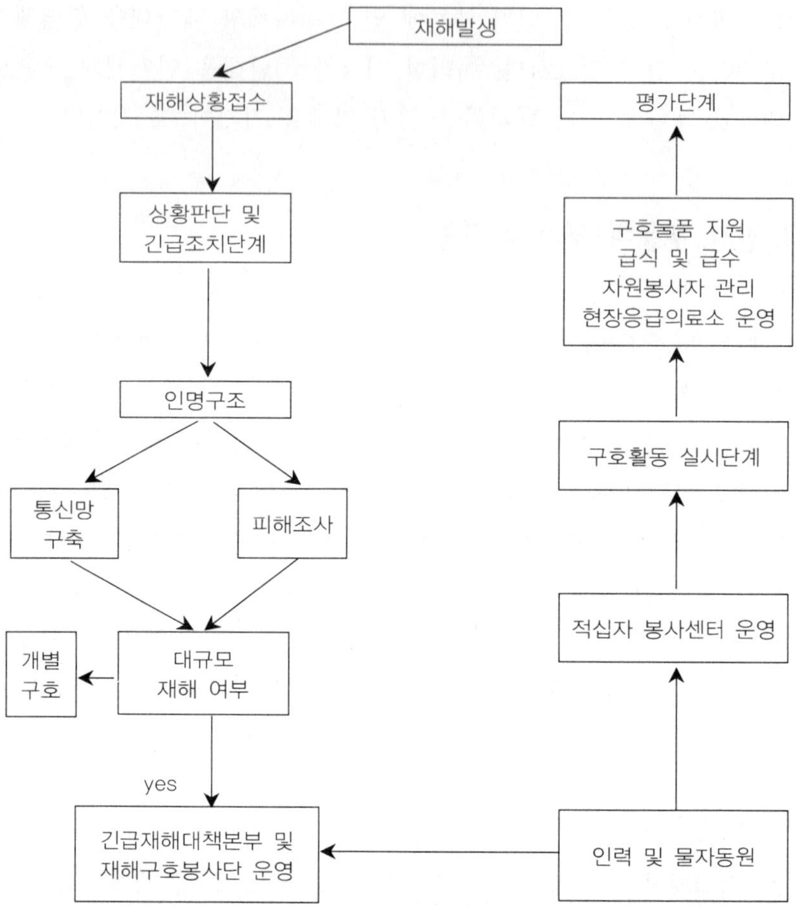

[그림 10-1] 대한적십자사의 재해구호체계(이재은 외, 2005)

재해구호 종합훈련, 재해구호 봉사원교육 등이 있고, 재해대응의 중점사항으로는 재해응급대책, 구호물자지급, 집단구호, 장의부조, 복구지원 등이 있다.

대한적십자사의 재해구호활동체계는 재해인지단계와 구호실시단계로 구분된다. 제1단계인 재해인지단계에서는 재해상황을 접수하고 상황판단 및 긴급조치를 취한다. 이 단계에서는 비상연락을 취하면서 인명구조 활동과 비상통신망 가동, 그리고 긴급구호품 수송 등이 이루어진다. 제2단계인 구호실시단계에서는 장거리 통신망을 가동하고, 이재민을 위한 급식과 구호품 지급을 실시하며, 현장 응급의료소를 설치, 운영함으로써 최대한 빠른 시간 내에 이재민들에게 구호 서비스가 전달될 수 있도록 조치한다.

2) 전국재해구호협회

전국재해구호협회는 「재해구호법」에 의해 설립된 법정 민간조직으로 재난발생시 국민들로부터 의연금품을 모집하여 이재민들을 구호하는 주도적인 역할을 하고 있다. 특히 2002년 「재해구호법」 제정에 따라 전국재해구호협회로 개칭, 법정 단체화하면서 정부와 역할 분담을 통하여 의연금품을 모집 및 관리, 배분하고 있으며, 재해현장에서의 자원봉사활동과 교육지원 등의 활동을 하고 있다. 전국재해구호협회의 의연금과 구호물품 배분 절차는 [그림 10-2], [그림 10-3]과 같다.

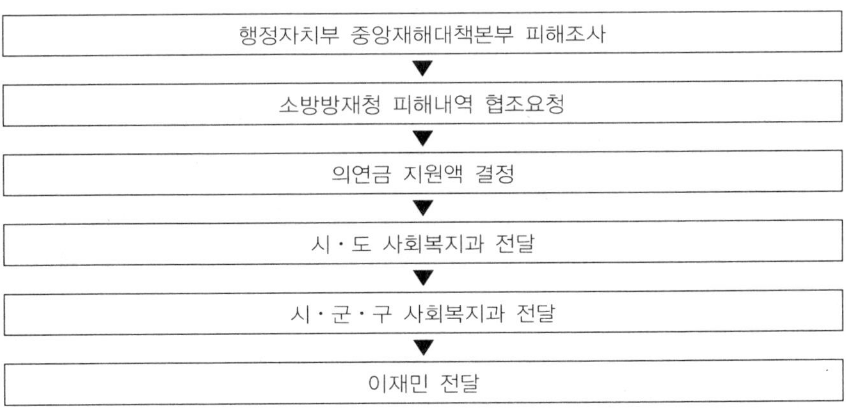

[그림 10-2] 전국재해구호협회의 의연금 배분절차(이재은 외, 2005)

예년도 의연품 보관관리

▼

부족한 구호물품 구입 및 사전 기탁분 접수

▼

재해대비 구호물품 세트화 작업 후 비축

▼

시 · 도 자치단체 구호물품 지원요청

▼

구호세트 및 일반구호물품 비축분 지원

▼

재해의연품 기탁분 접수(방송/신문/본회)

▼

접수물품 중 식료품 및 생필품 등 긴급물품 지원

▼

분류작업을 요하는 물품은 본회 창고 적재

▼

창고적재 의연품 분류작업(차년도 재해대비)

[그림 10-3] 전국재해구호협회의 구호물품 배분절차(이재은 외, 2005)

3) 기업네트워크

우리나라의 민간 부문 재해구호 체계에서 기업의 자원봉사활동은 점차 그 중요성이 커지고 있다. 최근 몇 년간 연속하여 발생한 대규모 자연재해와 인위재난으로 전국경제인연합회는 2003년 9월에 재난극복을 위한 경제계 네트워크를 구성하여 기업의 참여를 지원하기 위한 체계적인 노력을 시작하였다.

경제계의 네트워크 조직은 재난대책 추진사무국을 중심으로 공공 부문의 소방방재청과 민간 부문의 재해구호 조직들이 연결되어 있는 구조를 가지고 있다. 경제계 네트워크는 재난극복을 위해 경제계 차원의 물자지원 및 인력동원 등을 위한 전담반을 편성하여 운영하는 역할을 수행한다. 또한 재난예방 및 복구와 관련된 각 기업 활동과 정부기관의 재난대책기구와의 교량적 역할을 수행함으로써 재난대책상의 문제점 파악 및 대응방안을 제시하고 지역별 및 업종별로 참여가 가능한 기업을 네트워크로 연결하여 종합 조정하는 시스템을 구축하여 단일기업으로 추진하기 어려운 사업 아이템을 경제계 공동으로 추진할 수 있다.

경제계 네트워크에서는 예방 · 대비 · 대응 · 복구의 각 재난단계별로 여러 가지 활동을 전개하고 있으며 필요에 따라 정부나 민간단체, NGO 등과 연합하여 재난복구 활동에 참여한다.

4) 언론

언론은 방재교육, 재해상황 정보 제공, 재해관리행정의 외부토제 기능을 수행하는데, 주로 재해관리의 문제를 지적 · 시정을 요구하는 기능을 담당하고 있다. 또한 각 언론기관에서 재난성금과 구호금을 수집 · 배분하는데 있어 매우 중요한 창구역할을 수행한다. 언론의 재난관리에 대한 지원역할은 물질적 지원뿐만 아니라 재해관리 능력에 대한 문제제기와 향후의 재해대책에 대한 기본방향 및 재난관리체제 개편, 국민의 방재의식 제고방안을 강조하여 국가 재난관리의 효율적 운영에 대한 통제 역할도 수행한다.

3. 부문별 협력유형에 대한 구조와 기능 분석

우리나라의 재해구호체계는 중앙정부, 광역자치단체, 기초자치단체 등 정부지원의 지원체계뿐만 아니라 전국재해대책협의회, 대한적십자사, 지역군부대, 민간자원봉사단체 등 민간 차원의 지원체계가 상호 유기적으로 협조 및 연계체제를 구축하고 있다. 이러한 재해구호활동 운영체계를 도식화 하면 [그림 10-4]와 같다.

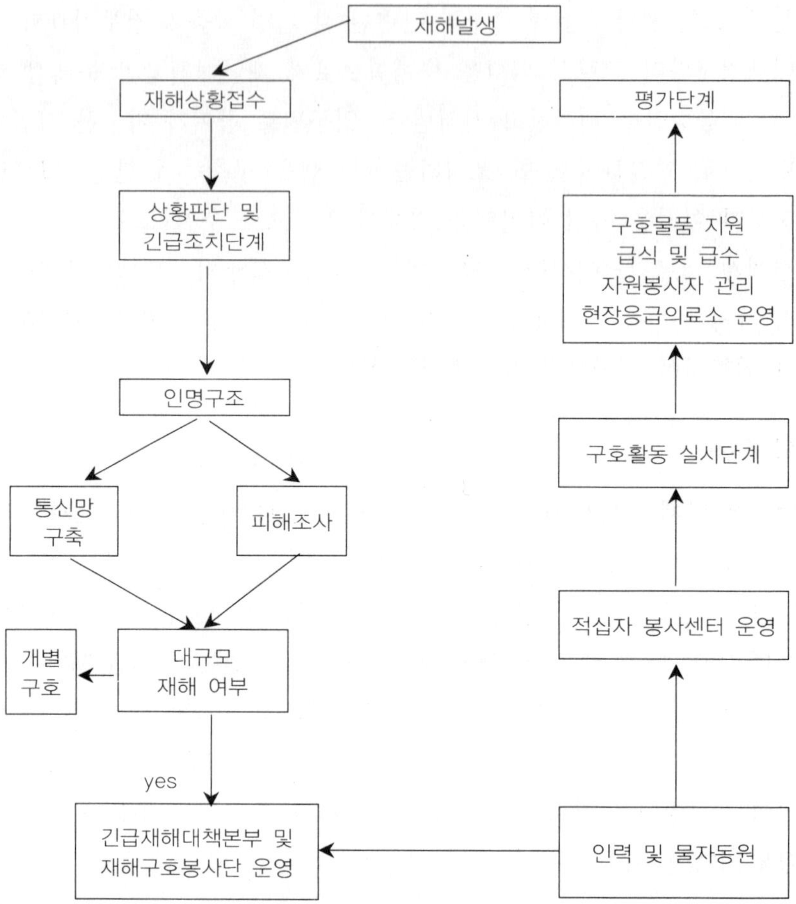

자료: 재해구호법.

[그림 10-4] 재해구호활동 운영체계

재해구호법의 「제2장 재해구호계획의 수립 및 구호기관의 활동 등」에 의하면 구호의 대상을 이재민과 일시대피자를 대상으로 하며(제3조), 임시주거시설의 제공, 급식 또는 식품·의류·침구 그 밖의 생활필수품의 제공, 의료서비스의 제공, 전염병 예방 및 방역활동, 위생지도, 장사

(葬事)의 지원, 그 밖에 대통령령이 정하는 사항을 이재민에게 제공해야 한다. 또한 구호기관은 필요하다고 인정하는 경우에는 이재민에게 현금을 지급하여 구호할 수 있으며 구호의 한도·방법 및 기간에 관하여 필요한 사항은 대통령령으로 정한다(제4조).

재해가 발생하면 소방방재청장은 매년 구호기관 및 구호지원기관의 재해구호업무에 관한 계획(이해 "재해구호계획"이라 한다)의 수립지침을 작성하여 이를 구호기관 및 구호지원기관의 장에게 시달하여야 하며, 시장·군수·구청장은 시달받은 수립지침에 따라 지역실정을 고려하여 매년 시·군·구 재해구호계획을 수립하여 이를 시·도지사에게 제출하여야 한다. 시·도지사는 제출받은 시·군·구 재해구호계획에 따라 지역실정을 고려하여 매년 특별시·광역시·도·특별자치도(이하 "시·도"라 한다) 재해구호계획을 수립하여 이를 시장·군수·구청장에게 통보하고 그 결과를 소방방재청장에게 제출하여야 하며 구호지원기관의 시달받은 수립지침에 따라 해당 구호지원기관의 재해구호계획을 수립하여 소방방재청장에게 통보하여야 한다(제5조).

재해구호물자의 확보 및 보관은 구호기관이 지역별 재해발생현황 및 지역실정 등을 감안하여 필요한 재해구호물자를 상시 확보하여 응급 구호할 수 있는 체제를 갖추어야 한다. 시장·군수·구청장은 구호활동을 함에 있어 재해구호물자가 부족한 경우에 시·도지사에게 지원을 요청할 수 있으며, 지원요청을 받은 시·도지사는 그 지원요청에 대한 조치를 충분히 할 수 없는 경우에는 소방방재청장에게 그 지원을 요청할 수 있다. 이때 지원요청을 받은 시·도지사 및 소방방재청장은 이에 대하여 최대한 지원하여야 한다. 소방방재청장은 구호지원기관이 재해구호물자를 관리하기 위하여 창고를 설치·운영할 경우 이를 지원할 수 있다(제6조).

응급구호실시 및 재해구호상황의 보고는 재해구호법 제2장제7조에서 다루어지고 있다. 구호기관은 재해로 인하여 이재민이 발생할 때에는 전체 재해발생상황을 파악하기 전이거나 재해발생이 진행 중인 때에라도 행정자치부령이 정하는 기준에 따라 지체없이 응급구호를 실시하고, 그 재해의 상황과 재해구호 내용을 소방방재청장에게 보고하여야 한다(제7조).

또한 구호활동을 효율적으로 실시하기 위하여 시·도 및 시·군·구에 구호센터(이하 "지역구호센터"라 한다)를 둔다. 지역구호센터의 장은 지역재난안전대책본부의 본부장이 된다(제8조).

재해구호기관은 재해구호를 원활하게 하기 위하여 경찰관청·소방관청·군부대와 구호지원기관 등 재해구호 관련 기관과 상호협조하여야 한다. 더불어 이재민 및 일시대피자와 그 인근 거주자는 구호기관의 구호에 관한 업무에 협력하여야 한다(제12조).

이러한 재해구호 과정에서 민간단체는 중앙재해구호활동본부와 시·도(활동반), 시·군·구(활동반)의 재해구호 활동에 적절히 협조하여 이재민들이 빠른 시일 내에 정상적인 생활에 복귀할 수 있도록 지원한다.

제11장

재난대응에서의 공공 부문의 역할

1. 중앙정부 재난대응 기능과 조직별 역할

1) 중앙 재난대응기관

중앙정부 차원에서 대규모 재난에 관한 사항을 총괄 및 조정하고 필요한 조치를 하기 위하여 중앙재난안전대책본부 등을 두고 있다. 이러한 대규모 재난에 관한 사항을 총괄 및 조정하기 위한 기관들을 살펴보면 다음과 같다.

첫째, 안전관리에 관한 중요정책의 심의 및 총괄·조정, 안전관리를 위한 관계부처간의 협의·조정 그 밖에 안전관리에 필요한 사항을 시행하기 위하여 국무총리 소속 하에 중앙안전관리위원회를 두고 있다.

이러한 중앙안전관리위원회의 기능으로는 안전관리에 관한 중요정책의 심의 및 총괄·조정, 국가안전관리기본계획안 및 집행계획안의 심의, 중앙행정기관이 수행하는 재난 및 안전관리업무의 협의·조정, 재난사태선포 건의사항과 특별재난지역선포 건의사항의 심의, 다른 법령에 의

하여 중앙위원회의 권한에 속하는 사항의 처리 등의 기능을 수행하고 있다(재난및안전관리기본법, §9,§10).

둘째, 대규모 재난의 예방·대비·대응·복구 등에 관한 사항을 총괄·조정하고 필요한 조치를 하기 위하여 행정자치부에 중앙재난안전대책본부를 두고 있다. 이러한 중앙재난안전대책본부에서는 국내·외에서 발생한 재난 사례 및 수습체계의 분석, 재난유형별 수습 시나리오 작성, 재난유형별 전문가의 데이터베이스 구축 및 상시 연락체제 구축, 재난유형별 물적 자원의 파악 및 데이터베이스 구축, 재난유형별 사고조사, 인력 및 장비의 개발 등의 기능을 수행하고 있다(재난및안전관리기본법, §14,§15).

셋째, 긴급구조에 관한 사항의 총괄·조정, 긴급구조기관 및 긴급구조지원기관이 행하는 긴급구조활동의 역할 분담 및 지휘통제를 위하여 소방방재청에 중앙긴급구조통제단을 두고 있는데 단장은 소방방재청장이 된다. 이러한 긴급구조통제단의 기능으로는 재난현장에서의 인명의 탐색·구조, 긴급구조기관 및 긴급구조지원기관의 인력 및 장비의 배치와 운용, 추가 재난의 방지를 위한 응급조치, 긴급구조지원기관 및 자원봉사자 등에 대한 임무의 부여, 사상자의 응급처치 및 의료기관으로의 이송, 긴급구조에 필요한 물자의 관리, 현장 접근 통제 및 현장 주변의 교통정리 그 밖에 효율적인 긴급구조활동을 위하여 필요한 사항을 직접 현장지휘하는 기능을 수행하고 있다(재난및안전관리기본법, §49,§52). 재난대응기능의 핵심기능을 수행하는 조직이 긴급구조통제단이라고 볼 수 있다.

2) 중앙정부 재난대응 기능 수행에 대한 부처별 역할

중앙의 대규모 재난에 대응하기 위한 기관으로 중앙안전관리위원회, 중앙재난안전대책본부, 중앙긴급구조통제단이 있다. 이러한 재난대응

기능에 따라 부처별 대응현황을 살펴보면 다음과 같다(류상일, 2007: 91-94).

첫째, 경보 기능은 재난환경에 대한 감청, 위험의 통고, 위협 평가 및 시민들에게 재난에 대한 사전 경보 발령 등을 수행하게 된다. 이러한 경보 기능에는 재난에 신속하게 대처하기 위해서 적절한 방송활동을 관리 감독하는 방송위원회, 재난을 미리 통고하게 되는 기상청, 재난에 대한 위험을 평가하는 소방방재청, 재난 사전 경보 발령을 원활히 수행할 수 있게 하는 정보통신부, 기타 해양수산부, 농림부, 행정자치부, 비상기획위원회 등이 경보 기능에 주관 기관으로서 참여하게 된다. 이 밖에도 각종 재난유형에 따라서 재난 경보활동을 펼치는 관련 유관기관으로 산업자원부, 과학기술부, 건설교통부, 보건복지부, 문화관광부, 국방부, 환경부, 경찰청, 산림청, 식품의약품안전청, 한국철도공사, 해양경찰청, 국가정보원 등이 재난대응에서 경보활동을 수행하게 된다.

둘째, 소개 기능은 위험 지역으로부터 시민을 안전 지역으로 이동시키는 활동이라고 할 수 있다. 이러한 소개 기능에 주책임을 지게 되는 기관으로는 주민 및 차량의 통제를 담당하는 비상기획위원회, 국가핵심기반 보호와 관련한 지역주민을 안전하게 대피시키는 역할을 담당하는 행정자치부와 각 지방자치단체, 그리고 핵심기능을 수행하는 소방방재청 등이 있다. 이 밖에도 시민들이 안전한 지역으로 이동할 수 있도록 하는 지원기관으로는 보건복지부, 정보통신부, 국방부, 경찰청, 기상청, 병무청, 산림청, 한국철도공사, 해양경찰청, 국가정보원, 방송위원회 등이 있다.

셋째, 응급의료 서비스 기능은 부상자를 파악하고, 진료기관으로 이송하고, 자원봉사자 조직체계 구축 등 긴급구조에 실질적 효과를 거두게 하는 활동이다. 이러한 응급의료 서비스 기능을 수행하게 되는 기관으로는 재난대응시 부상자의 치료와 각종 의료지원을 하는 보건복지부가 핵심 기관으로서 역할을 수행하게 되고, 이 밖에도 행정자치부, 정보통신부, 국방부, 소방방재청, 경찰청, 식품의약품안전청, 해양경찰청이 응급의료 서비스 활동에 지원역할을 담당하게 된다.

넷째, 탐색·구조 기능은 희생자를 탐색하고, 대응장비를 준비하고, 통신망을 확보하고, 기관간 의사소통망을 형성하여 재난대응을 보다 효율적으로 이루어지게 하는 활동이다. 이러한 탐색·구조 기능에는 희생자를 탐색하고 구조활동을 펼치는 소방방재청, 경찰청, 해양경찰청, 행정자치부, 그리고 탐색 및 구조에 대응장비를 준비하는 건설교통부 등이 주관기관으로서 역할을 담당하며, 기타 기관간 의사소통망 형성을 지원하는 정보통신부, 비상기획위원회, 농림부, 보건복지부, 국방부, 병무청, 산림청, 방송위원회 등이 지원활동을 수행하게 된다.

다섯째, 질서유지 기능은 재난 지역을 정비하고, 통제체계를 확립하여, 2차 재난피해를 방지하고, 테러와 폭동을 방지하는 등 각종 질서유지 활동을 펼치게 된다. 이러한 질서유지 기능은 비상기획위원회, 행정자치부, 해양수산부, 소방방재청, 경찰청, 해양경찰청, 국가정보원이 주관기관으로 활동을 하게 되고, 지원기관으로 정보통신부, 국방부, 방송위원회 등이 활동하게 된다.

여섯째, 긴급피해복구 기능에서는 피해시설에 대한 긴급 복구활동을 펼치고, 신속 대응활동을 위한 붕괴 건물의 긴급 복구활동 등을 하게 된다. 먼저, 건설교통부는 붕괴 건물의 긴급 복구활동에 관여하게 되고, 산업자원부는 자원과 에너지 재난과 관련하여 긴급 복구를 하며, 농림부는 농작물과 관련하여 피해 지역 긴급 복구활동을 하게 된다. 행정자치부는 국가핵심기반 보호와 관련하여 그 기능을 수행하게 되고, 정보통신부는 정보망 긴급피해 복구활동을 하게 되며, 소방방재청은 핵심기관으로써 그 역할을 담당한다. 기타 과학기술부, 해양수산부, 보건복지부, 문화관광부, 국방부, 환경부, 노동부, 법무부, 경찰청, 병무청, 문화재청,

▶ 표 11-1 ◀ 기능별 재난대응체계 관련 기관

관련 기관	재난대응체계 핵심 기능					
	경보기능	소개기능	응급의료 서비스기능	탐색 및 구조기능	질서유지 기능	긴급피해 복구기능
비상기획위원회	P	P		S	P	S
행정자치부	P	P	S	P	P	P
산업자원부	S					P
과학기술부	S					S
해양수산부	P	P		P	P	S
농림부	P	P		S		P
건설교통부	S			P		P
보건복지부	S	S	P	S		S
정보통신부	P	S	S	S	S	P
문화관광부	S					S
국방부	S	S	S	S	S	S
환경부	S					S
노동부						S
법무부						S
소방방재청	P	P	S	P	P	P
경찰청	S	S	S	S	P	S
기상청	P	S				
병무청		S		S		S
문화재청						S
산림청	S	S		S		S
식품의약품안전청	S		S			S
한국철도공사	S	S				S
해양경찰청	S	S	S	P	P	S
국가정보원	S	S			P	
방송위원회	P	S		S	S	S

P(주관기관): 재난대응체계 핵심 기능 수행과 관련되어 주책임을 지는 중앙행정기관.
S(유관기관): 주관기관의 활동을 지원하고 협조하는 중앙행정기관.

자료: 이재은(2004: 84)에서 재구성.

산림청, 식품의약품안전청, 한국철도공사, 해양경찰청, 방송위원회 등이 긴급피해복구에 지원 역할을 담당하게 된다.

이와 같이 실제 재난유형별 또는 재난대응 기능별 상시 참여기관이 다양하게 존재하고 있어 이들간의 네트워크 확보가 시급한 과제로 떠오르게 된다.

대규모 재난발생시 중앙재난안전대책본부와 중앙긴급구조통제단을 중심으로 공공기관간 협력체제가 가동되고, 한국재난안전네트워크를 중심으로 민간 및 NGO 기관들의 협조체제가 운영되고 있으나 각 기관간 고유업무와 영역으로 인하여 네트워크 확보가 원활하지 못하다.

2. 지방자치단체 재난대응 기능과 조직별 역할

1) 지방 재난대응기관

지방정부의 상시 재난대응기관으로 재난안전 관련 부서를 들 수 있다. 그러나 대규모 재난에 관한 사항을 총괄 및 조정하고 필요한 조치를 하기 위하여 지역재난안전대책본부, 지역긴급구조통제단 등을 두고 있다. 이러한 기관들을 살펴보면 다음과 같다.

첫째, 지역의 안전관리에 관한 중요정책의 심의 및 총괄·조정, 안전관리를 위한 부서간의 협의·조정 그 밖에 안전관리에 필요한 사항을 시행하기 위하여 시·도지사 소속 하에 지역안전관리위원회를 두고 있다. 충청북도의 경우 충북안전관리위원회를 두고 청주시의 경우 청주시 안전관리위원회를 두고 있다.

이러한 지역안전관리위원회의 기능으로는 지역의 안전관리에 관한 중요정책의 심의 및 총괄·조정, 지역안전관리기본계획안 및 집행계획안의 심의, 지자체가 수행하는 재난 및 안전관리업무의 협의·조정 등의 기능을 수행하고 있다(재난및안전관리기본법, §11,§12).

둘째, 지자체 측면에서 대규모 재난의 예방·대비·대응·복구 등에 관한 사항을 총괄·조정하고 필요한 조치를 하기 위하여 시·도지사 소속 하에 지역재난안전대책본부를 두고 있다. 이러한 지역재난안전대책본부는 재난의 수습이 효율적으로 이루어질 수 있게 하기 위하여 당해 시·도 또는 시·군·구를 관할구역으로 하는 재난관리책임기관의 장에게 행정 및 재정상의 조치나 그 밖의 필요한 업무협조를 요청할 수 있고, 지역본부장의 지휘에 따라 재난의 수습에 필요한 소속기관의 업무를 성실히 수행하여야 하며, 재난의 수습이 종료될 때까지 지역대책본부에서 상근하여야 한다(재난및안전관리기본법, §16,§17). 충청북도의 경우 충북 재난안전대책본부가 있다.

셋째, 지역별 긴급구조에 관한 사항의 총괄·조정, 당해 지역에 소재하는 긴급구조기관 및 긴급구조지원기관간의 역할분담과 재난현장에서의 지휘·통제를 위하여 시·도의 소방본부에 시·도긴급구조통제단을 두고, 시·군·구의 소방서에 시·군·구긴급구조통제단을 둔다. 이러한 지역긴급구조통제단의 기능으로는 지역 재난현장에서의 인명의 탐색·구조, 긴급구조기관 및 긴급구조지원기관의 인력 및 장비의 배치와 운영, 추가 재난의 방지를 위한 응급조치, 긴급구조지원기관 및 자원봉사자 등에 대한 임무의 부여, 사상자의 응급처치 및 의료기관으로의 이송, 긴급구조에 필요한 물자의 관리, 현장접근 통제 및 현장 주변의 교통정리 그 밖에 효율적인 긴급구조활동을 위하여 필요한 사항을 직접 현장지휘하는 기능을 수행하고 있다(재난및안전관리기본법, §50,§52). 충청북도의 경우 충북 소방본부장을 단장으로 하여 충북 긴급구조통제단을 두고 있다.

2) 지방 재난대응 기능수행에 따른 기관별 역할

지방의 재난에 대응하기 위한 기관으로 지역안전관리위원회, 지역재난안전대책본부, 지역긴급구조통제단이 있고, 상시 재난관리기관으로는 시·도 재난관리 부서를 들 수 있다.

재난대응 핵심기능별 충북 청주 지역 재난대응 공공, 민간 및 NGO기관들[4]의 기능별 재난대응 실태를 살펴보면 다음과 같다(충청북도 소방본부, 2006: 45-237; 류상일, 2007: 97-100).

첫째, 재난을 탐지하고 경보를 발령하는 경보 기능에 참여하는 기관들로는 청주 기상대를 비롯하여 KBS, MBC, CJB 등의 청주방송국을 들 수 있고, 충북 재난안전대책본부와 청주시 재난안전대책본부를 들 수 있다. 관련 지원기관들로는 충청북도 교육청, 충북지방경찰청, 청주 상당 및 흥덕 경찰서, 육군 37사단, 13공수여단, KT 충북본부, 아마추어무선연맹 충북지부, 충북 모범운전자회 등이 시민들에게 재난을 알리는데 지원하고 있다.

둘째, 시민들을 재난 지역에서 안전한 지역으로 이동시키는 소개 기능에 참여하는 기관들로는 충북 소방본부, 충북 재난안전대책본부, 청주시 재난안전대책본부를 비롯하여 청주 동부 및 서부 소방서, 의용소방대 충북지부, 충북지방경찰청, 청주 상당 및 흥덕 경찰서, 육군 37사단, 13공수여단, 해병전우회 충청북도지회 등을 들 수 있다. 관련 지원기관들로는 KBS, MBC, CJB 등의 청주방송국 청주시 상당 및 흥덕 보건소, 청주의료원, 충북대학교 부속병원, 청주성모병원, KT 충북본부, 아마츄어무선연맹 충북지부, 하이닉스 반도체 환경안전관리팀, LG화학 청주공

---

4) 2006년 기준으로 충청북도 소방본부 긴급구조 대응계획상 긴급구조유관기관 및 단체 현황은 긴급구조기관 9개소, 재난관리책임기관 48개소, 긴급구조지원기관 39개소, 민간단체 55개소 등 총 151개소가 있으나 충북 청주 지역의 재난대응 주요 기관 38개를 중심으로 설명하고자 한다.

장 안전관리팀, 대농 안전보건팀, LG전자 환경안전그룹, 충북 모범운전자회, 대한산악연맹 충북지부 등을 들 수 있다.

셋째, 응급의료 서비스 기능에 참가하는 기관들로는 청주시 상당 및 흥덕 보건소, 청주의료원, 충북대학교 부속병원, 청주성모병원 등을 들 수 있고, 기타 지원기관으로는 대한적십자사 충북지사, 육군 37사단, 13공수여단, 해병전우회 충청북도지회, 하이닉스 반도체 환경안전관리팀, LG화학 청주공장 안전관리팀, 대농 안전보건팀, LG전자 환경안전그룹 등을 들 수 있다.

넷째, 탐색·구조 기능에서는 충북 소방본부, 청주 동부 및 서부 소방서를 비롯하여 충북 재난안전대책본부, 청주시 재난안전대책본부, 충북지방경찰청, 청주 상당 및 흥덕 경찰서, 육군 37사단, 해병전우회 충청북도지회 등이 탐색 및 구조에 참여하게 되고, 지원기관으로는 의용소방대 충북지부, 대한적십자사 충북지사, 한국전력공사 충북지사, 가스안전공사 충북지역본부, 한국토지공사 충북사업본부, 한국공항공사 청주지사, 한국도로공사 충청지역본부, 수자원공사 청주권관리단 등이 지원하는 기관이고, 또한 13공수여단, 건설기계협회 충북지회, 하이닉스 반도체 환경안전관리팀, LG화학 청주공장 안전관리팀, 대농 안전보건팀, LG전자 환경안전그룹, 대한산악연맹 충북지부 등을 들 수 있다.

다섯째, 질서유지 기능에 참가하는 기관들로는 충북지방 경찰청, 청주 상당 및 흥덕 경찰서, 육군 37사단, 충북 재난안전대책본부, 청주시 재난안전대책본부, 충북 소방본부, 청주 동부 및 서부 소방서 등을 들 수 있고, 지원기관으로는 충청북도 교육청, 13공수여단 등을 들 수 있다.

여섯째, 긴급피해복구 기능에 참가하는 기관들로는 충북 재난안전대책본부, 청주시 재난안전대책본부, 충북 소방본부, 청주 동부 및 서부 소방서, 한국전력공사 충북지사, 가스안전공사 충북지역본부, 한국토지공사 충북사업본부, 한국공항공사 청주지사, 한국도로공사 충청지역본부,

수자원공사 청주권관리단, 육군 37사단 등이 참가하게 되고, 지원기관으로는 충청북도 교육청, 의용소방대 충북지부, 충북지방 경찰청, 청주 상당 및 흥덕 경찰서, 13공수여단, 하이닉스 반도체 환경안전관리팀, LG화학 청주공장 안전관리팀, 대농 안전보건팀, LG전자 환경안전그룹, 대한산악연맹 충북지부, 대한적십자사 충북지사 등을 들 수 있다.

그러나 실제 재난발생시 유관기관간 협력이 잘 되고 있지 못하다. 이것은 유관기관간 인식 차이에서 오는 결과로, 재난안전대책본부장이나 긴급구조통제단장의 협조를 다른 기관에서 지시나 또는 통제라는 인식하에 정치권력 관계가 작용하고 있어 유관기관간 협력이 어려워지게 된다. 이로 말미암아 실제 재난대응시 각 기관들이 독자적인 대응업무를 펼치는 경우가 종종 발생하게 된다. 또한, 재난대응시 많은 민간단체들이 스스로 역할을 정립하여 협력하기 위한 평시 협의체 활동이 거의 이루어지고 있지 못해서 마찬가지로 민간단체들도 제각기 재난대응 업무를 펼쳐 현장에서 우왕좌왕하는 경향이 강하다.

이와 같이 재난대응 6개의 핵심기능간 참여하는 기관들이 많아 이들간의 협력 연결망 구축이 시급히 요구된다. 이러한 연결망에는 공공 부문과 민간 부문뿐만 아니라 NGO 등의 참여도 필요하다. 즉, 국가나 시장에 의한 재화의 공급에는 그 한계가 있기 때문이다.

▶ 표 11-2 ◀ 기능별 충북 재난대응 관련 기관

관련 기관	재난대응체계 핵심 기능					
	경보기능	소개기능	응급의료 서비스기능	탐색 및 구조기능	질서유지 기능	긴급피해 복구기능
청주시 재난안전대책본부	P	P		P	P	P
충북 소방본부		P		P	P	P
청주 동부 소방서		P		P	P	P
청주 서부 소방서		P		P	P	P

관련 기관	재난대응체계 핵심 기능					
	경보기능	소개기능	응급의료 서비스기능	탐색 및 구조기능	질서유지 기능	긴급피해 복구기능
충청북도 교육청	S	P			S	S
청주 기상대	P					
의용소방대 충북지부		P		S		S
KBS 청주방송국	P	S				
MBC 청주방송국	P	S				
CJB 청주방송국	P	S				
대한적십자사 충북지사		P	S	S		S
한국전력공사 충북지사				S		P
가스안전공사 충북지역본부				S		P
한국공항공사 청주지사				S		P
한국도로공사 충청지역본부				S		P
한국토지공사 충북사업본부				S		P
수자원공사 청주권관리단				S		P
충북지방 경찰청	S	P		P	P	S
청주 상당 경찰서	S	P		P	P	S
청주 흥덕 경찰서	S	P		P	P	S
청주시 상당 보건소		S	P			
청주시 흥덕 보건소		S	P			
지방공사 청주의료원		S	P			
충북대학교 부속병원		S	P			
청주성모병원		S	P			
육군 37사단	S	P	S	P	P	P
13 공수여단	S	P	S	S	S	S
KT 충북본부	S	S				
아마추어무선연맹 충북지부	S	S				
건설기계협회 충북지회				S		
해병대전우회 충청북도지회		P	S	P		S
하이닉스 반도체 환경안전		S	S	S		S

관련 기관	재난대응체계 핵심 기능					
	경보기능	소개기능	응급의료 서비스기능	탐색 및 구조기능	질서유지 기능	긴급피해 복구기능
관리팀						
LG화학 청주공장 안전관리팀		S	S	S		S
대농 안전보건팀		S	S	S		S
LG전자 환경안전그룹		S	S	S		S
충북 모범 운전자회	S	S				
대한산악연맹 충북지부		S		S		S

P(주관기관): 재난대응체계 핵심 기능 수행과 관련되어 주책임을 지는 지역기관.
S(유관기관): 주관기관의 활동을 지원하고 협조하는 지역기관.

자료: 류상일(2007: 100).

3) 기초자치단체의 기관별 지역긴급지원체계

한편, 풍수해와 관련하여 강원도 삼척시의 사례를 통한 기초자치단체의 기관별 지역긴급지원체계를 살펴보면 다음과 같다(권건주, 2007: 79).

첫째, 정보의 수집・분석・전파 기능은 시청이 관할하고, 소방서, 경찰서, 기상대 등이 지원을 하게 된다. 둘째, 인명의 구조는 시의 소방서가 관할하고 경찰서와 시청, 군부대가 지원을 한다. 셋째, 이재민 수용 및 구호 기능은 시가 관할하고, 적십자사, 재해구호협회가 지원하게 된다. 넷째, 재해 지역 통신소통 원활화는 KT(한국통신)가 관할하고 시청, 소방서, 경찰서, 군부대 등이 지원하게 된다. 다섯째, 의료서비스, 전염병 예방, 방역 및 위생점검 등은 시에서 관할하고, 군부대, 소방서, 경찰서 등에서 지원을 한다. 여섯째, 시설 응급복구는 시에서 관할하고, 군부대, 시 자원봉사센터, 소방서, 경찰서 등에서 지원업무를 수행한다. 일곱째, 재해 지역 사회질서 유지 및 교통관리는 경찰서에서 관할하고, 시청, 군부대 등에서 지원하게 된다. 여덟째, 유해화학물질 처리 및 쓰레기 수거처리는 시에서 관할하고 소방서, 경찰서, 군부대 등에서 지원을 실시한다. 아홉째, 긴급 에너지 수급은 시에서 관할하고, 경찰서, 전력공사, 군부대에서 지원업무를 담당한다. 열 번째, 단기 지역 안정 기능은 시에서 관할하고, 경찰서, 소방서, 군부대, 재해구호협회 등에서 지원한다. 열한 번째, 재해수습 홍보는 시에서 주관하고, 소방서, 경찰서, 군부대 등에서 보조 지원을 실시하게 된다.

▶ 표 11-3 ◀ 시의 기관별 지역 긴급지원체계

	기관5									
기 능	시청	소방서	경찰서	기상대	군부대	한국통신	한국전력	재해구호협회	적십자사	시 자원봉사센터
정보의 수집, 분석, 전파	P	S	S	S						
인명 구조	S	P	S		S					
이재민 수용, 구호	P							S	S	
재해지역 통신소통 원활	S	S	S		S	P				
의료서비스, 방역 등	P	S	S		S					
시설 응급복구	P	S	S		S					S
질서유지 및 교통관리	S		P		S					
유해물처리, 쓰레기 처리	P	S	S		S					
긴급 에너지 수급	P		S		S		S			
단기 지역 안정	P	S	S		S			S		
재해수습 홍보	P	S	S		S					

P(주관기관): 핵심 기능 수행과 관련되어 주책임을 지는 주기관.
S(유관기관): 주관기관의 활동을 지원하고 협조하는 보조기관.

자료: 권건주(2007: 79).

제5편

재난현장에서 만난 사람들

제12장

중앙정부의 고민

중앙정부의 고민을 파악하기 위하여 실시한 면담 자료를 분석한 결과 69개의 개념 및 23개의 하위범주, 그리고 14개의 범주가 도출되었는데 이를 정리하면 <표 12-1>과 같다.

▶ 표 12-1 ◀ 중앙정부의 관점에서 본 재난관리서비스의 문제점과 개선방안

패러다임	범 주	하위범주	개 념
인과적 조건	소방공무원과 이재민 접근 용이	소방공무원 접근 용이	· 가장 먼저 119로 신고 · 거의 99% · 소방기관이 최접점 · 신고 유형에 따라서 상황실에서 판단
		소방공무원 항시 대기	· 초기대응이라는 것은 인력과 장비가 24시간 stand by 되어 있는 상황에서만 가능 · 일년에 두 번 훈련
맥락	소방공무원 인력부족		· 소방대원들이 다 카바를 못함 · 워낙 신고가 많아서
	행정기관 개입지연		· 처음부터 행정관서가 개입을 해서 하면은 좋을 텐데 그렇지는 않거든요 · 그렇지만 기본적으로 대응할 수 있는 시스템은 아니다

<table>
<tr><td></td><td colspan="2">조직연계
규정부재</td><td>· 일방행정관서에서 군, 경찰, 소방은 지원을 해주는 근거 규정이 없음
· 행정은 행정대로
· 소방은 소방대로</td></tr>
<tr><td></td><td colspan="2">역할의 차이</td><td>· 실제적으로 현장에 투입되는 기관하구요
· 행정적으로 처리하는 기관하고는 틀립니다
· 사후적으로 행정적으로 처리해야 할 부분들이 그 행정기관에서</td></tr>
<tr><td></td><td colspan="2">통신망문제</td><td>· 통신망을 설치하는 데 또 문제</td></tr>
<tr><td rowspan="7">중심
범주</td><td rowspan="2">소방공무원
의 열악한
근무 환경</td><td>소방공무원
업무과중</td><td>· 수해 물관리라는 소방업무는 아니거든요
· 소방관들이 불만이 많죠
· 비 많이 오고 그러면 맨날 비상</td></tr>
<tr><td>소방공무원
의
근무환경
문제</td><td>· 저희 직원들도 현장에 투입되었다가 공급을 못 받아
· 흐르는 물 먹고
· 저희도 공급을 못해주니까
· 몸으로 우리는 열심히 하는데
· 소방직원들이 한달씩 집에도 못 들어가고
· 현장에서 먹고 자고 하고
· 대원들이 교대할 수 있는 그런 게 없습니다
· 부상을 당하는 직원도 많고</td></tr>
<tr><td>소방공무원
의 열악한
근무 환경</td><td>소방공무원
의
관리체계
부재</td><td>· 고도의 체력과 기능들을 요구
· 체계적으로 관리
· 재충전
· 현재 상황에서는 안되고 있고</td></tr>
<tr><td rowspan="2">행정기관의
시스템
문제</td><td>행정기관의
맹점</td><td>· 일반행정기관에서 시스템적으로 체질화가 안되어
· 이 사람들이 자기들이 결정을 못해요
· 구청장 시장한테 보고해야 합니다
· 행정기관에서 시스템이 안되어 있는
· 실제적으로 재난현장에 와서 어떤 자치단체장들이 뭐를 할지를 몰라요
· 오히려 의지</td></tr>
<tr><td>행정기관의
의식문제</td><td>· 의식의 문제</td></tr>
<tr><td rowspan="2">구호물자
배분 문제</td><td>구호물자문제</td><td>· 대기업이 얼마를 기증
· 저 새끼들 어디에서 다 빼먹었고</td></tr>
<tr><td>구호물자이
송인력부재</td><td>· 이차적인 문제
· 갖다 줄 수 있는 인력이 없는
· 적절하게 배분하고 갖다주고 전달해줄 수 있는 이차적인 시스템</td></tr>
</table>

			・자원봉사자들도 현장으로 가지 물품 나눠주고 그렇게 하지는 않거든요 ・병행이 되어야 하는데 병행이 안됩니다
	갈등	행정기관에 대한 불만	・그 사람들은 나와 가지고 생색은 다 내고 ・일반 행정직원들은 갈 시간이면 옷 갈아입고 들어가고
		조직간 갈등	・제복조직과 비제복조직간에 갈등적인 문제
중재적 조건	유관기관 협력	매뉴얼 가동	・가장 기본적으로 유관기관에 연락 ・소방, 경찰, 한전, 가스안전공사, 이런게 기본적으로 출동 ・다음에 가장 행정관서의 직원들이 나와 ・기본적으로 매뉴얼에 다 설정 ・인력이 많이 필요한 상황이다 그러면 군에 요청 ・장비가 필요하다고 하면은 민간협력기관이나 재난기관을 통해서 지원 ・가장 기본적으로 지역안전대책본부가 가동 ・매뉴얼상으로 인명피해에 관련된 구조, 긴급구조통제대책본부
	중앙 권한 필요	책임소재 불명확	・비난받을 일이지 책임질 일은 아니죠 ・현장 지휘관의 소방서장이 집니다.
		중앙권한부재	・지방자치가 되면서 그 전에 중앙에서 가지고 있던 권한이 없어
작용/상호작용 전략	의식개혁	시민단체역할	・의식개혁 ・문화형성
		안전교육필요	・결국 학습밖에 없다 ・교육부하고 초등부 교육과정에 이런 걸 하자고 했는데, 도대체가 안되요, 대화가 안되요,
결과	시스템 개선	시스템분리 운영	・접근을 나눠야 할 필요성 ・분리해서 운영
		시스템의 지속적 개선 필요	・전보다는 많이 이뤄지고 있지만 ・아직까지는 많이 부족

<표 12-1>의 결과를 토대로 축코딩을 통해 구축된 패러다임 모형은 [그림 12-1]과 같다.

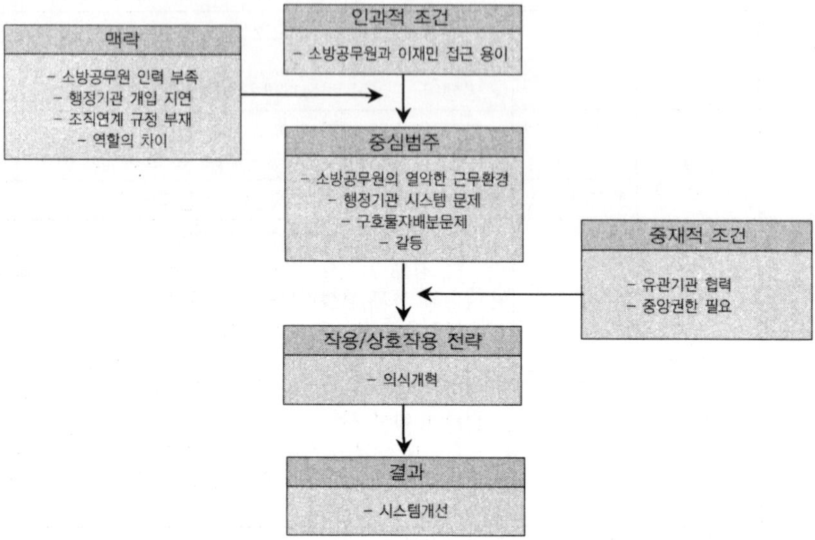

[그림 12-1] 중앙정부 관점 패러다임 모형

1) 인과조건

본 연구에서는 중앙정부 관점에서 본 재난관리서비스의 문제가 발생하게 된 원인은 소방공무원의 업무과중이라고 할 수 있다. 소방공무원의 업무과중의 근본적인 원인에 해당하는 인과적 조건은 '소방공무원과 이재민의 접근 용이'로 볼 수 있다.

(1) 소방공무원의 접근 용이

이재민의 경우 재난이 발생했을 경우 상황을 알릴 수 있는 기관이 존재한다는 것은 이들에게 매우 유용하게 작용할 수 있다. 그러나 이러한 역할을 여러 기관이 나누어 수행하는 경우에는 문제가 발생하지 않으나 한 기관에 모든 연락이 집중된다면 해당 기관은 업무가 과중되어 인력이 부족해지고 타 업무가 지연될 수 있다는 문제가 발생한다. 재난이 발생했을 경우 소방공무원이 이러한 문제를 직접 경험하고 있는데 재난생황에 대한 연락의 대부분이 소방공무원 측으로 집결되기 때문이다.

> "…… 재난의 현장에서 발생하게 되겠죠. 가장 먼저 119로 신고로 들어옵니다. 거의 99%가요, 나머지가 112, 그 다음에 기타 행정기관에, 그런 신고가 발생이 되면은 가장 먼저 소방기관이 최접점에 있기 때문에 가장 먼저 사람과 장비가 출동이 되구요, 그 신고 유형에 따라서 상황실에서 판단을 했을 때, 이것이 우리가 처리해야 할 상황인지 소방이 정말 처리를 해야 할 상황인지, 아니면 이거는 정말 군에서 처리해야 할 상황인지, 군에서 처리해야 할 상황인지, 아니면 이거는 전기 가스 관련기관에서 처리해야 할 상황인지를 판단을 하게 됩니다.……"

(2) 소방 공무원 항시 대기

이렇게 재난상황이 소방공무원들에게 집중되는 것은 초기대응이 가능한 집단이 드물기 때문이다. 재난에 초기대응이 가능하기 위해서는 대응장비가 갖추어져야 하며 재난에 대응할 수 있는 인력이 항시 대기해야 하는데 소방공무원은 일 년에 두 차례 정도 가상적인 상황을 만들고 이에 대응하는 훈련을 지속적으로 받기 때문에 재난상황에 능수능란하게 반응할 수 있다. 따라서 이러한 장비와 인력이 제대로 갖추어진 집단이 소방이기 때문에 상황대처능력이나 연락망이 잘 갖추어진 소방 측으로 모든 연락이 집결되고 있는 실정이다.

> "……앞 단계는 잘 되요. 이게 왜냐하면 실제적으로 일 년에 두 번 훈련을 합니다. 초기대응단계에 법에서 정해 놓아서, 이번에는 가상으로 수해로 해보고 유해화학물질 테러, 상반기 하반기 훈련을 해보고, 그 다음에 문제가 뭐냐하면 그 다음에 복구 차원에서 들어가줘야 하는데, 행정기관에서 시스템이 안되어 있는 거에요……"

2) 맥락

주앙정부 관점에서 본 재난관리서비스의 문제점의 맥락은 소방공무원의 인력부족, 행정기관 개입지연, 조직연계 규정의 부재, 역할의 차이, 통신망 문제로 나뉘어진다. 이에 대해 자세히 살펴보면 다음과 같다.

(1) 소방공무원 인력부족

앞에서 살펴본 것과 같이 재난이 발생하면 모든 신고접수가 소방공무원들에게 집결되므로 소방공무원의 인력이 턱없이 부족한 상황이 발생하게 된다.

"……주민들은 구해달라고 얘기를 하고 도와달라고 신고를 합니다. 그러면 이것이 굉장히 지역이 광활한거 같으면은, 사실 그 소방대원들이 다 카바를 못하거든요. 그럼 신고를 받아서 더 이상 추가적인 어떤 걸 받아야 하는데 초기 현장에는 실제적으로 대응이 안됩니다. 워낙 신고가 많아서, 그런 다음 어느 정도 일정 시간이 지난 다음에 관련된 유관기관들이 집합체가 형성되어서 협력하고 어느 지역은 어디가 맡아서 한다든지, 피해 파악한다든지 뭐 이런 형태가……"

(2) 행정기관 개입지연

또한 행정기관의 경우 기본적으로 재난대응 기관에 속해 있긴 하지만 초기대응에 참여할 수 있는 시스템이 아니기 때문에 사후 서류처리에 참여하게 되므로 현장상확을 파악을 제대로 못하는 것 같다고 진술하였다.

"……자치단체에서는 일반 행정관서에는, 물론 현황파악은 하고 있죠, 그렇지만 기본적으로 대응할 수 있는 시스템은 아니기 때문에 기본적으로 행정관서는 참여를 하는 거죠. 그러니까 이 프로세스가 구분이 된다고 보셔야 하는 거죠. 처음부터 행정관서가 개입을 해서 하면은 좋을 텐데 그렇지는 안거든요……"

(3) 조직연계 규정

조직연계 규정이 없으므로 인하여 각 유관기관들이 협력하여 보다 효율적으로 정리할 수 있는 상황임에도 불구하고 각 기관들이 각자 각 조직의 지휘체계에 따라 움직임으로 인해서 재난대응에 효율성이 떨어지고 있다는 의견이 있었다.

> "……소방서장이 당연히 현장에 대한 지휘권을 가지고 있으면 같이 협력해서 해야 하는데, 경찰은 경찰대로, 군은 군대로, 나름대로 조직의 룰이 있다보니까 거기에 맞춰서 가는 부분들이 사실 많아요, 때로는 그런 부분들이 삐그덕 거리는 현상이 나타나기 때문에, 제도는 있지만 사실 그렇게 매끄럽지는 못하다……"

(4) 역할의 차이

또한 실질적으로 현장업무와 행정적 업무에는 차이가 있음에도 불구하고 이들의 역할을 제대로 구분해 놓고 있지 않은 시스템 자체에 문제가 있는 것으로 판단되었다.

(5) 통신망 문제

재난이 발생하면 각 기관들간에 연락을 신속하고 정확하게 할 수있는 통신망이 구축되어야 함에도 불구하고 긴급한 재난상황과 인력부족, 장비의 부족으로 인하여 통신망이 제대로 설치되지 않는 문제가 발생되었다.

3) 중심범주

중앙정부 관점에서 본 재난관리서비스의 문제점의 중심 범주는 크게 소방공무원의 열악한 근무환경, 행정기관의 시스템 문제, 구호물자 배분 문제, 갈등으로 이루어지며 이에 대한 내용은 다음과 같다.

(1) 소방공무원의 열악한 근무 환경

① 소방공무원 업무과중

소방공무원의 본래 업무는 소방임에도 불구하고 수해문제를 대부분 소방에서 관리하고 있다. 따라서 집중호우나 강수량이 많은 경우 소방공무원들은 항상 비상근무에 들어가야 하므로 업무가 과중되고 있는 실정이다.

> "……수해 물관리라는 것은 소방업무는 아니거든요. 엄밀히 따져보면 소방업무 아닙니다. 근데 소방에서 동력펌프를 천대 이상씩을 가지고 있어요. 그건 왜 그러냐 하면 수해가 나서 물에 잠기고 그러면 빨리 가서 물을 빼줘야 하는데, 빨리 가서 물을 빼주는 데가 소방밖에 없는 거에요. 그러다보니까 소방관들이 불만이 많죠, 비 많이 오고 그러면 맨날 비상 걸려서 대기하고 빼주고 그럽니다……"

② 소방공무원의 근무환경 문제

소방공무원들이 재난현장에서 업무를 하는 경우 다른 기관이나 이재민들보다 더 구호물품을 조달받지 못하므로 인간적인 박탈감을 느낀다고 말하였다. 그 단전인 예를 다음의 진술에서 발견할 수 있다.

> "……저희 직원들도 현장에 투입되었다가 공급을 못 받아가지고, 흐르는 물 먹고 거기서 그냥, 왜냐하면 저희도 실제로 거기에 투입이 되면 저희도 공급을 못 해주니까 그런 문제들이, 사실 그런게 굉장히 많거든요, 행정기관에 불만이 굉장히 많아요……"

> "……재고물품 같은 게 오면 우리도 현장에서 봉사하는 사람들이니까 좀 달라고 하면, 이거는 이재민들한테 갈 거니까 당신들은 당신네 기관에서 알아서 하시오, 이런식이니까 인간적인 문제도 있고……"

③ 소방공무원의 관리체계 부재

소방공무원의 경우 고도의 체력과 재난대응 기능을 요구하는 인력이므로 체계적인 관리가 필요하고, 업무 후 재충전이 필요함에도 불구하고 한 달 이상 지속되는 재난 복구로 비상근무에 임하게 되므로 퇴근이 정해져 있지 않은 비정상적인 생활을 영위하고 있어 소방공무원의 인적 관리가 부재되어 있는 실태이다.

이러한 관리체계를 마련하기 위하여 삼교대 근무체제를 마련하였지만 정부에서 체제만 마련해 두고 예산을 보유하고 있음에도 불구하고 인력을 확중하지 않아 실질적으로 삼교대 근무체제가 아무런 효력을 발휘하고 있지 못한 실정이다.

> "……노동강도를 비교해 보면 실제적으로 굉장히 고도의 체력과 기능들을 요구하는데, 그런 부분들을 체계적으로 관리해 주고, 재충전해 주고 그런게 있어야 하는데, 지금 현재 상황에서는 안되고 있고 그거에 대한 측정 자체도 못하고 있는 상황이에요. 인적재난 같은 경우에는 전체적인 상황이고 예측할 수 없는 상황인데, 부상을 당하는 직원도 많고, 하지만 그거를 또 현장에 해야 하는 시스템을 갖고 있기 때문에……"

> "……행정자치부에서 소방공무원 삼교대 하라고 돈을 내려줬습니다. 그런데 그 키를 갖고 있는 시청에서는 공무원을 안 뽑는 거에요. 실제적으로 90명을 늘려야만 할 수 있는데 그 돈을 안 쓰는 거죠. 이런 걸 보면 소방공무원이 힘들고 서로 불신만 생기고, 그리고 행정기관하고 대화가 안됩니다……"

(2) 행정기관의 시스템 문제

행정기관의 시스템 문제는 행정기관의 맹점과 행정공무원의 의식문제로 구성된다.

① 행정기관의 맹점

행정기관의 경우 재난관리시스템이 체질화되어 있지 않으며 관료주의의 영향으로 긴급한 상황임에도 불구하고 관련 공무원들이 결정권을 가지고 있지 못하므로 인해서 복구가 지연되고 있고 한다. 또한 자치단체장들은 재난대응 지휘의 핵심에 있음에도 불구하고 재난복구를 경험해본 자들이 아니어서 재난이 발생할 경우 자신들이 어떠한 역할을 수행해야 할지 몰라 소방이나 군, 경찰에 오히려 의지한다고 하였다.

> "……왜냐하면 몸으로 우리는 열심히 하는데 그 사람들은 나와 가지고 생색은 다 내고. 제가 보니까 일반행정기관에서 시스템적으로 체질화가 안되어 있습니다……"

> "……네, 이것도 병폐적인 면이 있는데, 동에 자치센터가 있고 구가 있고 시가 있는데 이 시스템들이 이런 재난상황에 대해서 교육이 되거나 뭐 이렇게 되어 있지 않아요, 그게 가장 큰 문제에요. 그러니까 저희가 와가지고 너희 이런 사고 났을 때 나와라 그리고 이건 일하게 해야 한다고 하면은 이 사람들이 자기들이 결정을 못해요. 저희 통장님 나와야 합니다, 과장님 나와야 합니다. 구청장 시장한테 보고해야 합니다.……"

② 행정기관의 의식 문제

또한 행정공무원들의 경우 재난이 발생하면 자신의 주거지 역시 피해를 입으므로 자신의 주거지를 복구해 달라는 연락을 소방에 하게 된다고 한다. 이런 경우 소방공무원들은 자신은 재난복구에 매달려 급박하게 업무를 진행하고 있는데도 불구하고 행정공무원들은 자신의 거주지 피해에 대해 구조요청을 하는 것을 보면서 상대적 박탈감이 가중되고 이러한 경우 같은 공무원이라는 입장에서 조직간에 갈등을 야기시킨다고 하였다. 이러한 것은 행정공무원들의 의식에 문제가 있는 것이라고 이들은 보고 있었다.

"……자기네 집도 침수되고 피해를 입으니까, 동원되는 경찰이나 소방이 있고 다 알아서 해주니까. 오히려 저희한테 전화해가지고, 몇 동이야 몇 번지 침수되었으니까 물 좀 퍼주세요……"

(3) 구호물자 배분 문제

① 구호물자 문제

이재민들의 경우 구호물자 배분에 대해 많은 의문을 품고 있다고 하였다. 언론보도에 따르면 대기업에서 기증을 한 물품들이 분명이 있는데 이재민들이 그것을 전달받지 못하고 있으므로 이 같은 상황이 발생하는데 실질적으로 이것은 인력부족이라는 이차적 문제에 의한 것이라고 하였다.

"……자원봉사자들이 느끼는 거 하고, 이재민들이 느끼는 거 하고는 굉장히 다릅니다. 그건 왜냐하면 실제적으로 의식주가 해결되고 언제 구호품이 오나, 근데 언론에서 대기업이 얼마를 기증하고 다른 시도에서는 줬다고 하는데, 그럼 저 새끼들 어디에서 다 빼먹었고 그렇게 얘기를 하는 거죠, 그런데 실제적으로 그런 재해 구호에 관련된 물건들은 또 이차적인 문제가 있어요……"

② 구호물자 이송 인력 부재

실제로 자원봉사자들도 재난현장으로 바로 투입이 되어 구호물품이 보관창고에 쌓여 있음에도 불구하고 이것을 전달해 줄 인력이 부족하여 이재민들이 적시에 이를 배급받지 못하고 있는 실정이라고 이야기하며 재난관리시스템의 문제를 지적하였다.

"……제가 작년인가 재작년엔가 인제군에 가면 군청에 구호물품이 엄청나게 쌓여져 있습니다. 근데 이거를 거기까지 갖다 줄 수 있는 인력이 없는 거에요……"

"……사람 구해야 되는데, 이런데 다 투입이 되어 있으니까. 그 재해 구호물자를 갖다가 적절하게 배분하고 갖다주고 전달해 줄 수 있는 이차적이 시스템이 있어야 되는데, 전부 다른 데서 자원봉사자들도 현장으로 가지 물품 나눠주고 그렇게 하지는 않거든요……"

(4) 갈등

갈등은 행정기관에 대한 불만과 조직간의 갈등으로 구성된다.

① 행정기관에 대한 불만

소방공무원의 경우 행정공무원에 대한 불만이 고조되어 있는 상태였다. 재난발생시 소방공무원은 인간적 삶의 포기해야 할 정도의 열악한 환경에서 한 달 이상을 퇴근도 하지 못한 채 근무를 함에도 불구하고 행정공무원들은 퇴근시간이 되면 정시에 퇴근하는 모습을 보고 상당한 이질감을 느낀다고 진술하였다.

② 조직간 갈등

이러한 상황은 소방공무원들의 박탈감을 가중시키고 있었으며 행정기관과의 갈등을 초래하였다.

"……책상에 앉아서 페이퍼로 상황 보고하는 사람들은 결국 군이나 소방서들 보면 어떤 몸으로 때우는 부서하고 이질감이 굉장히 심한 거죠……"

"……요번에 제주도 같은 경우에는 일선에 있는 소방직원들이 한 달씩 집에도 못 들어가고 현장에서 먹고 자고 하고 있는데 퇴근도 못하고 있는데, 일반 행정직원들은 갈 시간이면 옷 갈아입고 들어가고 뭐 이런

식으로, 인간적인 삶에 대한 부분들이 박탈감을 느끼거거든요……"

4) 중재적 조건

중앙정부 관점에서 본 재난관리서비스의 문제점의 중재적 조건으로는 유관기관과의 협력과 중앙권한의 필요로 구성된다.

유관기관과의 협력은 기관이 보유한 매뉴얼에 의하면 시기와 상황에 따른 유관기관의 절적한 배치가 기본적으로 제시되어 있으므로 이를 기초로 하여 기관과 기관들간의 협력이 유연하게 이루어져야 한다는 것이다. 또한 지방자체제도의 활성화로 인하여 중앙기관의 권력이 현재 부재한 상태이다. 그러나 재난은 짧은 시간 내에 닥치는 경우가 많은데 이 시기에 지방자치단체장이 부재한 경우 문제가 발생하기도 하므로 중앙에 권한을 두는 것이 바람직하다고 지적하였다.

"……지금은 지방자치가 되면서 그 전에 중앙에서 가지고 있던 권한이 없어졌습니다. 예를 들어서 지방자치단체장이 태풍이 왔는데 외국에 나갔어요. 장관이 할 수 있는 게 경고밖에 없습니다, 그러한 내용에 있어서는 상충되는 부분들이 있거든요, 명시하는 규정이 없어요. 저희가 그걸 넣을려고 했는데 거부되었는데, 너무 지방자치를 통제하는 부분이다 해서 안되었고, 부단체장들한테 뭘 한다고 하지만 아직까지 실제 권한은 장한테 있습니다……"

5) 작용·상호작용 전략

중앙정부 관점에서 본 재난관리서비스의 문제점의 작용·상호작용 전략은 시민단체와 교육기관과 연계하여 재난에 대한 국민들의 의식을 고조시킬 필요가 있다는 것이다.

"……시민사회가 더불어 같이 움직여야 된다구요. 지금은 따로 놀거든요, 저희가 실제적으로 교육부하고 초등부 교육과정에 이런걸 하자고 했는데, 도대체가 안되요, 대화가 안되요, ……"

"……재난관리조직에 대한 논의가 많이 되고 있는데, 접근을 나눠야 할 필요성이 있다고 봅니다. 수해에 대한 방재조직하고, 인적 재난에 관련된 소방하고 분리된 필요성이 있습니다. 저희는 같이 합쳐 놓으면 된다고 생각했는데, 실제 예산의 규모라든지 이런게 방재가 굉장히 크거든요, 인적 재난에 관한 예산은 미미합니다. 한다면 분리해서 운영하는 것도 좋고, 그렇게 가는 것이 좋지 않을까 생각합니다.……"

"……얼마 전에 시화공장 화재가 있어서 나갔는데 이제는 유관기관들이 알아서 대응을 해줍니다. 경찰들 나오고 중소기업청 나오고 노동부 나오고, 어떻게 하면 수요자들에게 복구를 빨리 해줄려고 하려는 액션들을 다 해주더라구요. 그 다음에 복구 관련된 팀이 투입이 되고, 전보다는 많이 이뤄지고 있지만 아직까지는 많이 부족하다.……"

6) 결과

중앙정부 관점에서 본 재난관리서비스의 문제점을 결과로는 시스템을 분리하여 운영하여 해당 재난에 대한 전문성을 기할 필요가 있으며 지속적으로 재난관리시스템을 개선하여 보다 효율적으로 재난에 대응할 필요가 있다.

제13장

지방정부의 갈등

지방정부의 갈등을 파악하기 위해 실시한 면담 자료를 분석한 결과 46개의 개념 및 16개의 하위범주, 그리고 8개의 범주가 도출되었는데 이를 정리하면 <표 8-2>와 같다.

▶ 표 13-1 ◀ 지방정부의 관점에서 본 재난관리서비스의 문제점과 개선방안

패러다임	범주	하위 범주	개 념
인과적 조건	재난 지역의 다양성		· 태풍진로도 어떤 연도에는 동쪽으로 치우쳤다가 · 어떤 연도에는 서쪽으로 치우쳤다가
맥락	재난관리 문제	공무원의 경험부족	· 담당자가 일년 이년 있다가 바뀌는 · 공무원들 입장에서는 그때그때 경험으로 · 현장에서 지휘체계도 좀 그렇고
		시민 참여 부족	· 경보발령을 해도 주민들이 대피하지 않아 · 시민들 스스로가 재난에 대한 참여 정도가 아직은 미미 · 경험이 부족 · 현장에서는 한계를 느꼈음
중심 범주	행정적 문제	행정 마비	· 수해가 일어나면은 일단은 행정이 거의 마비가 되는 상태
		공무원 인력부족	· 사람이 모자라서 · 보통 세 분 정도가 조사 · 인적 자원이 부족

패러다임	범주	하위 범주	개념
중심 범주	재난현장 문제	비전문적 재난조사	· 조사는 공무원하고 이장님하고 · 마을마다 인원을 나눠가지고 · 전문조사는 아니죠 · 리 단위면 한 명 정도 · 이장님 역할이 크시죠
		지휘체계 혼선	· 현장에서 뛰는 분들은 소방 · 같은 지역에 있어도 별도의 라인 · 아버지가 두 분 · 별도로 지휘통제관
중재적 조건	교육의 중요성	생명 중시	· 시민들 안전불감증 없어요, · 다 자기 살려고 해요 · 자기 목숨 다 중요하지
		시민대상교육 시스템부재	· 교육을 안 받고 · 시스템이 없는 거지
		재난서비스 마련	· 심리상담이나 치료 · 컨테이너에 못 살아요
작용/상호작용 전략	개선 방안	국민의 역할	· 의식을 바꿔야 · 데이터를 봐도 그 기관조직이 재난을 수습 하는 거는 10% 미만 · 나머지는 시민들이 스스로 하는 게 낫기 때문에 · 스스로 하는 시스템을 만들어야
		재정적 지원	· 재난예방활동을 하면은 지원
		재난 대응 홍보	· 시민들 대상으로 집합해서 교육하는 것보다 · 홍보물을 만들어서 배포하는 쪽으로
		효율적 지휘체계 마련	· 수직적으로는 잘 되어 있는데, 수평적으로는 안 되어 있으니까 · 소방서에도 가보고, 한전에도 가보고, 군부대도 가보고 · 항상 접촉을 해야 · 광역소방이 좋은 건지 한 번쯤 고민을 해봐야
결과	공무원 재난 홍보 역할		· 홍보
	국민 역할 부여		· 국민들의 의무 · 스스로도 어느 정도 카바를

<표 13-1>의 결과를 토대로 축코딩을 통해 구축된 패러다임 모형은 [그림 13-1]과 같다.

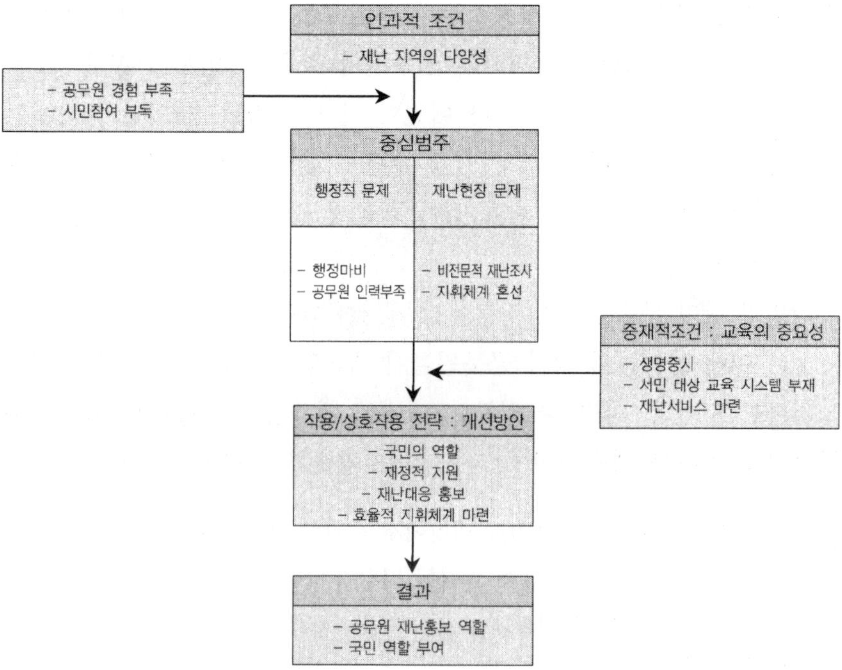

[그림 13-1] 지방정부 관점 패러다임 모형

1) 인과적 조건

지방정부 관점에서 본 재난관리서비스의 문제점의 인과적 조건은 재난발생 지역의 다양성이다. 재난은 어떤 일정한 지역에만 발생하는 것이 아니고 재난발생 당시의 자연조건에 따라 다양한 형태로 발생하기 때문에 재난을 경험하는 시민이나 공무원들이 모두 재난대응에 익숙하지 못하다.

2) 맥락

지방정부 관점에서 본 재난관리서비스의 문제점의 맥락은 공무원의 경험부족과 시민의 참여 부족으로 구성된 '재난관리 문제'이다. 공무원의 경험 부족은 재난을 관리하는 공무원의 경우 그 업무를 전문적으로 담당하는 것이 아니라 일년이나 이년에 한 번씩 업무 담당자가 바뀌는 시스템을 취하고 있다. 이러한 경우 재난이 발생했을 때 재난관리 공무원은 재난에 대응해 본 경험이 없기 때문에 능수능란하게 업무를 처리할 수 없다.

시민의 참여 부족은 지방정부에서 재난에 대비한 경보를 발령해도 시민들이 이에 참여하지 않아 공무원들이 재난업무에 대응하는 데 한계를 느낀다는 것이다. 시민 중 일부는 때때로 재난경보를 발령했는데도 불구하고 간이배를 이용하여 낚시를 하는 경우가 있다고 하였다.

> "……그러다보니까 공무원들 입장에서는 그때그때 경험으로 하는 경우가 많고, 매뉴얼을 만들어 놓아도 담당자가 일년 이년 있다가 바뀌는 경우에는 또 다시 시작해야 하는 어떤 그러면, 그런면이 강하다보니까……"

> "…… 또 다른 점은 저희들이 인제, 수해가 일어나면 피해를 최소화하기 위해서 경보발령이라든가 그런 걸 하는데, 경보발령을 해도 주민들이 대피하지 않아요. 일단은, 경보발령을 하면은 대피를 해야 되는데 대피를 하지 않고 그냥 옛날에는 안 그랬는데, 왜 올해는 대피를 시키느냐. 특히 나이 드신 분들이 그런 경향이 많고요, 그러다 보니까 좋지 않은 현상이 나타났고, 그리고 또 시민들 스스로가 재난에 대한 참여 정도가 아직은 미미하다는……"

3) 중심범주

지방정부 관점에서 본 재난관리서비스의 문제점의 중심범주는 지방정부에서 재난이 발생했을 당시 재난관리 업무를 효율적으로 수행할 수 없는 '행정적 문제'와 비전문적 인력이나 기타 사유로 인하여 재난현장에서 제대로 된 재난서비스를 이행할 수 없는 '재난현장 문제'로 나뉜다.

(1) 행정적 문제

행정적 문제는 행정마비와 공무원 인력부족으로 나뉜다.

① 행정마비

재난이 일어나면 재난발생 지역 주민은 물론이고 지방 관공서 역시 재난 지역 내에 있기 때문에 지방행정 역시 거의 마비가 된 상태이므로 재난에 대응하는 데 많은 문제가 따른다.

② 공무원 인력부족

또한 보통 지방관공서에서 재난을 관리하는 공무원은 세 명 정도이므로 인적 자원이 턱없이 부족한 실태이다. 재난담당 공무원들은 짧은 시간 내에 많은 업무가 과중되어 간혹 과로사하는 경우도 종종 발생하는데 이는 재난발생시 담당 공무원들에게 집중된 업무를 단적으로 보여주는 예이다. 따라서 해당 업무를 분산시킬 필요가 있으며 이를 위해서는 타 기관과의 연계가 필요하나 타 기관의 경우 경험 부족은 물론이고 매뉴얼 역시 부재하여 이를 해결하는 데 어려움이 따르고 있다.

> "……그게 어려움이 많죠. 왜냐하면 이게 수해가 일어나면은 일단은 행정이 거의 마비가 되는 상태가 되잖아요. 그래서 자치단체에 있는 공무원을 가지고 조사를 하는 수밖에 없거든요. 조사를 해야지 아까 말한 응급복구라든가 그런게 해야지, 거기에 다 투입이 되다 보면은 사람이 모자라서, 그래서 보통 수해가 큰 곳에서는 특히 읍면동에 있는 분들이 과로사로 사망하시는 분들이 신문에서 보셨을 거에요, 짧은 시간에 업무가 과중 되다보니까……"

> "……재난발생시에 현장수요가 엄청 요구되는데, 이 자치단체에 있

는 공무원들만 가지고는 조사도 하고 응급복구도 하고 구호도 하고 상황유지, 자원봉사자 배분도 하고 그러기가 어렵죠……"

(2) 재난현장 문제

재난현장 문제는 비전문적 재난조사와 지휘체계 혼선으로 나뉜다.

① 비전문적 재난조사

재난현장에서 재난의 규모를 조사하기 위해 공무원들이 파견되지만 이들 역시 전문적 조사단이라고 하기에는 교육의 정도가 턱없이 부족하며 인력 역시 부족한 실정이어 마을 지도자(이장)의 도움을 받고 있는 것으로 나타났다. 그러나 마을지도자 역시 재난조사에 대한 전문적 지식이 부족한 실정이며 침수나 유실에 대한 기준이 모호한 상태여서 지방 공무원과 마을 지도자 모두 많은 어려움을 경험하고 있었다.

"……그거는 마을마다 나눠서 몇 분이라고는 말할 수는 없지요. 마을마다 인원을 나눠가지고 나가는 거니까, 그때그때 상황에 봐서, 전문조사는 아니죠. 교육을 받고는 나가지만, 침수다 아니다, 방바닥에 물이 차면은 침수고 아니면 침수가 아니다.……"

"……조사는 철저히 하겠지만, 어떤 전문적으로 조사는 분들이 있으면 하지만, 아직까지 조사하는데 있어 용역을 쓴다든가 그러진 않습니다. 공무원들하고 거기 이장님들하고 보통 세 분 정도가 조사를 합니다.……"

"……일단은 이장님들이 그 마을을 가장 잘 알고 계시니까 어디어디가 필요하다고 말해 주실거요, 그리고 담당자들이 나가서 현장을 보고 여기는 필요하다고 판단할거잖아요, 그러면 조율을 해서 하죠, 왜냐면, 국민들이 요구하는 게 뭔지는 이장님들이 가장 잘 아시니까……"

② 지휘체계 혼선

또한 재난현장에서 지휘체계가 마련되어 있긴 하지만 효율적이지 못한 시스템으로 인하여 대응에 어려움을 겪는다고 진술하였다. 단적으로 법적으로는 시장이나 군수가 현장에서 지휘체계를 갖고 있지만 실제로 현장에서 가장 많이 활동하는 집단은 소방공무원들이기 때문에 이들은 두 명의 상관을 두고 있는 것이나 마찬가지라고 하였다. 또한 소방의 경우 광역소방시스템이므로 같은 지역에 있어도 별도의 시스템에 속해 있어 지휘체계가 더욱 복잡한 실정이다.

이러한 지휘체계의 혼선은 효율적인 재난대응과 복구에 문제를 빚고 있는 것으로 조사되었다.

> "……많이 동원이 되고 참여하다보니까. 법적으로는 시장, 군수가 되어 있지만, 현장에서 뛰는 분들은 소방이 많거든요. 그런게 문제가 많은거 같아요, 지금은 소방이 광역소방이다보니까. 어떻게 보면은 시장라인이 아니고 도지사라인이다보니까. 같은 지역에 있어도 별도의 라인이니까, 아버지가 두 분이 있으니까 두 분의 지휘법을 따르다보니까 혼란이 일어나는거죠. 소방, 시, 경찰, 군이 가장 많이 투입 되거든요. 그런게 투입이 되는데, 벌써 명령 지휘자가 4명이 되잖아요. 그러니까 혼란이 오는 거 같아요.……"

4) 중재적 조건

지방정부 관점에서 본 재난관리서비스의 문제점의 중재적 조건은 생명 중시와 시민대상 교육시스템 부재, 재난서비스 마련으로 구성되는 교육의 중요성이다.

(1) 생명 중시

재난이 발생하면 시민들은 모두 자신의 생명을 소중히 하며 살아나가려고 한다. 그러므로 안전불감증으로 인해 더 많은 피해가 속출하는 것이 아니라고 지방정부 대표 인터뷰자는 진술하였다.

(2) 시민대상 교육시스템 부재

다만 시민을 대상으로 재난대응교육이 전혀 이루어지고 있지 않으므로 시민들의 무지에 의해 피해가 더 가중되는 것이라고 진술하였다. 역으로 이는 재난대응의 교육의 부재가 시민들로 하여금 재난상황에 대한 판단을 흐리게 하여 시민들이 안전불감증에 걸린 것과 같이 만들었다고 할 수 있다.

> "……저는 시민들의 안전불감증이라는 말 제일 듣기 싫거든요, 시민들 안전불감증 없어요. 다 자기 살려고 해요. 자기 목숨 다 중요하지, 교육을 안 받고, 시스템이 없는 거지……"

(3) 재난서비스 마련

또한 재난서비스가 제대로 이루어지기 위해서는 이재민을 대상으로 한 심리치료나 상담치료가 필요하며, 주거 지역을 확보하는 것이 우선이라고 하였다. 컨테이너 박스가 주거 대체로 많이 활용되고 있기는 하나 장기간 거주하는 것은 매우 힘들며 불안정한 주거 지역이라고 하였다.

5) 작용·상호작용 전략

지방정부 관점에서 본 재난관리서비스의 문제점의 작용·상호작용 전략으로 이들은 재난관리시스템의 개선방안을 제시하였다. 개선방안은 국민의 역할, 재정적 지원, 재난대응 홍보, 효율적 지휘체계 마련으로 이루어지며 이를 자세히 살펴보면 다음과 같다.

(1) 국민의 역할

재난이 발생할 경우 시민은 재난대응이나 복구를 다른 단체에게 의존하기보다 스스로 이에 대응할 필요가 있다. 또한 재난이 발생하기 전에 미리 이를 예방하고 재난에 대응하기 위한 사전 준비를 시민 개개인이 해주는 것이 더욱 효율적이라고 하였다. 또한 기존의 데이터를 기초로 살펴보아도 개개인 스스로 재난에 대응하는 것이 가장 효과적이므로 이에 알맞은 시스템을 구축할 필요가 있다고 진술하였다.

> "……데이터를 봐도 그 기관조직이 재난을 수습하는 거는 10% 미만이거든요. 나머지는 시민들이 스스로 하는 게 낫기 때문에 스스로도 어느 정도 카바를 해야 되고, 관이야 어차피 하니까. 그런 스스로 하는 시스템을 만들어야 하지 않나……"

(2) 재정적 지원

국민 스스로 일정한 역할을 하기 위해서는 국민들의 의식 개선이 필요하며 이를 위해서는 교육이나 홍보가 선행되어야 한다. 그러나 현재 재정적 지원이 부족한 실정이므로 이에 따른 예산 확보가 시급한 실정이다.

(3) 재난대응 홍보

재난에 대한 교육은 정기적이고 체계적으로 이루어져야 하나 일반 국민들을 대상으로 집합교육을 실시하는 것이 매우 어려우므로 교육의 홍보를 통한 의식개혁으로 대체하는 것이 효율적이다. 현재 미국에서도 지역주민을 대상으로 집합교육에 어려움을 겪고 있으므로 이를 대체할 수 있는 홍보물 제작이 필요하다.

"……지금 미국도 주민들 대상으로 우리 옛날에 민방위 교육식으로 집합해서 하는거는 잘 안한다고 하더라구요. 자원봉사자 리더격인 사람들한테는 하지만, 일반인 대상으로는 활성화되어 있지 않고, 홍보물, 이 사람들이 언제 어디서나 접근해서 가지고 갈 수 있도록 홍보물을 만드는 걸로 대신한다고 하시더라구요. 제가 방문한 지역에서는, 우리나라도 자꾸 그런 방향으로 시민들 대상으로 집합해서 교육하는 것보다 홍보물을 만들어서 배포하는 쪽으로……"

(4) 효율적 지휘체계 마련

다른 나라와 비교해 보았을 때 우리나라의 경우 제도가 잘 되어 있다고 지방정부 대표자는 진술하였다. 그러나 수직적 지휘체계는 잘 마련되어 있으나 수평적으로 협조가 잘 이루어지지 않아 문제가 발생하고 있으므로 이러한 시스템을 정비할 필요가 있다고 하였다. 또한 현장에서 가장 활발하게 활동하는 집단인 소방공무원이 광역소방시스템을 채택하고 있는 것이 문제이므로 이에 대한 검토가 필요하다고 하였다.

"……제도는 우리나라가 잘 되어 있어요. 수직적으로는 잘 되어 있는데, 수평적으로는 안되어 있으니까, 소방서에도 가보고, 한전에도 가보고, 군부대도 가보고, 항상 접촉을 해야 하는데, 그게 잘 안되는 거 같아요. 각각을 어떻게 통제할 것인지 그게 중요한 건데, 밑에서 위를 조정하려고 하면 안되죠. 소방방재청이 밑에 있는데, 근데 현장에도 똑같에요. 법상에서는 시장군수청장이 하라고 되어 있는데, 안하잖아요. 그런 기본적인 틀부터 잘 해야되요, 그리고 광역소방이 좋은건지 한번쯤 고민을 해봐야 하는 시점이 아닌지……"

6) 결과

앞에서 살펴본 것과 같이 재난에 대한 경험부족과 시스템의 문제들로 인하여 많은 문제가 발생하고 있다. 이에 대해 지방정부는 재난관리서비스의 문제점의 결과를 공무원들의 홍보역할 강화와 국민들의 역할 부여로 문제점을 개선할 수 있을 것이라고 하였다.

공무원이 재난에 대응방안을 홍보하여 재난예방을 국민 스스로 할 수 있도록 의식을 개혁시키고 이에 따라 국민들은 스스로 재난예방에 대한 책임의식을 가지고 일상생활에 임해야 한다.

제14장

소방 · 군의 좌절

재난발생시 가장 일차적으로 재난현장에 투입되어 응급구조 및 구급활동을 수행하는 소방과 군을 대상으로 재난현장의 문제점을 분석한 결과는 다음과 같다. 포커스집단면접 내용을 녹취하여, 근거이론적 방법으로 분석한 결과 179가지 개념을 도출하였다. 이 개념들로부터는 28가지 하위범주를 추출할 수 있었다. 그리고 이들 하위범주를 더욱 추상화시킨 9가지 범주를 도출하였다. 개방코딩의 개념 추출과 개념 범주화의 내용은 다음과 같다(<표 14-1> 참조).

▶ 표 14-1 ◀ 소방 · 군의 관점에서 본 재난관리서비스의 문제점과 개선방안

패러다임	범주	하위범주	개 념
인과적 조건	기관간 역할 이해의 격차	기관간 기능 역량 차이	· 군이 소방처럼 재난을 대비해서 만들어진 조직은 아니구요 · 자연재난, 태풍, 집중호우에는 군 병력이 대규모 투입 · 일반화재는 소방에서 다합니다 · 저희들도 능력은 있지만 소방서의 능력은 따라갈 수 없어요 · 국방부가 보조적인 역할은 할 수 있어요 · 당연히 연락을 하면, 소방관이 제일 많이 옵니다 · 군은 보조적인데 부대별로 차이가 있고

패러다임	범주	하위범주	개 념
			· 모 지역 주민들이 우리는 해병대 보내달라 · 군부대도 워낙 방대하기 때문에 저희들도 피해를 많이 입어요 · 일차적인건 자기 것을 우선하고 · 군부대가 출동하는 거는 수해가 끝나고 응급복구 시기 · 피해가 나면 저희가 복구를 하기 위해서 출동을 합니다.
		조치 기관의 역할 차이	· 지방자치단체와 같은 일반 행정관서는 물론 현황파악은 하고 있죠 · 일반 행정관서는 기본적으로 대응할 수 있는 시스템이 아님 · 처음부터 행정관서가 개입을 하면 좋을 텐데 그렇지는 않거든요 · 초기대응은 인력과 장비가 24시간 stand by 된 상황에서만 가능 · 현장에 투입되는 기관과 행정적 처리기관은 다름 · 신고를 받고 현장에 나가는 기관하구요 · 일차적 대응을 한 다음에 이런 상황이 있었다하고 통보를 해주게끔 · 사후적으로 행정 처리해야 할 부분들이 잘못되면 항상 중첩 · 재난이 중복투자와 중복이 된다는 소리가 나오는 거거든요 · 실질적으로 자연재해가 나고 둑이 무너지고 하면 인력과 장비를 대기하고 있는 데가 군, 경, 소방밖에 없습니다
	조정의 어려움	기관간 불만	· 행정은 행정대로, 소방은 소방대로, 이렇게 이뤄지고 있기 때문에 · 일선 소방직원들이 한 달씩 집에도 못 들어가고 현장에서 먹고 자고 하고 퇴근도 못하고 있는데 · 일반 행정직원들은 갈 시간이면 옷 갈아입고 들어가고 · 인간적인 삶에 대한 부분들이 박탈감을 느끼거든요 · 저희 직원도 현장에 투입되었다가 공급을 못 받아 흐르는 물 먹고 · 행정기관에 불만이 굉장히 많아요
		통신 수단 부재	· 조정은 통신수단의 부재 그런 것도 있구요
		부족한 노하우	· 우리는 일년에 한두 번, 경험에 대한 노하우가 없는 경우 많음 · 굉장히 정형화되어 있는 교육, 훈련을 몇 번 해서 되는 건 아님
맥락	경험에 입각한 활동	무리한 역할 요구	· 태풍 등이 오면 저희도 대비를 해야 되고 파악을 해야 되는데... · 사실상 우리도 인원이 부족한데, 사실 저희도 가봤으면 좋겠는데... · 후속 조치하는 것만해도 벅차더라구요. · 이거는 분명히 하지 말아야 할 것들 쓰레기 청소 등이 있어요 · 재난이 나니까 지자체가 해야 되는 것들을 자기네들이 안하고 · 근데 무조건 군병력만... · 저희 입장에서 보면 그거 되게 위험하거든요 · AI때, 살처분을 하는 것이 되게 위험한데도 불구하고 · 지자체가 돈 들여서 해야 할 것도 군부대에 요청하는 것도 있어요 · 사실 이 수해 물관리는 소방업무는 아니거든요

패러다임	범주	하위범주	개 념
맥락	경험에 입각한 활동		·소방에서 동력펌프를 천대 이상씩을 가지고 있어요 ·수해가 나서 물에 잠기면 빨리 가서 물을 빼줘야 하는데 ·빨리 가서 물을 빼줄 때가 소방밖에 없는 거에요 ·소방관들이 불만이 많죠 ·비 많이 오고 그러면 맨날 비상 걸려서 대기하고 빼주고 그럽니다 ·재난시 인력이나 장비가 필요한데 거의가 다 군이 하고 있어서... ·현장에서 행동하는 거는 군이 90%는 되죠
		답답한 재난 관리	·공무원들 입장에서는 그때그때 경험으로 하는 경우가 많고 ·매뉴얼이 있어도 담당자가 1, 2년 있다가 바뀌면 또 다시 시작해야 ·수해가 일어나면 피해를 최소화하기 위해서 경보를 발령하는데 ·경보발령을 해도 주민들이 대피하지 않아요 ·일단은, 경보발령을 하면은 대피를 해야 되는데 대피를 하지 않고 ·옛날에는 안 그랬는데, 왜 올해는 대피를 시키느냐 ·시민들 스스로가 재난에 대한 참여 정도가 아직은 미미
	역할 수행의 모호성	역할 없는 기관	·긴급재난구조부대가 편성되어서 출동한 예가 없어요 ·왜냐하면 그 정도 재난은 소방서에서 다 해줬기 때문에 ·고속도로 충돌사고시 군도 출동했지만, 소방서에서 오지 말라고 ·그래서 준비만 했다가, 그러다가 건의를 합니다 ·우리가 대기하는 게 훈련받는 것도 힘든데, ·편성은 되어 있지만 역할은 나눠져 있어요
		역할과 책임의 불균형	·군이 현장지휘본부라 해가서 우리가 해야 할 일이 뭐냐 해가지고 ·만약 어떤 상황이 실패하면 그에 대한 책임은 현장초기대응출동팀
중심 범주	구조 구급의 초기 실패	현장 통제 체계의 혼선	·재난현장에 가면, 주로 경찰 병력이나, 군병력이 하는데 ·통제 자체는 지역재난대책본부장이 하게 되어 있구요 ·제가 알기로는 지역재난대책본부장이 총괄이구요 ·컨트롤타워 그것이 현재, 시 단위죠 ·어떤 동원되는 기관의 문제가 아니고 ·역할 배분에 대한 책임은 당연히 현장 지휘관의 소방서장이 집니다 ·실제적으로 재난현장에 와서 어떤 자치단체장들은 뭐를 할지를 몰라요 ·지방자치가 되면서 전에 중앙에서 가지고 있던 권한이 없어졌습니다 ·태풍이 왔는데 자치단체장이 외국에 나갔어요 ·장관이 할 수 있는 게 경고밖에 없습니다, ·단체장이 책임 주체임에도 명확한 수단이 불분명하기 때문에 대충함.. ·소방서장이 현장지휘권을 가지고 있으면 같이 협력해서 해야 하는데.. ·경찰은 경찰대로, 군은 군대로, 나름대로 조직의 룰이 있다보니까... ·제도는 있지만 사실 그렇게 매끄럽지는 못하다
			·그 다음에 행정관서의 직원들이 나와서 대응을 하게 되어 있죠

패러다임	범주	하위범주	개념
중심범주	구조구급의 초기실패	행정관서의 초기 대처 미흡	·총괄적인 거는 해당 지역의 행정기관장이 지도록 되어 있습니다 ·군청에 구호물품이 쌓여 있어도 갖다 줄 수 있는 인력이 없는... ·우린 몸으로 열심히 하는데 그 사람들은 나와 가지고 생색은 다 내고 ·제가 보니까 일반 행정기관에서 시스템적으로 체질화가 안되어... ·일단은 상황이 복구단계로 넘어 갈 때는 행정기관으로 넘어 갑니다 ·매몰자 수색은 소방관서가 하고 나머지는 시장이 책임지고 하죠 ·책상에 앉아서 페이퍼로 상황 보고하는 사람들하고 ·군이나 소방서를 보면 이질감이 굉장히 심한거죠 ·자기들이 결정을 못해요 ·과장님 나와야 합니다, 구청장·시장한테 보고해야 합니다 ·수해가 일어나면은 일단은 행정이 거의 마비가 되는 상태가 되잖아요 ·자치단체 공무원들만 갖고는...조사, 응급복구, 구호, 상황유지, 자원봉사자 배분 등을 하기가 어렵죠.
		현장 수요 미반영	·근데 현장에서가 문젠데... ·주민들은 구해달라고 얘기를 하고 도와달라고 신고를 합니다 ·지역이 광활하면 사실 소방대원들이 다 카바를 못하거든요. ·초기 현장에는 실제적으로 대응이 안됩니다 ·워낙 신고가 많아서, 그런 다음 어느 정도 일정 시간이 지난 다음에 ·관련된 유관기관들이 집합체가 형성되어서 협력하고 ·어느 지역은 어디가 맡아서 하고, 피해 파악한다든지 뭐 이런 형태가 ·야간이니까 나와서 비상소집해서 대책본부를 만들고 해야 되는데... ·중앙과 지방과 현장을 같이 해서 놓고 보면 안됩니다
		피해지역의 광활성	·현장이 여러 곳이면, 하나의 컨트롤 타워로 몰리기까지 시간이 필요... ·자연재난은 광범위해서 범위를 파악하기가 쉽지가 않습니다
		내집 먼저	·재난현장 가서 동원하고 물 퍼내라고 하면 다 도망갑니다 ·자기네 집 챙기는 거죠 ·공무원들도 자기네 집도 침수되고 피해를 입으니까 ·동원되는 경찰이나 소방이 있고 다 알아서 해주니까 ·오히려 저희한테 전화로 몇 동, 몇 번지 침수되었으니 물 좀 퍼주세요.
	비체계적인 협력체계	말안듣는 현장 통제	·시청은 말단 직원도 말을 안 들어요 ·현장에 나가면 의무 경찰도 제 말을 안 들어요, 경찰관은 더하고 ·현장에 나가면 사람들이 없어요, 얘기하고 있고, 도와주는 사람도 없고 ·요새 와서야 조금 협조해 주는 그런 체계가 조금 되어 있지
		동원 안되는 동원	·인제 뭔가 복구 단계로 들어갈 때에 포크레인이 굉장히 필요하다 ·야간에는 동원이 안되지 않습니까 ·포크레인 이제 이런거, 이런거 할 때쯤 지연이 되요.

패러다임	범주	하위범주	개 념
		체계	· 그 사람들은 늘 우리를 기다리는 시스템이 아니기 때문에... · 그런 것들이 빨리 수배가 안되는 거지요
중재적 조건	기관간 구조 구급 활동	상황실 판단에 따른 연락 체계	· 신고 유형에 따라서 상황실에서 판단을 했을 때 · 상황을 신고받는 요원이 매뉴얼대로 봐서 판단을 하는 거죠. · 가장 기본적으로 유관기관에 연락을 합니다. · 핫라인이 다 연결이 되어 있는데. · 현장에 기본적으로 화재라든가 여러가지 유형의 형태가 발생 · 소방, 경찰, 한전, 가스안전공사 등이 기본적으로 출동하게 되어 있구요
		소방 중심 활동	· 가장 먼저 119로 신고의 99%가 들어옵니다 · 그거는 이제 소방서장이 지휘권을 가지고 있습니다. · 소방서장이 지휘권을 갖고 군, 경의 현장 지휘관과 협의 · 소방이 최초로 신고를 받기 때문에 · 소방서장이 재난현장에 대응력을 기본적으로 가지고 있기 때문에 · 군, 경찰, 적십자사가 지원을 나오면 같이 대책본부를 꾸리게 됩니다
		유관 기관 과의 협력	· 유관기관도 군, 보건소, 이런 시스템이 부스가 만들어지도록 되어 있음 · 119상황실은 처음부터 끝까지 모든 걸 모니터링을 다 합니다 · 전기가 와서 전기를 했는지, 가스를 했는지를 확인하는거죠 · 우리가 지금 한전에서 나왔다 전기 차단했다, 보고를 해줍니다 · 이 상황이 굉장히 큰 상황이라고 한다면, 현장에다가 본부를 차립니다 · 본부를 차려가지고 보건소, 유관기관들이 와서 대응을 할 수 있게함 · 기본적으로 모든 기관들이 다 나옵니다 · 기본적으로 현장에 투입, 동원되는 기관들이 설정이 되어 있기 때문에
		구조 구급 요원에 대한 지원	· 장병의 편의제공이나 이런 것들은 지금 안되어가지고 · 저희들도 거의 행정부서나 지자체에게 요구하는 거거든요 · 특히 제일 중요한 거는 군 내에서 인명피해 없는 거 · 장병들이 가가지고 자괴감 같은거 안 느끼게
		기관간 불신	· 소방공무원이 힘들고 불신만 생기고, 행정기관하고 대화가 안됩니다 · 그 사람들은 보고서 잘 만들어서 프레젠테이션하는 게 목적이고 · 우리는 사람을 어떻게 잘 구할 수 있는지 쪽에 초점이 맞춰져 있는데 · 3교대 인력 그런 게 보충되면 서비스 제공은 더 잘 할 수 있거든요 · 행정적으로 페이퍼로 하는 게 아니라 사람이 직접 가서 해야 하는 · 예방이 되면 당신네들이 존재할 이유가 있느냐, 이게 행정적인 평가 · 민방위 대원 5000명을 수해현장에 동원했다, 그거 다 거짓말이에요 · 민방위 대원도 자기 집에 지금 다 수해를 입었는데, 어떻게 나옵니까

<table>
<tr><th>패러다임</th><th>범주</th><th colspan="2">하위범주</th><th>개 념</th></tr>
<tr><td rowspan="5">작용/상호작용 전략 결과</td><td rowspan="5">기관별 구조구급 활동과 요구</td><td colspan="2">군: 지자체와 협약체결</td><td>· 각 지방별로 지자체하고 협력부대를 일대일로 맺어놨어요
· 세부이행각서를 거의 다 맺어놨습니다</td></tr>
<tr><td colspan="2">소방: 지속적 투입</td><td>· 지자체에 재난이 발생하면, 일차적으로 소방, 군부대가 협력하게 되어 있구요
· 가장 먼저 사람과 장비가 출동이 되구요</td></tr>
<tr><td rowspan="2">기관의 활동</td><td>매뉴얼 활용</td><td>· 사전 매뉴얼에 지정이 되어 있습니다
· 매뉴얼상으로 인명피해 관련 구조, 긴급구조통제본부를 설치해야 함
· 이러한 것들은 기본적으로 매뉴얼에 다 설정이 되어 있구요
· 상황요원에게 기본적으로 매뉴얼에 만들어져 있음
· 회사, 군, 기업의 장비들이 해당 지역 소방에서 다 매뉴얼에 갖추어져 있음
· 일차적으로 어떤 상황에서든, 비상이 걸리면 기본적으로 매뉴얼이 되어 있음
· 시청에도 매뉴얼이 만들어져 있습니다</td></tr>
<tr><td>기관에 대한 지원부족</td><td>· 제도적으로 행정관서에서 군, 경찰, 소방을 지원해 주는 근거 규정이 없습니다
· 물품 오면 우리도 현장에서 봉사하는 사람들이니까 좀 달라고 하면
· 이거는 이재민들한테 갈 거니까 당신들은 당신네 기관에서 알아서 하시오
· 제도적 면에서는 그런 지원을 해줄 수 있는 부분이 제도적으로 만들어져야 하고</td></tr>
<tr><td colspan="2">기관 분리 요구</td><td>· 수해에 대한 방재조직과 인적재난에 대한 소방하고 분리될 필요성이 있습니다
· 실제 예산의 규모라든지 이런게 방재가 굉장히 크거든요
· 인적재난에 관한 예산은 미미합니다
· 근본적으로 고칠려면 소방방재청이 없어져야 하고,
· 소방청을 대응 중심으로 분리 독립시키고
· 재난 민방위 분야는 도로 행자부에 편입시키던가
· 한 집안에다 모아 놓으면 괜찮지 않겠느냐 생각을 했는데, 그것도 쉽지 않더라</td></tr>
<tr><td rowspan="2">결과</td><td rowspan="2">상반된 의식 격차</td><td colspan="2">우선 살아 남기</td><td>· 나만 살고 보자
· 남이야 어떻게 되었든, 나만 살고 보면 되지 하는 근성
· 우리나라는 100명이 이재민이라면 500명 분을 가지고 와도 안되요</td></tr>
<tr><td colspan="2">무관심</td><td>· 수해가 났는데 고기 잡는다
· 총체적인 안전불감증이에요
· 냄비근성이라는거</td></tr>
</table>

<표 14-1>의 결과를 토대로 축코딩을 통해 구축된 패러다임 모형은 [그림 14-1]과 같다.

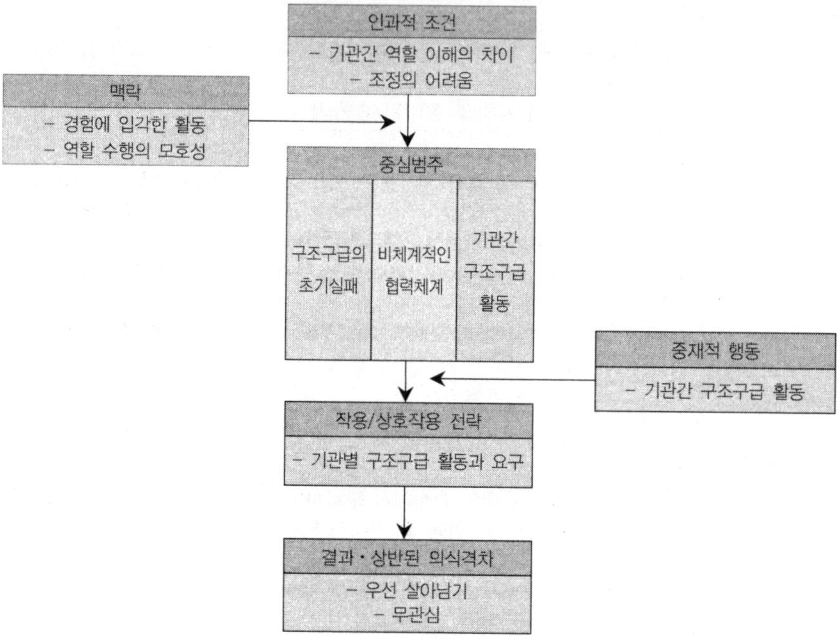

[그림 14-1] 소방 · 군의 관점 패러다임 모형

1) 인과조건

인과조건은 어떤 현상이 일어나게 되는 원인이나 조건들을 설명해 주는 것으로(Strauss & Corbin, 1990) 본 연구에서는 소방과 군의 관점에서 본 재난관리서비스, 특히 구조와 구급의 문제점이 발생하게 된 원인으로 '기관간 역할 이해의 격차'와 기관간의 '조정의 어려움'이라고 할 수 있다. 이러한 인과적 조건은 재난현장에 참여하고 있는 기관들이 공통적으로 경험하게 된다.

(1) 기관간 역할 이해의 격차

기관간 역할 이해의 격차는 ① 기관간 기능 역량 차이와 ② 조치기관의 역할 차이의 형태로 나타난다.

① 기관간 기능 역량 차이

기관간 역할 이해의 격차에서 두드러지게 나타나는 문제는 기관간 기능 역량 차이이다. 기관간 기능 역량 차이는 전반적인 재난관리와 관련되어 있어 재난관리서비스에 전체적으로 영향을 미친다. 이는 구조구급의 초기 실패의 원인이자 재난관리 현장에 참여하고 있는 기관간의 참여와 조정이 제대로 안되는 이유로 등장하곤 한다. 여러 참여기관들이 공동의 협력 노력을 기울이면서도 보조적인 역할에 국한되어 활동하고 있다는 인식을 지니게 되거나 재난관리가 조직의 주된 목적은 아니었기 때문에 경험에 입각하여 활동을 하게 되었거나 역할과 책임의 불일치 현상이 나타난다는 문제와 직결될 수 있다.

② 조치기관의 역할 차이

기관간 기능 역량 차이와 마찬가지로 조직기관의 역할 차이 역시 재난관리 현장에서의 구조구급서비스시스템상에서의 역할 수행의 모호성과 연관이 된다. 재난관리 참여기관들 사이의 역할 수행의 모호성은 역할과 책임의 불균형을 가져오고 있다. 이러한 과정에 역할과 책임의 불균형으로 말미암아 역할 수행이 제대로 이루어지지 못하게 되는 경우 역할 수행의 모호성이라는 문제가 대두된다. 이는 재난현장에서의 참여기관들이 신속하게 책임감을 갖고 역할을 수행해야 되지만 구조구급 시스템의 문제로 구조구급이 정상적으로 이루어지지 못하고 있는데 이것으로 인해 특정 기관만이 현장에 투입되고 다른 기관은 행정적인 업무만 수행하거나 구조구급과 관련된 역할 수행을 안하게 된다. 따라서 조치기관의 역할 차이 문제는 재난피해자들로 하여금 다른 사람에 대한 배려가 없이 나만 살고보자는 의식을 조장하거나 다른 지역이나 다른 이재민에 대한 고려를 하지 않게 하는 결과를 가져오고 있다.

> "자치단체에서는 일반 행정관서에는, 물론 현황파악은 하고 있죠, 그렇지만 기본적으로 대응할 수 있는 시스템은 아니기 때문에 기본적으로 행정관서는 참여를 하는 거죠, 그러니까 이 프로세스가 구분이 된다고 보셔야 하는 거죠. 처음부터 행정관서가 개입을 해서 하면은 좋을 텐데 그렇지는 안거든요"

> "초기대응은 어차피 초기대응이라는 거는 인력과 장비가 24시간 stand by 되어 있는 상황에서만 가능한 겁니다. 저기 주민자치센터나 구청이나 시청에서는 안됩니다"

(2) 조정의 어려움

조정의 어려움은 ① 기관간 불만, ② 통신수단의 부재, ③ 부족한 노하우 등으로 나타나며 이러한 조정의 문제가 재난현장에 참여하는 기관들에게 있어 여러 가지 문제를 일으켰다.

① 기관간 불만

조정의 어려움에서 나타난 기관간 불만의 문제는 앞에서 살펴본 조치기관의 역할 차이나 기관간 기능 역량 차이와 직결된다. 전반적으로 기관간 기능 역량이 차이가 나다보니 기관간의 불만과 불신이 나타날 수 밖에 없다. 따라서 재난이 발생하게 되면 재난현장의 재난피해자들은 스스로의 생명을 구하기 위한 노력에 앞서게 되고, 기관들은 다른 기관의 활동에 대해 방관자적 입장을 취하게 된다.

> "행정은 행정대로, 소방은 소방대로, 이렇게 이뤄지고 있기 때문에, 현장에서는 더 피부적으로 느껴요, 요번에 제주도 같은 경우에는 일선에 있는 소방직원들이 한 달씩 집에도 못 들어가고 현장에서 먹고

자고 하고 있는데 퇴근도 못하고 있는데, 일반 행정직원들은 갈 시간이면 옷 갈아입고 들어가고 뭐 이런식으로, 인간적인 삶에 대한 부분들이 박탈감을 느끼거거든요"

"글쎄요, 저희 직원들도 현장에 투입되었다가 공급을 못 받아가지고, 흐르는 물 먹고 거기서 그냥, 왜냐하면 저희도 실제로 거기에 투입이 되면 저희도 공급을 못 해주니까 그런 문제들이, 사실 그런게 굉장히 많거든요, 행정기관에 불만이 굉장히 많아요, 왜냐하면 몸으로 우리는 열심히 하는데 그 사람들은 나와 가지고 생색은 다 내고. 제가 보니까 일반 행정기관에서 시스템적으로 체질화가 안되어 있습니다."

② 통신수단 부재

조정의 어려움은 기관간의 불만과 불신에서 그치지 않는다. 조정을 위한 통신수단에서 그 문제는 더욱 중요해진다. 통신수단의 문제는 재난관리에 참여하는 기관들 사이의 정보교환이나 공유를 위한 의사소통의 가능성 여부 문제로 귀착된다. 통신수단이 존재하지 않는 경우에는 기관간의 의사소통의 통로가 부재하게 되고 이로 인해 재난현장에서 구조구급서비스에 참여하는 기관들 사이에는 업무 조정이나 활동 내용 등에 대해 다른 기관들과 의사소통할 수 있는 길이 없게 된다. 특히, 자연재난의 경우 그 피해 범위가 매우 광활하기 때문에 기관간의 조정은 더욱 더 어렵다.

"결국 저기 뭐야 통제 자체는 지역재난대책본부장이 하게 되어 있구요, 조정은, 조정이 쉽게 말하면 통신수단의 부재 그런 것도 있구요"

"제도는 우리나라가 잘 되어 있어요, 수직적으로는 잘 되어 있는데, 수평적으로는 안되어 있으니까. 소방서에도 가보고, 한전에도 가보고, 군부대도 가보고, 항상 접촉을 해야 하는데, 그게 잘 안되는 거 같아요. 각각의 활동에 대해 어떻게 통제할 것인지 그게 중요한 건데, 밑에서 위를 조정하려고 하면 안되죠, 현장에서도 똑같아요, 법상에서는 시장 · 군수 · 구청장이 하라고 되어 있는데, 안하잖아요. 그런 기본적인 틀부터 잘 해야 돼요."

③ 부족한 노하우

기관간 불만과 불신, 통신수단의 부재로 인하여 지낸 현장에 참여하는 기관들 사이의 관계가 좋지 않을 수도 있다. 이 경우 재난현장에서 구조구급 활동을 전개하는 기관들이 평소 교육과 훈련 등을 통하거나 경험을 지닌 사람들이 참여하는 경우에는 그나마 구조구급서비스 활동이 이루어질 수 있으나, 실질적으로는 재난관리에 참여하는 기관들이 구조구급서비스 등 재난관리에 대한 노하우가 부족한 것으로 나타나 조정이 더욱 어려운 실정이다.

"반복적인 문제점이 나오는 이유는 경험인거 같애요, 일본처럼 계속 지진이 발생하고… 우리나라는 일 년에 한 번 두 번, 경험에 대한 노하우가 없는 경우가 굉장히 많거든요… 태풍 진로도 어떤 연도에는 동쪽으로 치우쳤다가 어떤 연도에는 서쪽으로 치우쳤다가, 그러다보니까 공무원들 입장에서는 그때그때 경험으로 하는 경우가 많고…"

"실제적인 현장에서 평가했을 때 그게 다 되는거냐, 그건 아니라는 거죠, 굉장히 정형화되어 있는 교육을 몇 번 했고 훈련을 몇 번 했고 그래서 되는건 아니라는 거죠, 그 다음에, 일원화 통합이라는 문제인데요, 저희 조직에서도 고민스러운 문제이구요"

2) 맥락적 조건

맥락적 조건은 중심범주에 영향을 미치는 상황이나 문제를 만들어 내는 특수한 조건들로 작용 · 상호작용 전략을 다루고, 조절하고, 수행하며, 어떤 특수한 현상에 대응하기 위해 취해지는 구체적인 상황이다(Strauss & Corbin, 1990). 본 연구에서는 소방 · 군의 관점에서 본 구조구급서비스의 문제점에 대한 맥락적 조건은 참여기관에 대한 무리한 역할 요구와 전반적으로 답답한 재난관리를 포함하는 '경험에 입각한 활동'과 '역할 수행의 모호성'이다. 이러한 상황은 재난관리 현장에서의 구조구급의 실패를 가져오게 할 수 있다.

(1) 경험에 입각한 활동

재난관리에 현장에서 나타나는 경험에 입각한 활동으로는 ① 무리한 역할 요구와 ② 답답한 재난관리 등이 있다.

① 무리한 역할 요구

재난현장에서 구조구급 활동에 참여하고 있는 기관들 사이의 역할 및 기능 수행에 있어서 특정 기관에 대한 과도한 업무수행 요구는 사실상 매뉴얼에 입각하거나 체계적인 역할수행으로 볼 수는 없다. 일선 행정기관에서 수행해야 되는 업무나 역할까지도 다른 기관의 인력을 활용하여 한꺼번에 처리하려는 태도는 해당 기관의 구성원들에게 자괴감을 불러일으키게 되고, 자신의 예산으로 처리해야 할 일도 다른 기관에 떠맡기려는 행태로 인해 기관간의 불만과 불신을 가져오는 원인이 된다. 또한 위험한 일들은 다른 기관에 요청하고 맡기고자 하는 것은 체계적인 활동으로 볼 수 없다.

> "저희들이 만약에 태풍이라든가 그런게 오면 저희들도 대비를 해야 되고 파악을 해야 되는데 사실상 우리도 인원이 부족하다고 하는데, 사실 저희도 가봤으면 좋겠는데, 후속 조치하는 것만해도 벅차더라구요."

> "저희가 지자체장의 요청을 받고 가 봤는데, 이거는 분명히 하지 말아야 할 것들… 쓰레기 청소라든가 이런 게 있어요… 재난이 나니까 자기네들이 해야 되는 것들을 자기네들이 안하고 우리 군 병력을 투

입하려고 하는 경우라든가, 산불이 났는데 지자체에서 예를 들면 장비 같은 거 있잖아요, 마스크라든가 이런 거, 근데 무조건 군 병력만… 근데 저희 입장에서 보면 그거 되게 위험하거든요."

"예를 들어서 AI 때, 살처분을 한다고 그러잖아요, 그런게 되게 위험한데도 불구하고 그건 전문인력들이 가서… 지자체나 중앙정부에서 전문인력들이 한다던가 그래야 되는데 옛날에 병명 같은 거… 안 알려주고 군부대를 그냥… 그럼 지휘관 입장에서는 크게 위험하죠."

"저희가 수해가 나게 되면 소방이 동력펌프를 보관하고 있습니다. 사실 이 수해 물관리라는 소방업무는 아니거든요… 엄밀히 따져보면 소방업무 아닙니다. 근데 소방에서 동력펌프를 천대 이상씩을 가지고 있어요. 그건 왜 그러냐 하면… 수해가 나서 물에 잠기고 그러면 빨리 가서 물을 빼줘야 하는데, 빨리 가서 물을 빼줄 데가 소방밖에 없는 거에요. 그러다보니까 소방관들이 불만이 많죠… 비 많이 오고 그러면 맨날 비상 걸려서 대기하고… 빼주고 그럽니다. 빼주는데, 물 빼주는데 굉장히 고마워하죠. 근데 어디가 터졌어요, 산사태가 나가지고 했어요, 그러면 빨리 와서 해줘야 하는데… 사람이 와서 해줘야 되는데, 인력이 있어야 할거 아닙니까."

② 답답한 재난관리

앞에서 살펴본 사실에 기인해 보았을 때 전반적으로 재난관리에 참여하는 기관들은 구조구급 재난관리서비스 활동이 상당히 어려움이 많다고 판단하고 있었다. 경보 발령에서부터 구조구급 활동에 이르기까지 전반적인 과정 하나하나가 체계적이지 못한 데 기인한다. 이러한 판단은 재난관리서비스의 수요자인 주민들도 과거 경험에 의존하여 행동하게 만들고 이로 인해 효율적이고 체계적인 재난관리 구조구급서비스가 어렵게 만드는 요인으로 작용하고 있었다.

"저희들이 인제, 수해가 일어나면 피해를 최소화하기 위해서 경보발령이라든가 그런 걸 하는데… 경보발령을 해도 주민들이 대피하지 않아요. 일단은, 경보발령을 하면은 대피를 해야 되는데 대피를 하지 않고… 그냥 옛날에는 안 그랬는데, 왜 올해는 대피를 시키느냐… 특히 나이 드신 분들이 그런 경향이 많구요. 그러다 보니까 좋지 않은 현상이 나타났고, 그리고 또 시민들 스스로가 재난에 대한 참여 정도가 아직은 미미하다는…"

"매뉴얼을 만들어 놓아도 담당자가 일년 이년 있다가 바뀌는 경우에는 또 다시 시작해야 하는 어떤 그러면, 그런 면이 강하다보니까 자꾸 현장에서 지휘체계도 좀 그렇고…"

(2) 역할수행의 모호성

역할수행의 모호성은 ① 역할없는 기관과 ② 역할과 책임의 불균형 등이 있다.

① 역할없는 기관

재난관리 현장에서 구조구급에 참여하는 기관의 경우 재난이나 사고 발생시 자신들이 수행해야 할 업무, 역할에서 기능을 제대로 하기 위해 조직을 구성하고 준비하지만 실제적으로 해당 역할을 수행할 수 있는 기회를 찾지 못하거나 있는 경우에도 배제되는 경우가 있다. 이로 인해 실질적으로 해당 역할이 부재한 상황에 처하는 경우가 있게 된다.

"긴급재난구조부대가 편성이 되어서 출동한 예가 없어요, 왜냐하면 그 정도의 재난은 소방서에서 다 해줬기 때문에… 얼마 전에 서해안 고속도로에서 충돌사고 났을 때 저희 군부대도 출동했습니다. 근데 소방서에서 오지 말라고, 거기서 다 알아서 해결하기 때문에, 그래서 준비만 했다가, 그러다가 건의를 합니다. 우리가 대기 하는 게, 훈련 받는 것도 힘든데, 그런거 대기하는 것도 힘들다고 해서… 육군본부 차원에서, 왜냐하면 통계를 보니까 몇 년간 출동한 횟수가 단 한건도 없어요. 아까 말씀드렸듯이 큰 재난이 발생하면 조직적으로 가지만, 편성은 되어 있지만… 역할은 나눠져 있어요."

② 역할과 책임의 불균형

재난이 발생한 현장에서 구조구급을 위해 참여한 기관과 전체적인 책임을 지고 있는 기관 사이에 역할과 책임의 불균형이 발생하게 되면 역할수행에서 어려움이 나타나게 된다. 즉, 역할이 주어지지 않았음에도 책임을 지게 되는 경우와 책임을 지고 있음에도 역할수행을 제대로 하지 않는 경우, 그리고 책임을 지도록 되어 있으나 책임을 물을 수 있는 실효성 있는 방안이 없는 경우가 있다. 따라서 역할과 책임이 부여되어 있는 경우에는 이에 참여하는 기관들 사이에 책임있는 역할수행이 가능하도록 하는 것이 필요하다. 이것이 가능한 경우에야 비로소 재난피해자들이 구조구급서비스를 받을 수 있기 때문이다.

"긴급한 대응이 이루어지는 것도 사실은 어렵고, 긴급한 대응도 잘 이루어지지 않고 문제는 발생해서부터 일주일간 거의 공백상태에 있다. 그러니까 제대로 된 지휘체계가 없는 거 같다고도…"

"비난받을 일이지 책임질 일은 아니죠…"

3) 중심범주

중심범주는 "여기서 무엇이 진행되고 있는가"를 나타내는 것으로 작용·상호작용 전략들에 의해 다루어지고 조절되는 중심 생각이나 사건들이다(Strauss & Corbin, 1990). 본 연구에서 소방·군의 재난관리 구조구급서비스의 문제점은 현장 통제체계의 혼선, 행정관서의 초기대처 미흡, 현장 수요 미반영, 피해 지역의 광활성, 내집 먼저 등 '구조구급의 초기 실패'와 말 안듣는 현장 통제와 동원 안되는 동원체계 등 '비체계적인 협력체계'로 구분된다.

이러한 문제점은 인과적 조건과 맥락이라는 상황에 영향을 받아 재난발생 현장에서의 재난관리 구조구급서비스 체계에서 전반적으로 나타나는 문제인 것이다.

(1) 구조구급의 초기 실패

① 현장 통제체계의 혼선

재난이 발생한 이후 재난현장에는 주로 경찰이나 군의 병력이 있는데 통제 자체는 지역재난안전대책본부장이 하게 되어 있다. 그러나 실제로는 재난현장에서 지방자치단체장은 무엇을 해야 하는지를 잘 알지 못하는 것이 현실이다. 더욱이 태풍이 오는데도 자치단체장이 외국에 나가는 경우가 있다. 지방자치단체장에 대해 중앙정부가 제재를 가하거나 통제를 할 수 있는 수단이 현실적으로 많지 않은 것이 현실이다. 그리고 재난현장에서는 소방서장이 현장 통제권을 지니고 있지만 경찰은 경찰대로, 군은 군대로 각 조직별로 나름대로의 룰이 있다보니 제도는 있지만 실제로 소방서장의 통제에 따르지 않는 것이 현실이다.

> "그리고 대응적인 부분에 있어서는 119신고를 받으니까 최접점에 있다보니까, 굉장히 소방서장이 파워를 가질 수 있는 게 있어야 하는데…. 소방서장이 당연히 현장에 대한 지휘권을 가지고 있으면 같이 협력해서 해야 하는데… 경찰은 경찰대로, 군은 군대로, 나름대로 조직의 룰이 있다보니까 거기에 맞춰서 가는 부분들이 사실 많아요. 때로는 그런 부분들이 삐그덕 거리는 현상이 나타나기 때문에, 제도는 있지만 사실 그렇게 매끄럽지는 못하다."

② 행정관서의 초기 대처 미흡

현장 통제체계의 혼선은 직결되는 부분이다. 행정관서의 초기 대처가 미흡하면 현장 통제체계에 혼선이 발생할 수밖에 없게 된다. 이러한 사실은 논리적 추론 과정을 통해서도 확인할 수 있는 것이다.

> "이게 수해가 일어나면은 일단은 행정이 거의 마비가 되는 상태가 되잖아요. 그래서 자치단체에 있는 공무원을 가지고 조사를 하는 수밖에 없거든요…"

> "서비스 제공은 더 원활히 잘 할 수 있거든요. 이거는 행정적으로 페이퍼로 할 수 있는 게 아니라 사람이 직접 가서 해야 하는 거기 때문에…"

> "동에 자치센터가 있고 구가 있고 시가 있는데, 이 시스템들이 이런 재난상황에 대해서 교육이 되거나 뭐 이렇게 되어 있지 않아요. 그게 가장 큰 문제에요. 그러니까 저희가 와가지고 너희 이런 사고 났을 때 나와라 그리고 이건 이렇게 해야 한다고 하면, 이 사람들이 자기들이 결정을 못해요. 저희 통장님 나와야 합니다. 과장님 나와야 합니다. 구청장 · 시장한테 보고해야 합니다…"

③ 현장 수요 미반영

재난이 발생한 현장에서의 재난관리 구조구급서비스의 제공에서는 주민들의 신고가 동시다발적으로 이루어지고 있는 것이 사실이다. 그럼에도 초기 현장에는 실제적으로 대응이 이루어지지 않고 있다. 특히 야간에 재난이 발생하는 경우에는 현장에서의 수요를 충분히 반영하지 못하는 경우가 많다. 그리고 지역이 광활한 경우에는 소방대원들이 모두 다 카바를 하지 못하게 된다. 이로 인해 재난관리 구조구급서비스에서 현장의 수요를 충족시키지 못하게 된다.

"이것이 굉장히 지역이 광활한거 같으면은, 사실 그 소방대원들이 다 카바를 못하거든요. 그럼 신고를 받아서 더 이상 추가적인 어떤 걸 받아야 하는데 초기 현장에는 실제적으로 대응이 안됩니다. 워낙 신고가 많아서, 그런 다음 어느 정도 일정 시간이 지난 다음에 관련된 유관기관들이 집합체가 형성되어서 협력하고 어느 지역은 어디가 맡아서 한다든지, 피해 파악한다든지 뭐 이런 형태가…"

"그게 그 다음에 대한 문제들이 행정기관에서 빨리 안 이루어지는 거에요. 야간이니까 사람들이 나와서 비상소집해서 대책본부를 만들고 해야 되는데…"

④ 피해 지역의 광활성

재난이 발생한 현장에서 재난관리 구조구급서비스가 제대로 이루어지지 못한 것은 현장이 여러 곳인 경우에 하나의 콘트롤 타워로 몰리기까지 시간이 필요하기 때문에 지체 현상이 발생하게 된다. 더욱이 자연재난의 경우에는 피해 범위가 광범위하기 때문에 범위를 파악하기가 쉽지 않은 것이 현실이다. 따라서 재난피해자에 대한 구조구급서비스의 제공이 어렵게 되는 것이다.

"그리고 이게 인적재난 같은 경우에는 이렇게 하는데, 자연재난 같은 경우에는 굉장히, 그 범위가 광범위하기 때문에 범위를 파악하기가 쉽지가 않습니다. 그래서 가장 기본적으로 지역안전대책본부가 가동이 되고 그 다음에 매뉴얼상으로 인명피해에 관련된 구조, 긴급구조 통제대책본부를 설치하게 되어 있습니다."

"군에서 나와야 되고 경찰 나와야 되고 다 투입이 되는거죠. 그런데 당해 지역에만 있으면 의사결정을 할 수 있는데 근데 현장에 여러 군데 발생하게 되다보면 하나의 컨트롤 타워로 몰리기까지 시간이 필요…"

④ 내집 먼저

재난이 발생하면 해당 지역에서 재난관리 업무를 담당하는 사람들의 가정도 피해를 입게 된다. 재난현장에 가서 구조 구급 활동을 하고 물 퍼내는 작업 등을 실시해야 하는 경우에도 본인의 집이 침수되는 경우에는 집으로 먼저 가게 된다. 공무원들도 본인의 집이 침수되고 피해를 입게 되는 관계로 본인의 집부터 고치게 된다. 이로 인해 재난현장에서 구조구급서비스 수요를 기다리는 재난피해자에 대한 서비스 공급이 지체된다.

> "자기네 집도 침수되고 피해를 입으니까… 동원되는 경찰이나 소방이 있고 다 알아서 해주니까, 오히려 저희한테 전화해가지고, 몇 동에 몇 번지 침수되었으니까 물 좀 퍼주세요…"

> "재난현장 가 가지고 동원해가지고 물 퍼내라고… 그러라고 하면 다 도망갑니다. 그런 문제들이 있어요. 왜냐하면 가라고 했더니 자기네 집으로 가는 거야, 자기네 집 챙기는 거죠."

(2) 비체계적인 협력체계

① 말 안듣는 현장통제

재난현장에서는 무엇보다도 일원화된 현장통제가 중요하다. 다양하고 복잡한 구조구급 상황에서 인명을 구조하고 구급활동을 하는 것은 매우 어려운 일이기 때문이다. 재난현장의 특수성을 고려하면 평소 화재 등에서 인명 구조구급 활동을 수행하는 소방서장이 통제 책임을 맡고 있다. 그러나 실제 현장에서는 긴급구조통제단장인 소방서장의 현장 통제 및 지휘가 실효성을 확보하지 못하고 있다.

> "소방서장이 통제관이 되어서 어떤 재난이라도 거기서 가서 통제를 하는 수단이 되어야 하는데, 솔직히 제가 말해서 현장에 나가면 의무

경찰도 제 말을 안 들어요, 경찰관은 더하고, 시청은 말단 직원도 말을 안 들어요, 그러니까 현장에 나가보면 사람들 아무도 없어요, 얘기하고 있고, 하나 도와주는 사람들도 없고, 요새 와서야 조금 협조해주는 그런 체계가 조금 되어 있지…"

② 동원 안되는 동원체계

구조구급 등 재난관리서비스의 원활한 제공 및 지원을 위해서는 인적 자원이나 물적 자원의 동원이 필요하다. 그럼에도 재난이 발생한 지역이나 현장에서는 중장비가 필요하거나 필요로 하는 물품 등이 요청되기도 한다. 그러나 인적 자원이나 물적 자원의 수배가 되거나 동원되는 것이 체계화되지 않은 비협력적 체계를 지녔기 때문에 재난관리 구조구급 서비스 제공이 어렵게 된다.

"문제가 발생되는 경우가 뭐냐 하면은… 그 다음이에요. 일정 단계가 지나고 난 다음에, 인제 뭔가 복구 단계로 들어갈 때에 포크레인이 굉장히 필요하다… 이런 경우에는 야간에는 동원이 안되지 않습니까. 일반 중장비 운전하시는 분들을 동원해야 하는데, 포크레인 이제 이런거, 이런거 할 때 쫌 지연이 되요. 왜냐하면 그 사람들은 늘 우리를 기다리는 시스템이 아니기 때문에, 연락을 해가지고 나와주세요 그러면… 지금은 많이 나아졌어요, 지금은 실비 보존을 다 해주거든요, 그 운전 포크레인하는 사람들한테 예산이 편성되서 지원을 해주는데, 그런 것들이 빨리 수배가 안된다는 거죠…"

4) 중재적 조건

중재적 조건은 어떤 현상에 속하는 보다 광범위한 구조적 맥락으로 특정한 맥락 안에서 취해진 작용·상호작용 전략을 촉진·조장하거나 제어하도록 작용한다(Strauss & Corbin, 1990). 본 연구에서 추출된 중재적 조건은 상황실 판단에 따른 연락체계, 소방중심 활동, 유관기관과의 협력, 구조구급 요원에 대한 지원, 기관간 불신을 포함하는 '기관간 구조구급 활동'이다. 기관간 구조구급 활동을 통해 재난피해자들은 재난이 발생한 현장에서 생명과 건강을 회복할 수 있게 된다.

5) 작용·상호작용

작용 · 상호작용 전략은 사람들이 직면하게 되는 상황, 문제, 쟁점을 다루는 방식으로, 어떤 문제, 즉 현상에 대처하거나 현상을 다루기 위해 취해지는 의도적이거나 일상적인 행위이다(Strauss & Corbin, 1990). 본 연구의 분석 결과 '재난발생 현장에서의 구조구급서비스의 문제점'을 다루기 위해 취해지는 작용 · 상호작용 전략은 '기관별 구조구급 활동과 요구'이며 이 전략은 중재적 조건에 의해 영향을 받는다. 기관별 구조구급 활동과 요구는 재난관리 구조구급서비스 제공에 참여하는 소방이나 군의 요구로 구성된다.

(1) 군: 지자체와 협약 체결

재난이 발생한 지역에는 거의 예외없이 각 지방자치단체와 인근 군부대가 협력관계를 맺었으며, 상호간에 양해각서 및 세부 이행각서 등을 체결하여 재난관리서비스 제공에 있어서 상호의존하는 모습을 보이기도 하였다.

> "그리고 협력부대라고 해서, 각 지방별로 지자체하고 협력부대를 일대일로 맺어놨어요, 하다보니까 보완점이 많고 미비점이 많아서, 다시 세부이행각서를 거의 다 맺어놨습니다."

(2) 소방: 지속적 투입

재난이 발생한 지역의 경우에는 일차적으로 소방에서 인력과 장비가 출동을 하게 된다. 그리고 일차적으로 소방과 군부대가 협력하여 지원을 해주고 있다.

> "그런 신고가 발생이 되면은 가장 먼저 소방기관이 최접점에 있기 때문에 가장 먼저 사람과 장비가 출동이 되구요."

> "지자체 보면 소방, 경찰, 군부대도 있는데 만약 지자체에 어떤 재난이 발생하면, 일차적으로 소방, 군부대가 협력하게끔 되어 있구요."

(3) 기관의 활동

재난현장에서 재난관리 구조구급 활동에 참여하는 기관들은 매뉴얼을 활용하여 활동하고 있는 것으로 나타났다. 매뉴얼상에 설치되도록 되어 있는 긴급구조통제본부를 설치하고 상황요원들도 매뉴얼에 입각하여 판단을 하고 있다. 어떤 상황이든지간에 비상이 걸리면 기본적으로 매뉴얼이 되어 있다. 이와 함께 구조구급기관의 경우에는 재난현장에서 활동하는 구성원들에 대한 지원을 요구하고 있다. 지방자치단체 등 일반 행정관서는 재난현장에서 구조구급 활동을 수행하고 있는 군, 경찰, 소방의 지원요원을 지원해 주지 않고 있어 활동에 어려움을 겪고 있는 것으로 나타났다.

> "경보가 발령이 되게 되면, 해당되는 부처는 연락이 됩니다. 그래서 사전 매뉴얼에 지정이 되어 있습니다"

> "저희도 실제적으로 현장에 나가다 보면 지원이 굉장히 필요합니다. 이게 굉장히 3D업종이거든요, 군도 마찬가지지만 후방에서 어떤 지원을 해줘야 하는데, 이게 지금 제도적으로 일반 행정관서에서 군,

경찰, 소방은 지원을 해주는 근거 규정이 없습니다. 지금, 그게 문제에요, 그러니까 제공 물품 같은 게 오면 우리도 현장에서 봉사하는 사람들이니까 좀 달라고 하면, 이거는 이재민들한테 갈 거니까 당신들은 당신네 기관에서 알아서 하시오… 이런 식이니까 인간적인 문제도 있고, 이렇게까지 하면서 해야 되냐, 그런 제도적인 면에서는 그런 지원을 해줄 수 있는 부분이 제도적으로 만들어져야 하고…"

(4) 기관 분리 요구

재난관리의 대응 기능 수행을 위한 구조구급서비스 제공기관의 경우에는 방재조직과 소방조직의 분리가 필요하다고 한다. 실제로 예산의 규모면에서도 자연재난의 경우가 크고, 인적 재난의 경우에는 매우 미미한 실정이라고 한다. 그리고 소방공무원의 경우 중앙인 소방방재청에는 그 인력 자체가 매우 적은 실정이고, 전체 소방공무원의 95%가 지방소속이라고 한다. 그러므로 대응기관인 소방청으로 분리 · 독립시키고, 재난 · 민방위 분야는 행자부에 편입시키든가 하는 방안을 제시하고 있다.

"이러한게 누구하나 손을 대지 못해요, 재난이 언제 닥칠지도 모르고, 근본적으로 고칠려면은 소방방재청이 없어져야 하고, 소방청을 대응 중심으로 분리 독립시키고, 재난 민방위 분야는 도로 행자부에 편입시키든가, 24시간 일해도 무시하고, 천박하다고 하고, 언론 타는 거 귀신이고, 이건 총체적인 잘못이지, 어느 누구 잘못이 아니에요. 현장에서 뛸 놈들은 우리들이 뛸 수밖에 없고, 제가 태풍 루사 때 10일 집에 못 들어 갔습니다. 실종수색하는데…"

6) 결과

결과는 어떤 현상에 대처하거나 그 현상을 다루기 위하여 취해지는 작용 · 상호작용 전략에 따라 나타난 결과이다(Strauss & Corbin,

1990). 본 연구의 분석 결과 재난관리 구조구급서비스의 문제점을 다루기 위한 '기관별 구조구급 활동과 요구'의 작용·상호작용 전략에 따라 우선 살아남기와 무관심의 행동 양식이 나타났다. 일부 재난피해자는 남이야 어떻든 나만 살고보자는 인식 하에 행동을 하기도 하였고, 재난피해를 당하지 않은 일부는 수해가 났음에도 남의 아픔에는 아랑곳 하지 않고 자신의 활동을 지속하는 경우까지 나타나고 있다. 총체적인 안전불감증을 치유할 수 있는 방안을 마련하는 것이 요구되는 시점이기도 하다.

제15장

자원봉사자와 NGO의 호소

주민들은 해마다 주기적으로 터지는 자연재난을 국가가 자연의 관리와 예방을 소홀히 했기 때문에 자신들이 피해를 입는 인재(人災)로 받아들인다. 국가의 재난관리는 더 이상 천재(天災)란 없다는 것을 의미한다. 국가의 재난관리에도 불구하고 해마다 풍수해를 당하는 재난 취약지역에 사는 사람들은 더 이상 신이나 운명을 탓하기보다는 재난현장에서의 완벽한 구호와 피해에 대한 공정한 보상을 요청한다. 나아가 자원봉사가 부자보다 사회적 약자에 대해 더 차별적이라면, 주민들은 국가에 대해 자원봉사에 대한 관리 소홀의 책임을 묻는다.

여기서는 민간 부문 재해구호 주체 중에서 자원봉사자와 NGO조직에 대한 인터뷰 결과를 분석하여 89가지 개념을 도출하였다. 이 개념들로부터는 31가지 하위범주를 추출할 수 있었다. 그리고 이들 하위범주를 더욱 추상화시킨 10가지 범주를 도출하였다. 개방코딩의 개념 추출과 개념 범주화의 내용은 다음과 같다(<표 15-1> 참조).

▶ 표 15-1 ◀ 자원봉사자와 NGO조직의 관점에서 본 재난관리서비스의 문제점과 개선방안

패러다임	범주	하위 범주	개 념
인과적 조건	상습적 피해	취약성	· 수해 상습 지역은 해마다 인적·재산적 피해가 날 수밖에 없다 · 자원봉사도 사회적 약자에게 덜 지원되고 있다
		반복성	· 기후변화의 악화에 따라 동일 지역에서 피해 발생이 빈번하다 · 복구가 현장을 무시한 채 획일화되어 있다 · 매년 똑같은 갈등 상황이 반복된다
	배분적 장애	지연성	· 조사하는 사람과 구호물건을 보급하는 사람이 따로 있다 · 조사 후 현장과 사무적인 것의 괴리로 공급이 지연되고 있다 · 적십자와 자치단체는 노하우가 없다 · 긴급구호시스템이 잘 갖춰져 있지 않다
		편중성	· 구호도 편의성 위주로 간다 · 피해는 인제가 더 많은 데 정부지원은 평창군에 집중됐다. · 네트워크를 활용하는 이장의 개인 역량에 따라 보상액이 달라짐
		계급적 편향성	· 주체의 문제를 드러내지 않으면 재난 문제는 해결이 안된다 · NGO는 사람의 문제를 드러내야 한다 · 자원봉사도 사회적 약자보다 부농에 더 지원이 간다
중심 현상 (구호의 혼란)	무질서	조직간 연계성 미흡	· 일반 자원봉사자와 시민단체들이 무질서하게 개입한다 · 적십자와 봉사단체는 상충되는 부분들이 있다 · 공무원 사회와 민간간 체계가 상이하다 · 공무원과 지역공동체간 연계도 붕괴된다
		소통의 부재	· 방재청이 구호활동도 통제하려고 한다 · 취약지구에 대한 정보를 관에 전달할 수 있는 길이 없고 전달해도 먹히지 않는다
	부조화	조정 결여	· 관 단독으로는 현장에서의 조정이 안된다 · 민간에게 주어도 충분히 처리할 수 있는데 활용을 못한다 · 시민단체와 이장들간 말다툼이 잦다
		심리적 불안	· 타인과의 관계형성에서 오는 피해의식 · 고향을 뜨고 싶다는 상실감
	갈등	투명성 결여	· 피해에 대한 정보가 없어 피해주민들간 갈등이 악화된다 · 공무원의 책임 회피로 인해 구호진행 사항이 행정적으로 불투명하다
		공정성 결여	· 자원봉사가 중앙 중심적으로 이루어진다 · 조사결과에 따라 보상액수가 달라지고 서로간에 갈등이 생긴다 · 이장의 개인 역량에 따라 보상 규모가 달라진다

패러다임	범주	하위범주	개 념
			· 구호지원도 이장들이 추천하는 쪽으로 가게 된다 · 이장도 편협한 생각을 하는 사람이 많아서 조사가 공정치 못하다 · 이장의 권한이 막강하기 때문에 정확한 것이 나올 수 없다
중재적 조건	피해 조사의 합리성 요구	적시성	· 문서화를 위한 상세한 피해 집계보다도 구호가 우선순위이다 · 조사 후 긴급한 것들에 대한 즉각적인 지원이 있어야 한다 · 긴급한 것은 일단 투여해야 하고 나중에 취합해야 한다
		적합성	· 동네 주민들이 피해를 직접 체크를 하는 시스템은 잘 되어 있다 · 피해조사에 민간이 참여하여 조사와 배분이 통합되어야 한다 · 정부는 구호활동을 민간구호조직에 일임하여야 한다 · 지역주민들은 경험으로 안다
	NGO의 자율성	자기 신뢰	· NGO가 참여하는 구호시스템은 체계적이다 · 자원봉사시스템은 우수인력으로 구성되어 있다. · 적십자는 자원봉사를 조직화할 수 있는 역량이 있다. · 자원봉사를 하려는 사람들은 풍부하다 · 이장이 구호의 대상을 지정하는 게 아니라 봉사원이 요구한다 · 민간봉사는 자발적이다
		자기 성찰	· 민간 네트워크가 장애없이 작동하는지 자문해야 한다 · 시민사회가 원하는 복구방식인지 검증을 해야 한다 · 시민 쪽에서 깊이 있게 들여다 볼 수 있다 · 수해복구가 제대로 되었는지 그런 평가가 필요하다
작용/상호작용 전략	다른 집단과의 상호이해	일반 공무원	· 자원봉사 시스템은 공무원을 지원할 수 있어야 한다 · 지역공동체의 공무원은 공정성과 관련하여 2중의 피해자이다
		소방서	· 지방의 재난관련 소방서가 제 역할을 한다면 문제는 해결된다
		군	· 민간인 지역에 피해가 발생하면 군부대도 피해가 발생하게 된다 · 피해가 나서 군부대의 여력이 없을 수 있다 · 특수부대 혹은 여유부대는 재난에 대한 신속한 운용이 가능하다 · 군이 독자적으로 움직일 수 있다면 대민접촉이 잘 될 것이다 · 빈번한 수해발생 지역인 산간에서는 엄청난 인력과 복구물자의 공급처이다
	대안 제시	조직간 연계	· 민간의 자원봉사 조직들은 상호 연계하여 활동한다
작용/상호작용 전략	대안 제시	사회적 통합	· 수요자의 복지 중심의 재난관리 목적은 공동체의 유지에 있다
		타인과의 관계형성	· 자원봉사활동은 타인과의 관계형성에서 긍정적이다 · 마을위령제를 통한 안정화처럼 갈등과 심리치료가 복합적으로 되어야 한다

패러다임	범주	하위범주	개 념
결과	적응/부적응	결정에의 주민참여	· 주민들이 자기 마을의 발전계획을 짜고 그에 따라 수해복구 했다면 이중적으로 들어가지 않아도 된다 · 물론 (이장을) 참여는 시켜야 하지만 공정성이 요구된다
		심리치료	· 하소연 들어주는 것 자체가 사람들의 지속적 관심을 가지고 있다는 걸 느낀다 · 심리적 안정도 굉장히 중요하다 · 그런 사람들이 자살충동을 느끼는데 그러한 충동 등을 방지한다 · 지역의 명망인사들이 중재할 수 있는 자원봉사시스템이 갈등해소 차원에서 중요하다
		정보의 공유	· 피해주민들에게 정보를 공개한다면 주민들의 초조함과 폭력성도 완화될 것이다 · 지원이 올 것이라는 걸 확인시켜야 한다
		민관협력	· NGO들이 능동적인 역할을 하는 민관협력의 재난구호시스템의 확립이 필요하다 · 조사와 배분이 통합되어 있는 재난구호시스템이 갖추어져야 한다
	계획의 장기성	집단이주	· 소수의 집만 이주하면 사방댐 등 대규모 공사를 하지 않아도 된다
		친환경성	· 하천, 거주지, 농경지 등 장기적으로 보면 친환경적 방재대책을 마련해야 한다

<표 15-1>의 개방코딩의 결과를 토대로 축코딩을 통해 구축된 패러다임 모형은 [그림 15-1]과 같다. 자원봉사자와 NGO조직들은 풍수해에 따른 상습적 피해와 배분 장애로 인하여 구호활동의 혼란, 즉 무질서와 부조화, 갈등을 경험한다. 행정기관이 신속성, 정확성, 유연성이 요구되는 재난현장에 대응하는 데는 일정한 한계가 있다. 재난현장에서의 구호활동에 관련된 조직들간의 갈등현상에 대한 보다 정확하고 완벽한 설명을 하기 위하여, 우선 범주의 속성과 내용에 따라 하위범주로 연결시키고, 그 범주들이 어떻게 서로 교차되고 연결되는지를 패러다임 모형을 이용하여 보고자 한다. 패러다임의 범주화 과정은 인과적 조건, 맥락, 중심 현상, 중재적 조건, 작용·상호작용 전략, 결과의 순서로 진행된다.

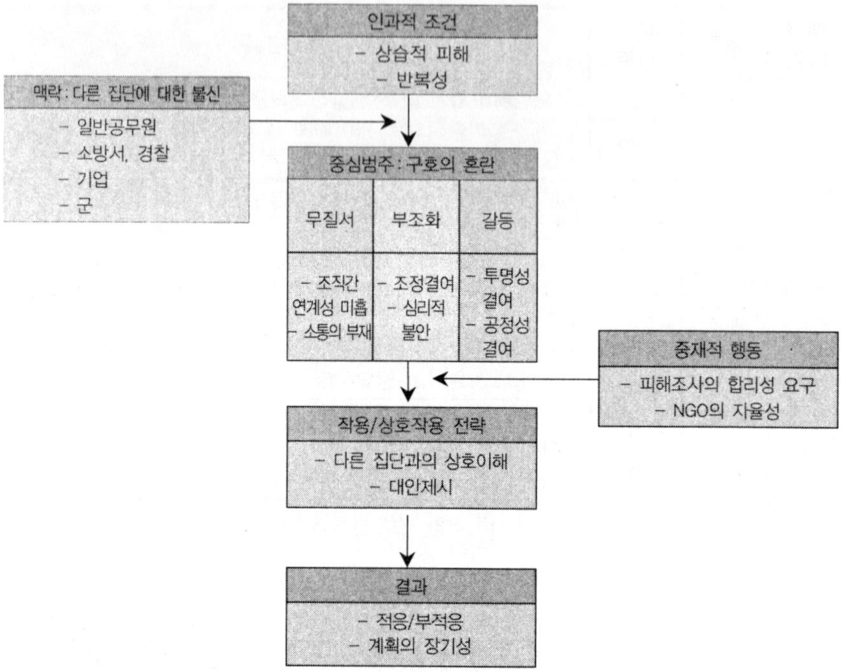

[그림 15-1] 자원봉사자와 NGO조직 관점 패러다임 모형

1) 인과적 조건

여기서 인과적 조건이란 민간구호활동과 관련하여 대규모 재난현장에서 발생하는 혼란의 선행 조건 혹은 원인에 대한 논의를 선도하는 패러다임을 일컫는다. 재난피해자들에 대한 구호활동 과정에서 자원봉사자와 NGO조직들이 일반 행정공무원과 경찰, 소방서, 군, 그리고 기업과 충돌하여 일으키는 갈등에 영향을 미치는 두 가지 범주가 도출되었다. 첫 번째는 재난구호와 관련하여 자원봉사자와 NGO조직들이 관심을 드러내는 '상습적 피해'이다. 두 번째는 재난현장에서 구호활동에 참여하는 집단들간에 갈등과 혼란을 야기하는 '배분적 장애'이다

(1) 상습적 피해

자원봉사자와 NGO조직들의 현장 경험은 재해가 상습적으로 일어나는 취약 지역과 취약계층에 대한 인식에 기초하여 5가지 개념으로 명명된 다음, '취약성'과 '반복성'이라는 두 가지 하위범주로 추상화되었다.

① 취약성

자원봉사자와 NGO조직들은 재난구호활동을 하는 과정에서 풍수해가 빈번히 일어나는 취약 지역과 재난에 노출이 많이 되는 취약계층을 의식하게 된다. 그들은 주민들이 풍수해가 상습적으로 일어나는 지역에 거주하는 한 재난 문제가 근본적으로 해결될 수는 없음을 통찰한다. 그리고 빈곤자, 노약자 등 사회적 약자들이 재난에 더 많이 노출되어 있음에도 불구하고 자원봉사에서조차 그들이 차별적인 대우를 받고 있음을 지적한다.

> "재난은 대부분 인재라는 생각을 가지고 있다. 여러 경험을 했다… 수해피해 지역에 정착하고 있어 피해가 날 수밖에 없다… 그런 게 인재라는 것이다. 최근 기후변화로 수해가 많이 발생하는데. 단기적으로는 훈련이 가능하지만 장기적인 예방은 무엇인가? 사전에 예측하고 그런걸 공급해 줄 필요가 있는데 우리나라는 단기적인 데 초점을 맞추고 있다. 장기적으로 하기 위해서는 기본적으로 재난이 인재라는 인식이 있어야 할 거 같습니다."

> "NGO에서는 사람의 문제를 드러내야 한다. 수해복구도 항구 복구라는 이름 하에 사람이 빠지게 된다. 자원봉사도 지원되는 건 사회적 약자에게 더 지원되어야 한다. 현실은 부농에 지원이 간다. 더 절실한 쪽으로 지원이 가는 게 합리적이다."

② 반복성

자원봉사자와 NGO조직들은 지구온난화에 따른 기후변화로 인하여 풍수해가 빈번히 발생하기도 하지만, 현장의 상황을 무시한 획일화된 재난 복구작업으로 인하여, 재해가 일어난 지역에 또 재해가 반복적으로 일어나고 있음을 지적한다. 그에 따라 매년 똑같은 수준의 재난구호활동을 반복하고 있을 뿐만 아니라 똑같은 혼란과 갈등상황으로 내몰리고 있음을 인식하게 된다.

> "연구의 주체는 NGO쪽에서 해야 할 것이다. 장기적 계획이 동시에 진행되어야 한다. 기후변화가 심해지면 동일 지역에서 피해가 매년 발생할 수 있다고 본다. 그런 걸 대비하기 위한 연구 집단들의 공격적이며 진솔한 연구가 필요하다고 본다."

> "현장에서 보면 고민없이 획일화된 복구를 하고 있다. 땅 따먹기 식 복구이다. 그런 식으로 복구를 하니까 절대 예방이 될 수 없다…… 전문가가 참여해서 실질적으로 해야 한다."

> "늘 똑같이 간다. 매년 반복된다."

(2) 배분적 장애

인과적 조건에서는 대규모 재난현장에서의 구호활동이 혼란과 갈등을 초래하는데 '배분적 장애'가 중요한 영향을 미치는 것으로 나타났다. 여기서는 이들 내용을 10가지 개념으로 추상화시킨 다음 '지연성', '편중성', '계급적 편향성'의 세 가지 하위범주로 구분했고, 이들 하위범주들을 묶어서 '배분적 장애'의 범주로 명명했다.

① 지연성

자원봉사자와 NGO조직들은 위급한 재난상황에서 일어나는 배분적 장애의 하나로서 구호물품이 필요한 수요자들에게 즉각적으로 배분되지 않는 시간적인 지연현상을 지적한다. 이러한 지연이 일어나는 것은 피해조사를 하는 사람과 구호물품을 분배하는 사람이 분리되어 있는 데 그 원인이 있으며, 따라서 지연은 구조적인 것이다.

> "조사하는 사람과 물건을 보급하는 사람이 따로 있다. 조사를 했는데…… 즉시 공급이 되어야 하는데 현장과 사무적인 것의 괴리가 있다…… 키 스테이션이 있으면 분배해 주어야 하는데, 분배가 잘 안된다. 어디 지역은 라면 하나도 못 받았다는 게 매스컴에 나오기도 한다.
>
> 그게 배분의 체계가 없다. 창고에는 잔뜩 쌓여 있는데, 그게 당장에 필요한 물품이 (생수 등) 전달되지 않는다."
>
> "오전에 조사하고 오후에 아무도 안 갖다 주면 문제다. 조사는 동사무소, 부녀회 등이 조사를 다니지만 배달이 없다."
>
> "적십자뿐 아니라 자치단체에서도 직접 하려고 하는데 노하우가 없다."
>
> "지금도 분배가 안된 물건들이 산더미처럼 쌓여 있을 것이다. 재해현장에서는 초기가 제일 중요해요, 1주일 정도가 가장 중요하다고 본다. 우리나라는 긴급구호시스템이 잘 갖춰져 있지 않은것 같다. 그런게 안타깝다."

② 편중성

다른 배분적 장애로는 구호물품의 배분이나 자원봉사 활동이 재난지역이나 대상, 시기에 따라 중복된다는 점을 지적하였다. 재난현장에서는 자원봉사자들이 어떤 지역에는 과도하게 편중되는가 하면 어떤 지역에는 꼭 필요로 하는 정도만큼 배치되지 않는 현상이 발생한다. 특정한 지역에서의 구호활동의 중복은 다른 지역에서의 구호활동의 결핍과 맞물린다. 이처럼 구호물품의 배분이나 봉사활동이 특정한 지역에게 편중적으로 집중되거나 결여하는 현상은 지자체 공무원들의 편의성 위주의 행정, 이장 개인의 역량 등에 그 원인이 있다.

> "주기 편한데 위주로 갖다 준다. 요즘 지자체는 당신들은 뭐했느냐는 민원이 들어오기 때문에 자기네들도 일을 해야 한다."

> "평창군은 덜하다. 가리산리 덕적리 등 인제가 피해는 더 많았다. 재해의 비대칭적 요인이 있어 실제 정부 지원은 평창군에만 집중했다. 비대칭적 요소들이 있다. 이장 개인역량에 따라. 사방댐이 20억 정도 든다. 사방댐 1개만 지어지지 않아도, 제가 볼 때는 10개는 지어지지 않아도 된다고 판단했다."

> "가리산리와 덕적리 경우 이장이 다른데 대응이 다르다. 한쪽은 네트워크 활용해서 잘 하는데 한쪽은 다르다. 사방댐을 유형별로 다르게 지어 그걸 관광자원화한다. 그걸 보고 필요하지 않다라고 할 수 없었다. 실제는 필요하지 않다고 생각한다."

③ 계급적 편향성

또 다른 배분적 장애로는 계급적 편향성이 언급되었다. 수해복구비뿐만 아니라 자원봉사도 빈농, 노약자 등 사회적 약자에게 부농보다 더 적게 돌아간다. 부농들은 보상비와 구호물품에 대한 의존도가 빈농들에 비하여 적음에도 불구하고, 사회적 네트워크가 잘 형성되어 있는 부농들이 빈농들보다 더 많은 혜택을 입는다는 것이다.

> "수해복구에 있어 주체라는 개념이 빠진 것 같다. 주체의 문제를 드러내지 않으면 재난 문제도 해결이 안된다. NGO에서는 사람의 문제를 드러내야 한다. 수해복구도 항구복구라는 이름 하에 사람이 빠지게 된다. 자원봉사도 지원되는 건 사회적 약자에게 더 지원되어야 한다. 현실은 부농에 지원이 간다. 더 절실한 쪽으로 지원이 가는 게 합리적이다."

> "수해복구 갔었다. 30헥타르 피해 지역과 1헥타르 피해 지역 피해시 사회적 약자를 더 지원해야 한다."

2) 중심 현상

중심 현상은 대규모 재난현장에서 일어나는 재난구호시스템의 혼란이라는 기본적인 사회적 문제를 일컫는다. 재난구호의 과정에서 나타나는 이러한 혼란은 제도적인 문제와 더불어 재난구호시스템의 혼란의 중심이 되는 현상은 세 가지 범주로 구분된다. 먼저 구호활동에 참여하는 조직들간의 연계성이 미흡하고, 그들 조직간에 소통이 부재하여 야기되는 '무질서'가 첫 번째 범주이다. 두 번째는 구호활동에 참여하는 조직들간의 조정이 결여되어 있는 상황에서, 그로 인한 심리적인 불안으로 나타나는 '부조화' 범주이다. 세 번째는 구호활동에 대한 정보의 투명성이 결여되고, 구호지원의 공정성이 결여된 데서 비롯된 '갈등' 범주이다.

(1) 무질서

여기서는 재난현장에서 구호활동 참여자들이 경험한 혼란과 관련하여 모두 18개 개념을 추상화하였다. 이 중에서 6가지 개념을 다시 '조직간 연계성 미흡', '소통의 부재'의 두 가지 하위범주로 명명하였다. 그리고 이들을 종합하여 '무질서'란 범주로 명명하였다.

① 조직간 연계성 미흡

일반 공무원과 경찰, 소방서간, 행정기관(공무원)과 NGO들간, 혹은 NGO조직들간의 연계성이 미흡하다는 사실이 서로 상대방 조직의 활동을 '무질서'한 것으로 바라보게 한다. 행정기관에서는 조직적 활동을 선호하는 탓으로 민간조직들이 수행하는 대부분의 구호활동을 무질서한 것으로 간주한다. 따라서 지자체 및 소방방재청은 어떤 민간조직의 활동이든 감시와 통제를 받아야 한다고 생각한다. 또한 대한적십자사, 전국재해구호협회, 자원봉사센터와 같은 기존의 전국적 자원봉사단체는 재난 구호현장에 자발적으로 뛰어든 개별 자원봉사자나 다른 자원봉사단체들의 활동을 무질서하다고 간주한다. 다시 말해, 행정기관과 각종 자원봉사단체간의 연계성 부족이나 자원봉사조직들간의 연계성 부족은 서로간의 역량을 무시하도록 만든다. 나아가 민간 자원봉사조직들은 자신들을 무시하는 공무원들의 일방적인 일처리 방식에 대한 반감이 크다.

> "봉사활동 한 지 오래되었다. 요즘은 자원봉사자에 대한 사람들의 인식이 개선되었는데 전에는 덜했다. 요즘은 너무 무질서하게 들어온다. 각 지자체는 자원봉사 시스템을 각자 가지고 있다. 자원봉사법인가 그걸로 일원화되어 있다. 적십자사가 시스템이 가장 잘 되어 있다. 지금은 시민단체에서 조직된 부분이 많다. 그러다 보니 현장에서 충돌된 사례가 있다."

> "소방방재청에서 주관하고 있다. 문제는 공무원적 사회와 민간과는 체계가 묘하게 되어 있다. 자원봉사자는 일을 저지르고 보는 스타일인데 공무원은 책임소재 때문에 그런지 몰라도 결재하고 보고하고 등등 과정을 거쳐야 한다. 그게 합리적일 수는 있지만 공무원들 스타일은 답답하다."

> "공무원이 하다보면 너무 일방적이 되요, 가리산리 천 설계시 공무원은 볼 능력이 없다. 예를 들어 네트워크가 구축되지 않으면 공무원은 지탄의 대상이 된다."

> "공무원을 지원해 줄 수 있는 시스템이 필요하다. 지역사회에서는 그러한 이유로 공무원과 지역공동체 사이의 관계도 몇 개의 다리를 건너면 붕괴된다."

② 소통의 부재

위급한 재난상황에서 행정기관과 주민들간, 행정기관과 자원봉사단체들간의 소통의 부재는 상대방의 구호활동을 무능력하거나 체계가 없는 것으로, 즉 무질서한 것으로 인식하게 한다. 소통의 부재로 인하여 행정기관에서는 동네 주민들의 정보나 자원봉사자의 구호 역량과 자질이 체계가 없다고 간주하여 구호활동에 오히려 혼란을 초래할 것으로 받아들이는 반면에, NGO조직들은 그들대로 재난현장에서 이루어지는 행정적 처리에 대한 확신을 가지고 있지 않다.

"미국은 자원봉사자가 없다면 시스템이 이루어지지 않는다, 그런데 우리는 관에서 자기네가 다 해야 한다. 능력도 없지만 다 한다. 근데 이게 쉽게 바뀌지 않는다."

"관에서는 관 쪽으로만 모아서 갈려고 하는데 현장에서는 관만 가지고는 안된다."

"구호물품 집행도 마찬가지이다. 재해가 발생하면 전국에 대피소가 있다. 적십자에서는 대피소 현황까지 다 있다. 정부는 자기네들이 직접 다해야 한다고 생각한다. 현장에서는 속 터진다."

"예를 들면, 어느 지역 폭우가 예산된다는 기상예보가 있다. 그러면 그 동네의 주민들이 돌아다니면서 체크를 한다. 그런 시스템은 잘 되어 있는데 그런 정보를 관에 전달할 수 있는 길이 없고 전달해도 먹히지도 않는다. 그런 훌륭한 자원을 갖고 있는데도 활용방안을 찾지 않는다. 지역 주민들은 경험으로 잘 안다. 하수구 구멍이나 도로상황 개선 등 수시로 체크 한다. 그걸 전달할 수 있는 체계가 없다."

"제일 핵심이 거기 인거 같아요. 왜 저럴까 하는 생각을 너무 많이 하게 된다. 근데 그 사람들은 그렇게 밖에 할 수 없다."

(2) 부조화

구호활동 참여자들은 대규모 재난현장에서 다른 조직과 서로 잘 조화되지 않는 구호활동 경험을 모두 5개 개념으로 명명하였다. 여기서는 이를 다시 '조정 결여', '심리적 불안'의 두 가지 하위범주로 추상화했다.

그리고 이들을 종합하여 '부조화'란 범주로 명명했다.

① 조정 결여

재난구호활동에서 일어나는 혼란의 상당 부분은 구호관련 조직들의 활동간에 조정이 매우 미흡하다는 데 있다. 대한적십자사, 전국재해구호협회, 자원봉사센터 등 전문적인 자원봉사단체들은 구호활동의 신속성과 효율성을 높이려는 목적에서 공공조직으로부터의 역할 분담에 관심이 있다. 비록 세 자원봉사단체들이 나름대로 체계를 갖추어 구호활동을 펼치고 있다고는 하지만, 그들이 구호활동을 적절하게 분담하여 자원봉사자들의 역량과 자질을 충분히 활용하고 있다고 보기는 어렵다. 더욱이 일반적인 자원봉사단체들이나 대학생들로 구성된 학교 단위의 자원봉사단, 교회나 사찰의 자원봉사자, 그리고 개별적으로 활동하는 자원봉사자들은 가장 열성적으로 구호활동에 참여함에도 불구하고 구호활동의 조정이 거의 이루어지지 않고 있다.

> "저희 시스템은 차에다 구호품을 싣고 다닌다. 무전기 차량이 있어요…… 외국하고도 통신이 가능하다. 그전에는 개인차량 이용했었다. 구호품도 조금 싣고 다닌다. 그걸로 호응이 많았다. 관에서는 관 쪽으로만 모아서 갈려고 하는데 현장에서는 관만 가지고는 안된다. 민관이 합동해서 그런 처리가 되도록 시스템이 갖춰져야 한다. 관보다는 정보력이 좋고 현장감이 있다. 완벽하게 하는 건 관에서 하고 실제로 움직이는 건 민에서 하는 시스템이 좋다고 본다."

> "적십자사에서 할 수 있는 역량이 있다. 저희도 아마추어무선사만 2천여 명 있는데 그걸 활용을 못한다."

> "방재청에서 능력도 없는데 모든 건 방재청을 통해 이루어지고 있다고 생각한다. 통합이 되면 로드가 많이 걸린다. 방재청에서는 각 소방서에다 구호품 가져다줘라 소방서여서 불 끄고 물건 갖다 주겠다,

라는 이상한 얘기도 한다. 자기네 파워가 약해지는 걸 의식해서인지 이해를 못하겠다. 민간에게 주어도 충분히 처리할 수 있는데 활용을 못한다."

"지자체도 선거를 겨냥해서 스스로 하려고 한다. NGO단체들도 지자체가 육성하려고 한다. 적십자의 모델을 가져다 한다. 적십자와 봉사단체가 상충되는 부분들이 있다. 우리는 적십자 도움이 필요 없다는 데도 있다. 역량을 벗어나면 요청한다."

"왜 저럴까 하는 생각을 너무 많이 하게 된다…… 이장들을 통해서 하는데 이장들도 편협된 생각을 하는 사람들이 많다. 그분들하고 말다툼하기도 한다."

② 심리적 불안

재난구호활동에서는 재난피해자들이 일상생활로 복귀하는 데 어려움을 겪는다는 사실이 드러나면서 점점 더 심리적 불안의 중요성이 부각되고 있다. 왜냐하면 피해자들이 재난을 통해 경험하는 상실감은 경제적 피해 이상으로 가족이나 지역공동체에 커다란 손실을 야기하기 때문이다. 그럼에도 불구하고 정부와 민간구호단체는 그동안 경제적 보상이나 구호물자의 제공 등 물리적 손실의 회복에만 관심을 두었을 뿐 심리적 안정의 회복은 상대적으로 소홀히 하였다. 비록 대한적십자사가 심리적 불안의 처리에 관심을 두고 있다고는 하나 다른 자원봉사조직들의 활동과 조화를 이루지 못함으로써 활동의 효과성이 떨어지는 문제를 안고 있다.

"피해가 날 때 말씀드리면 단기적으로는 1주일 이내에서는 가족들의 다침 등 일종의 상실감이 있다. 근데 그런 분들을 만나보면 2차 피해가 더 크다. 타인과의 관계형성에서 오는 피해이다…… 전체 피해를 알면 상실감은 있지만 주장은 강하지 않다. 정보가 없으면 고통이 개인화된다…… 나는 아무것도 아니구나 하고 합리적으로 된다. 공급자는 전체적인 정보를 제공해 주어야 한다. 그러면 공동체 문제가 해소된다고 본다.”

“재난관리 복지라는 개념 중에서 심리치료가 중요하다고 생각한다. 고향 떠나고 싶다는 상실감 등. 재난관리 목적은 수요자의 복지라는 건 공동체를 유지시키는 것이라고 본다. 자원봉사시스템도 그런 게 강화되었으면 좋겠다.”

“우리도 심리적 지지 부스를 재난현장에 설치한다. 심리적 안정도 굉장히 중요하다. 미아보호소, 구호시스템, 의료까지 다 들어간다. 심리적 지지는 따로 교육 프로그램이 있다. 그분들과 대화해서 마음의 안정을 찾게 한다. 그런 사람들이 자살충동을 느끼는데 그러한 자살충동 등을 방지한다.”

(3) 갈등

구호활동 참여자들은 대규모 재난현장에서 참여 조직들간의 갈등 경험을 모두 8가지 개념으로 형상화하고 있었다. 여기서는 이를 다시 ‘투명성 결여’, ‘공정성 결여’의 두 가지 하위범주로 추상화시켰다.

① 투명성 결여

대규모 재난을 중심으로 한 재난피해자들간의 갈등은 구호물품의 배분과 피해조사, 그리고 재해복구 과정에서 대체로 행정적 자료의 비공개, 공유하는 정보의 부족 등 투명성의 결여로 인하여 일어난다. 불확실성 속에서 완전한 정보에 대한 접근이 차단되어 있는 자원봉사자들은 작은 피해에도 과민반응을 보이면서 갈등을 일으키고는 한다.

“실제 1년이 지난 인제를 가보면 현지는 칼부림 일보 직전이다. 이재민간의 갈등이 있다. 동네분이 얼른 보면 주민들이 싸웠다고 하는데,

외부에서 자원봉사가 오면, 전체 피해 규모를 모른다. 아랫집, 윗집 등등 반파, 완파, 사망 등등…… 피해에 대한 정보가 없어 갈등이 악화된다."

"그게 투명성으로도 귀결될 수 있다…… 식사는 충분하다는 걸 알려줘야 싸움이 나지 않는다. 행정적으로 수치를 투명하게 해야 하는데 근데 행정적으로는 섣불리 오픈을 못한다, 책임져야 하기 때문에, 근데 그런 걸 민간이 잡으면 된다. 사망사고 피해조사 등 책임소재 때문에 그런다. 구호물품 집행도 마찬가지이다."

② 공정성 결여

지역공동체에서 갈등이 발생하는 가장 큰 요인은 공정성의 결여이다. 대체로 주민들간의 갈등은 구호물품, 자원봉사 등 구호서비스가 형평성을 결여한 데서 비롯된다. 따라서 행정기관은 형평성을 우선하는 형태로 구호서비스를 제공하려고 노력한다. 그럼에도 불구하고 공정성의 시비는 예외없이 벌어진다. 지역의 재난현장에서 뛰는 이장은 구호서비스의 배분이나 피해조사 활동 과정에서 누구보다도 공정성의 시비에 휘말릴 가능성이 높다.

"자원봉사 역시 중앙 중심적으로 이루어진다."

"저희가 피해조사를 나가는데 우리가 하는 시스템은 체계적으로 되어 있다. 침수라고 하면 문틀을 경계선으로 완전침수, 부분침수로 나눈다. 그걸로 액수가 많이 달라지고 따라서 서로간에 갈등이 생긴다. 어느 정도 기준 틀이 있는 사람들이 가야 공정성이 유지된다."

"비대칭적 요소들이 있다. 이장 개인역량에 따라 달라진다. 사방댐이 20억 정도 든다. 사방댐 1개만 지어지지 않아도, 제가 볼 때는 10개는 지어지지 않아도 된다고 판단했다."

"현장에 가면 이장들이 추천하는 쪽으로 가게 된다."

"이장들을 통해서 하는데 이장들도 편협된 생각을 하는 사람들이 많다. 그 분들하고 말다툼하기도 한다. 이 분이 더 피해를 많이 봤잖습니까 하면, 괜찮다고 하고, 이장을 통한 조사도 공정치 못한 게 있다. 시골에선 이장의 권한이 대통령만큼 막강하다. 그렇게 되어 있어 정확한 게 나올 수 없다. 물론 참여는 시켜야 하지만 공정성이 요구된다. 1년이 걸려서라도 확실하게 되어야 한다."

3) 맥락

맥락이란 사람들이 작용・상호작용을 통해 반응해야 할 구호활동의 혼란 상황이나 갈등 문제를 만들어내는 특수한 조건으로, 중심 현상에 영향을 미쳐서 세부적인 내용에 차이를 불러오게 한다. 여기서는 맥락을 구성하는 범주로 다른 집단에 대한 불신을 꼽는다. 그 하위범주로는 행정기관의 일반 공무원, 소방서, 경찰, 기업, 군 등에 대한 불신이 언급된다.

(1) 다른 집단에 대한 불신

중심 현상에 차원적 차이를 불러오는 핵심 요인은 다른 집단에 대한 불신이었다. 자원봉사자와 NGO조직들은 재난현장에서 구호활동이라는 공동의 목적 하에 참여했던 다른 조직들에 대한 강한 불신을 드러냈다. 이러한 총체적 불신은 14가지 개념으로 추상화되었으며, 이들 개념은 다시 '일반 공무원', '소방서, 경찰', '기업', '군' 등 대상 집단별로 네 가지 하위범주로 구분되었다.

① 일반 공무원

다른 집단에 대한 불신들 중에서도 공무원에 대한 불신이 가장 중요한 맥락을 구성한다. 자원봉사자와 NGO조직들은 재난관리시스템 및 긴급대응시스템, 구호서비스와 관련하여 일반 공무원들의 관료주의적인 일 처리 방식을 신뢰하지 않는다. 이러한 공적 서비스에 대한 불신이 구호활동의 혼란 상황이나 갈등 문제를 일으키는 특수한 조건이 된다.

> "우리는 관에서 자기네가 다 해야 한다. 능력도 없지만 다 한다. 근데 이게 쉽게 바뀌지 않는다…… 아무리 토론이 잘 되어도 적용되지 않으면 안된다. 민과 관이 할 수 있는 부분이 따로 있고 관은 절대 그런 시스템을 구축할 수 없다."

> "공무원이 하다보면 너무 일방적이 되요, 가리산리 천 설계시 공무원은 볼 능력이 없다. 예를 들어 네트워크 구축되지 않으면 공무원은 지탄의 대상이 된다. 구조적인 문제인데 집중적 행정지원시스템 지원이 안되어 있다…… 맨 날 공무원 얘기하고 민간 얘기하는데, 공무원들은 일을 한다. 공무원이 수시로 방문하는데도 잘 안된다…… 중앙 정부시스템이 있는지 생각해봐야 한다."

> "관에서는 담당자가 너무 적고 종합적인 걸 판단하고 보고하는 능력이 안된다. 사후 약방문격으로 뻔히 보이는 걸 외면하고 터지고 나서 난리법석이다."

> "현장에서 보면 고민없이 획일화된 복구를 하고 있다. 땅 따먹기 식 복구이다. 그런 식으로 복구를 하니까 절대 예방이 될 수 없다. 토목학회에서 참여해서 전문가가 참여해서 실질적으로 해야 한다. 용역주는 게 훨씬 싸게 먹힌다. 땅만 걷어내도 획일 공사해도 행정적으로 오케이다."

> "바닥에서 올라오는 것이 현실적인데 관에서는 형식적이 된다."

② 소방서, 경찰

소방방재청, 소방서, 경찰은 재난현장에서 재난관리 및 재난구호와 관련하여 핵심적인 역할을 하고 있음에도 불구하고 민간 부문 구호단체들로부터 불신을 받고 있다. 이러한 사실이 재난관리 및 재난구호 활동의 효율성을 떨어뜨리기도 하지만 혼란 상황을 초래하기도 한다.

> "방재청에서 능력도 없는데 모든 건 방재청을 통해 이루어지고 있다고 생각한다. 통합이 되면 로드가 많이 걸린다. 방재청에서는 '각 소방서에다 구호품 가져다줘라 소방서여서 불 끄고 물건 갖다 주겠다'라는 이상한 얘기도 한다. 자기네 파워가 약해지는 걸 의식해서인지 이해를 못하겠다."

> "경찰, 소방서는 윗사람 올 때까지 놀다가 윗사람 오면 하는 척하고 밥 먹고 간다. 큰 차 불러서 의자 배치하고 사진 찍고 간다. 사진 찍을 수 있는 곳은 그나마 사정이 나은 데다. 조그만 데는 사진 각도도 안 나온다."

③ 기업

기업들은 구호물품과 기계, 장비를 제공하는 등 재해구호에 있어 중요한 역할을 하고 있지만, 그들은 자사에 이익이 되는 한에서 구호활동과 복구활동에 참여하고 있다. 재난구호도 자사의 제품이나 이미지를 홍보하는 기회로 간주하여 최대한 이용하려고 한다. 복구업자들도 재난복구에의 참여 기회를 이용하여 수익을 극대화하려는 도구적인 행위를 한다. 이러한 기업의 행태에 대한 자원봉사자와 NGO조직들의 불신은 서로 다른 문화적 차이에서 오는 것이다.

> "삼성에서도 삼성로고가 붙은 긴급구호세트나 보호세트가 있는데, 삼성은 로고를 붙여서 적십자사에 보내온다. 자기네 물건을 많이 내줘라."

"사방댐이 20억 정도 든다. 사방댐 1개만 지어지지 않아도, 제가 볼 때는 10개는 지어지지 않아도 된다고 판단했다…… 복구업자만을 위한 사업이다. 포크레인이 필요없는 곳까지 포크레인은 들어간다."

④ 군

군의 자원봉사는 대량의 인력과 기계, 장비 등을 제공하여 구호활동 및 복구활동의 효과를 높인다는 점에서 매우 중요하다. 그런 군의 자원봉사활동에 대해서도 자원봉사자와 NGO조직들이 불신을 보내는 것은 문화적 차이에서 오는 것이라고 볼 수밖에 없다.

"군에서도 자원봉사 하고 갔는데 전시적인 게 많다. 예를 들면, 사진 찍고 밥 먹고 생색내다가 간다."

"군인들이 수해복구에 있어 어떻게 참여시킬 것인가를 잡아내는 게 중요하다. 연구가 필요하다고 본다… 일반 사단은 처리가 느리다."

4) 중재적 조건

중재적 조건이란 재난현장에서의 구호활동 과정에서 일어나는 혼란에 속하는 보다 광범위한 구조적 상황으로, 주어진 혼란 현상과 관련하여 다른 집단에 대한 불신의 맥락에서 작용·상호작용 전략을 촉진하거나 방해하는 것을 일컫는다. 여기서는 재난구호활동을 촉진하거나 억제하는 등의 영향을 미치는 자원봉사조직의 내·외적 통제요인으로 해석하였다. 인터뷰 자료를 분석한 결과 본 연구의 중재적 조건은 '피해조사의 합리성 요구'와 'NGO의 자율성'으로 나타났다.

(1) 피해조사의 합리성 요구

재난현장에서의 구호활동에 대한 자원봉사자와 NGO조직 외부에서 작동하는 통제 요인은 지역의 재난피해를 조사하는 행태였다. 구호활동의 참여자들이 경험하는 조직 외부의 통제와 관련하여 모두 7개 개념이 도출되었다. 이 개념들로부터 다시 '적시성', '적합성'의 두 가지 하위범주를 명명하였다. 그리고 이들을 종합하여 '피해조사의 합리성 요구'란 범주로 명명하였다.

① 적시성

이재민들에게 배포하는 재해구호물품은 적절한 시기와 지역에 지원될 수 있어야 한다. 재난에 대한 대응에는 다른 무엇보다도 신속성이 요구된다는 것이다.

> "일의 우선순위를 생각해야 한다. 행정에게는 피해 집계가 우선순위다. 하지만 구호가 우선순위다…… 공무원은 필요없는 정보수집에 시달릴 필요가 없을 것이다. 이장들은 중앙정부가 파악해 달라는 게 너무 많다고 한다."

> "정부에서는 문서화를 위해 완벽한 조사를 하려고 쓸데 없는 조사까지 한다. 지역에 있는 사람들이 잘 알건데, 모든 걸 자기네가 확인하려고 한다. 그러면 결론이 늦어지게 된다. 조사만 하다가 끝난다. 조사를 해 갔다면, 이 사람들이 제일 필요한 게 뭔가 하고 바로 지원을 해 주어야 한다. 1차 피해조사하고 긴급한 것은 일단 투여해야 하고 나중에 취합해야 한다."

② 적합성

일반 시민, 특히 구호서비스의 직접적인 수혜자들이 구호서비스의 공급에 적극적으로 개입할 것을 요구한다. 미래가 불확실한 상황에서 이재민들의 구호서비스에 대한 다양한 요구들을 수용하기에는 공공 부문의 노력만으로는 불충분하기 때문에 민관협력이 필요하다는 것이다. 즉, 긴급구호시스템을 일종의 민관협력체로 구축함으로써 조사와 배분이 통합되도록 한다는 것이다.

"어느 지역 폭우가 예상된다는 기상예보가 있다. 그러면 그 동네의 주민들이 돌아다니면서 체크를 한다. 그런 시스템은 잘 되어 있는데 그런 정보를 관에 전달할 수 있는 길이 없고 전달해도 먹히지도 않는다. 그런 훌륭한 자원을 갖고 있는데도 활용방안을 찾지 않는다. 지역 주민들은 경험으로 잘 안다. 하수구 구멍이나 도로상황 개선 등 수시로 체크한다. 그걸 전달할 수 있는 체계가 없다."

"민관이 합동해서 그런 처리가 되도록 시스템이 갖춰져야 한다. 관보다는 정보력이 좋고 현장감이 있다. 완벽하게 하는 건 관에서 하고 실제로 움직이는 건 민에서 하는 시스템이 좋다고 본다."

"우리나라는 긴급구호 시스템이 잘 갖춰 있지 않은 것 같다. 그런 게 안타깝다. 조사하는 사람이 배분도 하는 시스템이 갖춰줘야 한다. 오전에 조사하고 오후에 아무도 안 갖다 주면 문제다."

"민간에게 주어도 충분히 처리할 수 있는데 활용을 못한다."

(2) NGO의 자율성

자원봉사자와 NGO조직의 내부에서 작동하는 통제 요인은 조직의 자율성이었다. 여기서는 구호활동의 참여자들이 경험하는 조직 내적인 통제와 관련하여 모두 9개 개념이 도출되었다. 이 개념들로부터 다시 '자기신뢰', '자기성찰'의 두 가지 하위범주를 명명하였다. 그리고 이들을 종합하여 'NGO의 자율성'이란 범주로 명명하였다.

① 자기신뢰

자원봉사자와 NGO조직들은 구호활동에 참여하는 다른 집단들은 불신하는 반면에 자신의 능력에 대해서는 강한 신뢰를 드러낸다. NGO조직들은 민간기구이기 때문에 이재민들의 피해상황을 행정기관보다 더 심도있게 파악할 수 있다고 보며, 나아가 주민들의 피해를 공정하게 조사하고 정보를 투명하게 공개할 수도 있다고 주장한다. 따라서 관건은 NGO들이 긴밀한 네트워크를 조직화하고, 재난취약 지역과 재난취약집단 문제를 해결하기 위한 장기적인 계획을 수립할 수 있도록 행정기관이 NGO조직들에 신뢰를 보내야 하는 것이다.

> "우리는 민 쪽에서 깊이있게 들여다 볼 수 있다. 하지만 관에서는 서류상으로 만들어야 하기 때문에 그렇게 볼 수가 없어요."

> "저희가 피해조사를 나가는데 우리가 하는 시스템은 체계적으로 되어 있다. 침수라고 하면 문틀을 경계선으로 완전침수, 부분침수로 나눈다. 그걸로 액수가 많이 달라지고…… 어느 정도 기준 틀이 있는 사람들이 가야 공정성이 유지된다. 저희 같은 적십자는 15개 본 지사에서 교차로 들어간다. 예를 들어 강원도가 있다면 강원, 경기, 서울에서 들어온다. 상황이 끝나면 흩어지곤 한다."

> "행정적으로 수치를 투명하게 해야 하는데 근데 행정적으로는 섣불리 오픈을 못한다, 책임져야 하기 때문에, 근데 그런 걸 민간이 잡으면 된다…… 구호물품 집행도 마찬가지이다. 재해가 발생하면 전국에 대피소가 있다. 적십자에서는 대피소 현황까지 다 있다…… 정부는 자기네들이 직접 다해야 한다고 생각한다. 현장에서는 속 터진다."

> "현장에 가면 이장들이 추천하는 쪽으로 가게 된다. 우리는 이장이 지정하는 게 아니라 봉사원이 요구한다."

> "자원봉사시스템은 우수인력으로 잘 되어 있다. 그걸 취합하면 된다. 그건 돈이 필요하지 않다. 우리나라 사람들도 의식이 깨어 있어서 자원봉사를 하려는 사람들이 훨씬 많다. 자원봉사를 엮을 수 있는 게 중요하다."

> "적십자사에 (자원봉사를 조직화)할 수 있는 역량이 있다. 저희도 아

마추어무선사만 2천여 명 있는데 그걸 활용을 못한다."

"하지만 민간 봉사는 자기가 밥 해먹으면서 한다."

"연구의 주체는 NGO쪽에서 해야 할 것이다…… 우리는 연구 자료를 가지고 있는데 아직 못하고 있다. 장기적 계획이 동시에 진행되어야 한다. 기후변화가 심해지면 동일 지역에서 피해가 매년 발생할 수 있다고 본다. 그런 걸 대비하기 위한 연구 집단들의 공격적이며 진솔한 연구가 필요하다고 본다."

② 자기성찰

NGO조직의 강점은 역시 자기신뢰의 범주를 넘어서는 자기성찰의 능력에 있다. NGO조직들은 자신들의 자원봉사가 관료적인 행정기관처럼 중앙 중심적으로 가게 되지는 않는지 끊임없이 성찰하고, 실제로 민관협력의 재난구호시스템을 구축할 만큼 민간 네트워크가 존재하는지를 되묻는다. 그리고 추후에 재난관리 및 재난구호 활동에 대한 평가를 할 것을 요청한다.

"자원봉사도 역시 중앙 중심적으로 이루어진다. 개인적으로도 '중앙 집중적인 질문이 되지 않나'라고 하고 자문해 본다."

"반대로 자원봉사 연구자들에게 자문해야 한다…… 맨 날 공무원 얘기하고 민간 얘기하는데, 공무원들은 일을 한다. 공무원이 수시로 방문하는데도 잘 안 된다. 민간 네트워크가 있는지…… 생각해 봐야 한다."

"요번에 강원도 복구가 항구복구 개념이 도입되어 하천 폭이 넓어졌지만, 처음 사례기 때문에 면밀히 검토해 봐야 할 것이다. 왜냐면 이게 처음이기 때문에 모범이 될 거 거든요, 하지만 이게 시민사회에서 원했던 복구방식인지 검증을 해야 한다."

"복구 지원시스템도 체계적으로 마련해야겠다는 생각이 든다. 수해가 나면 차분해야겠다는 생각이 든다. 언론 문제일 수도 있다. 일의 우선순위를 생각해야 한다."

"작년에 수천억 강원도에 투자했는데 얼마나 효율적으로 되어 있는지 그런 평가연구도 진행되어야 한다. 현재 사후복구 시스템을 예방으로 돌릴 수 있는 전략이 필요하다. 그런 걸 사회적으로 입증하고 확인해야 한다. 수해복구가 제대로 되었는지 그런 평가가 필요하다."

5) 작용·상호작용 전략

근거이론에서 작용·상호작용 전략이란 재난현장에서의 구호활동의 혼란이라는 중심 현상을 관리, 해결하거나 조절, 처리하기 위한 의도적이고 고의적인 전략을 일컫는다. 여기에서는 두 가지 범주가 도출되었는데, '다른 집단과의 상호이해'와 '대안제시'가 그것이다.

(1) 다른 집단과의 상호이해

자원봉사자와 NGO조직들은 다른 집단에 대한 불신을 드러내면서도 재난현장에서의 민관협력체 구축이라는 자신의 목적을 달성하기 위해 그들 집단에 대한 상호이해의 전략을 구사한다. 자원봉사자와 NGO조직들이 다른 집단들에 대해 상호이해를 도모하는 전략을 12가지 개념으로 추상화시킨 다음 이를 '일반 공무원', '소방서, 경찰', '군' 등 세 가지 하위범주로 명명했다. 그리고 이를 '다른 집단과의 상호이해'라는 범주로 다시 추상화시켰다.

① 일반 공무원

자원봉사자와 NGO조직들은 농촌 지역의 공무원에 대해서 또 하나의 피해자로서 이해하는 입장을 취한다. 이러한 피해자로서의 인식은 이들

NGO조직에게 자원봉사시스템을 통하여 공무원을 지원해야 하는 정당성을 제공한다.

> "농촌에서는 지역 공무원도 또 하나의 피해자이다. 이게 인력이 없어요…… 공무원을 지원해 줄 수 있는 자원봉사 시스템이 필요하다."

> "지역공동체의 공무원들은 2중의 피해자라는 사실이 강조되어야 한다. 대도시와는 달리 익명성이 보장 안되는 그런 현실을 직시해야 한다. 따듯한 비판들이 필요하다."

> "부모가 돌아가셔도 공무원이라는 직책 때문에 나가야 한다. 잘해야 본전이다."

② 소방서

소방서의 대원들이 소수에 불과하기 때문에 구호의 혼란 문제가 발생한다는 NGO조직들의 양해는 자신들에게 자원봉사시스템을 통하여 소방서의 부족한 인원을 지원해야 하는 정당성을 제공한다.

> "지방의 재난관련 공무원들은 소수에 불과해요. 그래서 그분들이 제대로 역할을 못함으로써 또 다시 문제가 생긴다."

③ 군

군은 대량의 인력을 조달하고 기계, 장비를 제공하는 등 재난구호활동과 재난복구활동에 많은 기여를 하고 있다. 군부대의 신속한 대응과 관련하여 NGO조직들이 긍정과 부정의 상반되는 태도를 취하는 것은 군의 역할이 공공 부문에 속하지도 민간 부문에 속하지도 않기 때문이다.

> "군의 역할이 가리산리 이장은 군부대를 긍정적으로 평가한다. 군인들이 수해복구에 있어 어떻게 참여시킬 것인가를 잡아내는 게 중요하다. 연구가 필요하다고 본다. 특수부대는 지원이 빠르다…… 독자

적으로 움직일 수 있는 시스템이 되면 군의 대민접촉이 잘 될 것이라고 본다."

"여유부대는 재난에 대해 신속하게 운용할 수 있을 것이다. 그리고 재해발생시 독자적인 활동이 필요하다고 본다. 수해가 많이 발생하는 산간 지역의 경우 엄청난 자원인 것 같다."

"민간인 지역에 피해가 발생하면 군부대도 피해가 발생하게 된다. 피해가 나도 군부대가 여력이 없는 경우도 있다. 인명피해와 장비손실 등. 하지만 매스컴에서는 잘 안된다고 보도된다. 좋은 발상이지만 그런 애로사항도 있다."

(2) 대안제시

자원봉사자와 NGO조직들은 다른 집단에 대한 상호이해의 전략과 더불어 구호활동의 혼란을 극복할 수 있는 구체적인 대안을 제시하고 있다. 이상과 같은 내용은 네 가지 개념으로 명명되어 '조직간 연계', '사회적 통합', '타인과의 관계형성'이라는 세 가지 하위범주로 추상화된 다음, '대안제시'라는 범주로 규정되었다.

① 조직간 연계

자원봉사자와 NGO조직들은 공무원에 대한 지원과 더불어 민간 네트워크의 구축을 대안으로서 제시한다. 그들은 양자의 동시적 진행을 상호보완적인 것으로 간주한다.

"중앙인력이나 퇴직인력 등 지원인력시스템도 필요하다고 본다. 공무원을 지원해 줄 수 있는 자원봉사시스템이 필요하다."

"언제 일어날지 모르는 재난 때문에 공무원을 배치할 수 없다면, 민간 네트워크가 있어야 한다. 그리고 그런 시스템은 같이 가야 한다. 공무원이 하다보면 너무 일방적이 되요…… 민간 네트워크가 구축되지 않으면 공무원은 지탄의 대상이 된다."

② 사회적 통합

자원봉사자와 NGO조직들은 정보의 공유를 통한 상호 신뢰의 구축을 공동체의 유지, 즉 사회적 통합을 이끌어낼 수 있는 대안으로 제시한다.

> "공급자는 전체적인 정보를 제공해 주어야 한다. 그러면 공동체 문제가 해소된다고 본다."

> "재난관리 목적은 수요자의 복지라는 건 공동체를 유지시키는 것이라고 본다. 자원봉사시스템도 그런 게 강화되었으면 좋겠다."

③ 타인과의 관계 형성

자원봉사자와 NGO조직들은 또한 구호활동의 혼란을 극복할 수 있는 대안으로 마을공동체가 집단적인 갈등과 심리 치료를 통해서 다른 집단들과 긍정적인 관계를 형성할 것을 제안한다.

> "자원봉사활동은 타인과의 관계형성에서 긍정적이다. 문제는 재산피해만 피해로 보고 있는 것이다."

> "마을위령제를 통해 안정화를 거치는 과정처럼 갈등과 심리치료가 복합적으로 되어야 한다…… 우리는 놀이치료 등으로 경험했다."

6) 결과

결과는 재난현장에서의 자원봉사활동이 급격히 확산되면서 생겨난 구호활동의 혼란 현상을 극복하기 위해서, 자원종사자와 NGO조직들이 다른 집단들과의 상호이해, 대안제시 등 작용·상호작용 전략을 취한 다음에 나타나는 의도적인 결과 혹은 자연발생적인 결과를 의미한다. 결과는 차후에 발생될 작용·상호작용 전략이나 중재적 조건으로 되먹임(feed-back)되는 특징이 있다. 여기서 결과는 구호활동의 혼란 현상에의 '적응 · 부적응'과 '계획의 장기성'의 두 가지 범주로 나타났다.

(1) 적응 · 부적응

결과적으로 구호활동의 혼란 현상에 대한 자원봉사자와 NGO조직들의 적응과 부적응으로 나타났다. 여기서는 이에 해당되는 8가지 개념을 명명했고, 이를 다시 '결정에의 주민참여'와 '심리치료', '정보의 공유'라는 세 가지 하위범주로 추상화시켰으며, 끝으로 '적응 · 부적응'이라는 범주를 명명했다.

① 결정에의 주민참여

정부지원도 재난으로 파괴된 하천, 도로, 주거지, 농경지 등의 단순한 원상복구가 아니라 마을 주민들이 자기 마을의 발전 계획과 연계하여 사용할 수 있도록 바뀌어야 한다. 그렇게 되기 위해서는 주민들이 재난관리 예산의 사용뿐만 아니라 마을의 발전 계획을 수립하고 집행하는데 참여할 수 있어야 한다. 주민들의 결정과정에의 참여는 행정기관과 주민간의 상호이해를 증진시키고, 주민의 요구와 선호에 대한 행정의 대응성을 높인다. 즉, 행정기관에 대한 주민들의 신뢰를 높일 수 있다.

> "정부지원을 잘 활용하면 덕적리 주민들의 요구를 쉽게 들어줄 수 있는 것이다. 재난관리 예산이 100억이라면 10억 정도는 주민들의 요구를 들어줄 수 있을 것이다. 적은 돈으로도 마을 발전기금을 수립할 수 있다. 수백억이 투자되는 가리산리, 덕적리 등 자기 마을의 발전계획을 짜고 수해복구를 했다면 이중적으로 들어가지 않아도 된다."

② 심리 치료

만일 재난현장에서의 구호활동에 재난피해자에 대한 심리 치료가 추가된다면, 재난피해자들의 일상생활로의 복귀는 훨씬 더 용이해질 것이다.

> "심리치료사와 갈등해결사가 필요하다고 본다. 전문가가 아니더라도 지역의 명망인사들이 중재할 수 있는 자원봉사시스템이 갈등 해소 차원에서 중요하다…… 하소연 들어주는 것 자체가 사람들의 지속적 관심을 가지고 있다는 걸 느낀다."

재난관리 복지라는 개념 중에서 심리치료가 중요하다…… 고향 떠나고 싶다는 상실감 등. 재난관리 목적은 수요자의 복지라는 건 공동체를 유지시키는 것이라고 본다. 자원봉사시스템도 그런 게 강화되었으면 좋겠다.

③ 정보의 공유

재난관리 및 구호활동이 행해지는 과정에서 모든 정보가 공개된다면, 행정기관과 재난피해자간 갈등뿐만 아니라 재난 구호활동의 참여조직들간 갈등도 해소될 것이라고 본다.

> 피해에 대한 정보가 없어 갈등이 악화된다. 자기들의 피해 규모를 알게 되면 이기적인 존재로 되지 않을까 생각한다…… 나는 아무것도 아니구나 하고 합리적으로 된다. 공급자는 전체적인 정보를 제공해 주어야 한다. 그러면 공동체 문제가 해소된다.

> 동네의 주민들이 돌아다니면서 체크를 한다. 그런 시스템은 잘 되어 있는데 그런 정보를 관에 전달할 수 있는 길이 없고…… 그걸 전달할 수 있는 체계가 없다.

피해가 발생되면 피해주민들에게 정보를 공개하고 양해를 구하면 피해주민들의 초조함과 폭력성 등도 완화될 것이라고 한다. 그리고 지원이 올 것이라는 걸 확인시켜 줘야 한다. 단 언제 올 것이라는 거를 확인해주면 초조해지지 않게 만들 것이다.

④ 민관협력

대규모 재난이 발생하면 재난관리서비스, 재난구호서비스, 재난복구서비스 등 많은 사회적 서비스가 필요하게 되지만, 행정기관이 그 모든 것을 감당할 수는 없다. NGO조직은 민간 부문과 공공 부문이 역할을 나누어 협력하는 시스템을 만들 것을 제안한다. 이러한 민관협력은 행정기관과 NGO조직의 역할을 기계적으로 나누는 것만으로는 이루어지지 않는다.

> "관에서는 관쪽으로만 모아서 갈려고 하는데 현장에서는 관만 가지고는 안된다. 민관이 합동해서 그런 처리가 되도록 시스템이 갖춰져야 한다. 관보다는 정보력이 좋고 현장감이 있다. 완벽하게 하는 건 관에서 하고 실제로 움직이는 건 민에서 하는 시스템이 좋다고 본다."

> "적십자뿐 아니라 자치단체에서도 직접 하려고 하는데 노하우가 없다…… 그런 체계가 일원화가 되어야 한다…… 조사하는 사람이 배분도 하는 시스템이 갖춰줘야 한다."

(2) 계획의 장기성

결과는 재난복구가 마을의 발전계획과 연계하여 장기적인 계획 속에 작성되어야 한다는 요구로 드러났다. 여기서는 이들 내용을 두 가지 개념으로 도출하였는데, 이들은 다시 '집단이주'와 '친환경성'이라는 두 가지 하위범주로 추상화된 다음 '계획의 장기성'이라는 범주로 명명되었다.

① 집단이주

장기적으로 보면 취약 지역의 경우 집단이주만이 사회적 비용을 최소화시킬 수 있는 근본적인 해결책이다.

지금은 대부분의 예산은 하천, 도로, 댐 등등에 치중한다. 소수의 집만 이주하면 사방댐 등 대규모 공사를 하지 않아도 된다. 그런 식으로 장기적인 복구시스템을 수립해야 한다.

② 친환경성

마찬가지로 장기적으로 보면, 지역개발보다는 친환경적인 대책이 사회적 비용을 절약하는 방법이다.

친환경적인 방재대책 등이 연구되어야 한다. 우선순위를 높여야 한다고 본다. 하천, 거주, 농경지 등 장기적으로 예산을 줄인다고 보면 구조적인 문제들을 봐야 한다. 환경단체만의 문제가 아니다. 복합적으로 봐야 한다.

자원봉사자와 NGO조직의 평등주의 문화는 상대적으로 빈곤한 재난취약 지역과 재난취약계층에서의 재난의 반복성에 대한 집합적인 위험혐오와 사회로의 책임귀속으로 기운다. 여기서 평등주의의 집합적 정체성은 재난서비스의 공급자인 행정기관과 그 수혜자인 재난피해자간의 차이의 축소에 지향되어 있다. 피해 당사자인 지역주민들은 연대하여 재난관리와 재난구호, 특히 복구계획의 수립과 집행과정에 참여함으로써 감시를 통해 비위사건의 발생을 막고 공공 기반시설 확충으로의 자금전용을 막음으로써, 궁극적으로 정부가 신뢰를 회복하게 된다. 즉, 자원봉사자와 NGO조직의 평등주의 문화는 집단 차원에서의 연대, 연결망 차원에서의 약한 행위규칙에 기초하는 차이의 최소화프로그램을 기술한다.

제16장

이재민의 탄식

이재민의 어려움을 파악하기 위해 실시한 면담 자료를 분석한 결과 184개의 개념 및 28개의 하위범주, 그리고 9개의 범주가 도출되었는데 이를 정리하면 <표 16-1>과 같다.

▶ 표 16-1 ◀ 이재민의 관점에서 본 재난관리서비스의 문제점과 개선방안

패러다임	범주	하위범주	개념
인과적조건	비효율적 예산집행	예산부족	· 재해지역 선포해줘도 · 오는 건 아무것도 없어요 · 36억 공사비 가지고 보상만 해줘야 할 형편 · 정부에서 실물 보상까지 못해줘 · 맨날 하면 돈이 없다고 · 해주고 싶은데 돈 없어서 못해준다 · 군예산이 딸려서 · 개인 돈 투자해서 했더라고 · 그냥 뾰족한 수가 없어요 · 예산이 없으니까
		예산반환	· 돈을 반환할거냐 · 내년 말까지라니까 · 국비를 주고도 사업을 못하고 반환해야

패러다임	범주	하위 범주	개 념
	보상의 어려움	보상액 문제	· 보상비가 현실에 안 맞는 거야 · 수해나면 농민들은 그냥 다 당하고 마는 거야 · 양도소득세 55% 주고나면 · 자기가 살고 남을 것도 없다 이거야 · 그래 이거 땅만 뺏기는 거지 · 돈이 충분히 나왔다고 볼 수가 없는 · 수해복구비 백만원 나오면 백오십, 이백 들어가는데
		보상대상 문제	· 내 집가진 사람은 보상되는데 세입자는 보상안돼 · 도배지만 제공 · 똑같은 상황인데 한사람은 보상받고 한사람은 못 받고 · 서울사람이 주인이고 내가 경작했는데 · 나는 내년에 벌지도 못하고 주인은 고치지도 않고 · 농사져서 남의 땅 지가 지돈 들여 복구해야 하는지도 모르지
		주민갈등	· 주민들이 서로 서운해짐 · 이장이고 뭐고 버리고 싶더라고 · 자기들이 (유실, 매몰의) 뜻을 몰라 잘못해 놓고 이장 탓 · 이장이 시간을 많이 뺏겨 · 복구 순서 정하는 걸로 사람들이 싸워
맥락	재난 관리의 부실행정	주먹구구식 피해조사	· 주민이 유실인지 매몰인지 그 뜻을 몰라 · 3일만에 내가(이장) 누구네가 유실되고, 누구네가 매몰되고 모르잖아요 · 관에서 현지답사가 없던거야 · 주먹구구 · 이튿날 빨리 해와라 · 돌아 볼 겨를도 없이 · 뜻을 몰라서 매몰로 해 보상을 하나도 못 받아 · 유실인지 매몰인지 분간 못해서 · 어떤 사람은 유실됐는데, 매몰이라고해서 10원 한 장 못받아 · 조사원들이 피해조사 안해
		불합리한 복구지원	· 딴 데는 다 복구됐는데 이 형님네 밭은 복구 하나도 안되고 · 980평은 천평이 안되니까 50만원 주고 · 우리 집은 더 피해 입었는데 보상 한푼도 안나오고 · 물 찼다가 빠져버렸으니까 피해로 들어가지 않더라고 · 내 돈 들여 후딱했더니, 싹 복구를 했다고 복구가 된 데는 이게(보상금)이 빠져버리더라고 · 이장한테 개인적으로 신청
	시스템 부재	지방정부의 무책임	· 국비로 갖다 줬으면 · 알아서 해줘야지

패러다임	범주	하위범주	개 념
			· 전부다 지방건설과장님하고 군수님한테 쫓아가서 연락 · 근데 이게 실적이 아니잖아 · 벌써 세 번째인가 네 번째인가 말해봤다고 · 투정만 자꾸 하시고 · 공무원들하고 접근하기가 상당히 힘들어
		비체계적 자원봉사	· 해달라고 하면 하고 · 알아서 하고 · 학생들끼리 준비해서 · 알아서 자기가
중심범주	재난을 부르는 복구	임기응변식 복구	· 집 네 채가 뜬겨야 · 현실에 맞지도 않으니까, · 지금은 뭐 어림없어요, · 안 보이는 경우에는 (복구가) 하나도 안되어 있다고요, · 나중에 보니까 떠내려간 부분만 땜빵 · 안에 조그만 데는 하나도 안했어요 · 땜질 형식인가요 · 보이는 부분만 한 거라고 · 실제로 피해 입은 거에 30% 될까 말까 · 땜빵 밖에 안되 · 큰 데만 하고 작은 데는 그대로 다 · 절단나고 심하고 아주 저기한데만 고침 · 논 사람들 큰 자리만 땜질하는 정도 · 도내 체육대회 한다고 수해복구는 봄에 끝나버림 · 매년 피해를 보는데도 땜빵으로 하니까
		엉터리 복구	· 복구시설이 제대로 안되어 있으니까 · 복구가 제대로 안됐으니까 거기에 속이 더 많이 상하는 거죠 · 너무 복구가 엉망으로 되어 있으니까 · 다리 7개가 다 잘못됐어요 · 지금 복구 형편없이 됐어요 · 기초 공구리할 때 바위나오면 그걸로 끝 · 기초가 약해서 기초 깨지면 다 밀려 내려가 · 시방 그 동네 다리 놓는 게 급한 게 아니에요 · 급한 제방 뚝은 안하고 · 이게 무슨 놈의 공법이냔 말이야
		지역성을 고려하지 않은 수방	· 전체가 다 수박 특화지역 · 벼농사 질 때는 논이 담수역할 · 예전에는 300미리 와도 끄떡도 없었는데 · 지금은 300미리 오면 여기다 뜬다고

패러다임	범주	하위범주	개 념
		시설	· 소류지가 하나도 없지 · 담수될 데가 없지 · 이거 뭐 고일 새도 없이 쏟아지니까 · 저 위에 저수지 4천만평을 산업단지로 · 농민들이 반대하는데 이미 허가 · 근본적인 대책을 거기서부터 · 비만 하늘에서 떨어지면 · 침수되었다가 빠지는거 밖에 없는데 · 농다리 개발되고 그러면 여기 비 많이 오면 그럼 침수 많이 될거여 · 배수가 안되니까
		복구지연	· 금년에 공사를 했어야 했는데 · 무슨 뭐 설명회 한다 뭐 한다하면서 진전이 없더라고 · '어'하고 1년 지나가고 · 직무유기 · 일년 돌이 지나도록 흙 한 삽도 못대고 · 현재 큰 삽도 못 뜨고 · 착공이라고 그냥 좀 해달라는 거고 · 빠꾸가 되고 빠꾸가 되서, 1년이 지나도록 못했다 · 30%도 복구가 안된거예요 · 여기서부터 약 1Km가량을 건들지도 않았어요
		피해재발	· 복구를 안해줘 가지고 싹 떠내려갔어요 · 그 아주머니 저를 붙잡고 우시더라고 또 이렇게 됐냐고 · 피해 반복
	재난현장의 고통	열악한 환경	· 삼복더위 · 재래식 화장실이 떠가지고 · 방에 들어가면 화장실에 들어간거 같고 · 물건을 하나도 쓸 수가 없어 · 핸캐미 · 이건 뭐 말도 못하는 거죠 · 밥 해 먹을 것도 없었다고 · 침수됐다 하면 엄청나게 다 고장나 · 못잤죠 · 고쳐봐야 한 이태 쓰고 나니까 절단나더라고
		정신적 스트레스	· 우린 잠 하나도 못자요 · 밤에 저러면 싹 다 죽었다고 · 우리는 불 키고서 11시까지 못자고 있었어 · 충격

패러다임	범주	하위 범주	개 념
중재적 조건	다양한 구호활동	물적 지원	· 이월 상품되는 거 지사님이 얘기해서 · 장판은 엘지화학에서 물품기부 · 밥솥 가져오는 사람 · 가스렌지 가져오는 사람 · 방역이나 소독차 · 구호품, 밥솥, 선풍기 갖다줘서 · 담요로부터 심지어 후라시 · 안온게 없어요 · 쌀
		면사무소의 고마움	· 면에서 전부 노나줬어요 · 면사무소에서 배분 · 산업계 직원들이 퇴근도 못하고 미안한 생각이 들더라고 · 우리를 위해서 고생하는 구나 · 관에서 안해주면 절단 날겨
		수해 복구 서비스 만족	· 우선 주거 지역에 수해복구하는 데 차질이 없더라고 · 좌우지간 우리가 당해 봤지만 당한 사람이 불평이 없고 · 하여간 참 잘해주는 구나 · 그게 급할 때 필요한 걸 넣어주는거 보고 깜짝 놀란거예요
		자원봉사자 활동	· 계속 들어왔어요 · 장판 도배하는 사람들이 와서 · 자원봉사자들이 다해줬어 · 열일 제쳐 놓고 · 그런 고마움을 느꼈어 · 사회단체에서 전부 쫓아왔어 · 적십자가 밥을 해줘서 · 여자들이 와서 일주일 밥 해주고 · 소방대에서 와서 나흘 정도 밥 해주고 · 그런데서 먹고 도배혀, 장판혀 · 재개가 되더라고 · 각 병원에서 와서 치료를 해줬어 · 충북대에서도 오고 · 서경대에서도 학생들 오고 · 그래도 꽤 도움이 되더라고 · 학생 여러 명 갔으니까
		군부대 지원	· 747부대하고 자매결연 · 군인이 안도와줬으면 이걸 하덜 못해 · 요번에도 군인들이 투입이 많이 되었습니다

패러다임	범주	하위범주		개 념
작용/상호작용전략	주체별 다각적 요구	군 : 지속적 상호작용		· 여기서 무슨 일 있으면 재들이 딱 쫓아오지 · 그래서 우리도 부대에 무슨 일 있다 하믄 돼지라도 한 마리씩 갖다주지
		지방정부 : 예산 집행정보 공개요구		· 돈이 얼마나 책정됐는지 · 주민들은 그게 궁금한거예요 · 말로만 · 예산타령만 하는 거예요 · 하물며 재난지역으로 선포 · 어디에 뭘했길래
		복구에 대한 요구	복구 대책	· 중앙부처에서 어떤 특별법을 만들어서 · 복구하는 것을 과감하게 해야지 · 자연친화적 재난관리 · 연차적으로
			복구에 대한 바램	· 수해복구 좀 잘해서 · 재해가 돌아오지 않게끔
		보상 요구	보상에 대한 바램	· 100평씩 나누어서 보상 · 현찰로 줘서
결과	상반된 행동의식	자포자기		· 자포자기 · 당하는 수밖에 · 바라지도 않아
		지속적 요구		· 계속 요구 · 찾아가서 알아보는데

<표 16-1>의 결과를 토대로 축코딩을 통해 구축된 패러다임 모형은 [그림 16-1]과 같다.

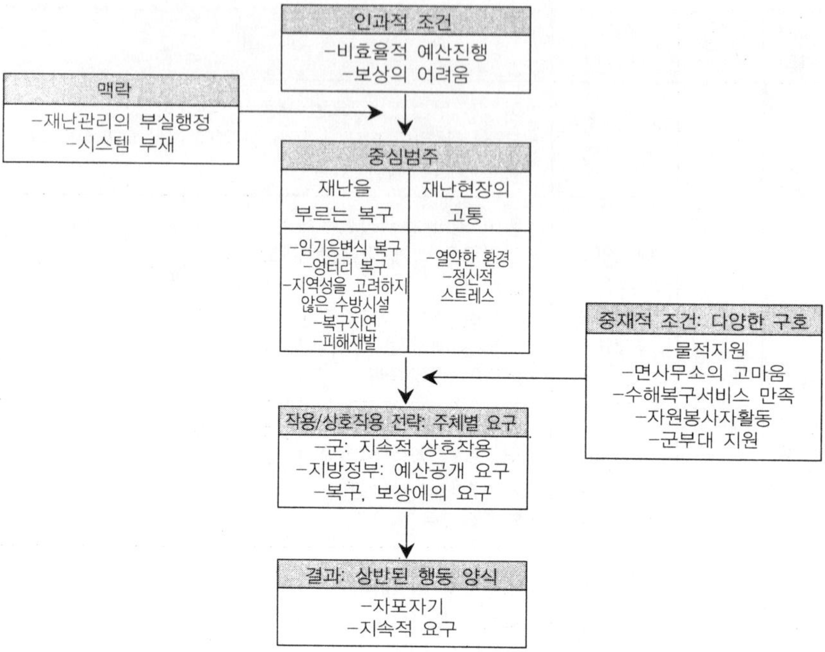

[그림 16-1] 이재민 관점 패러다임 모형

1) 인과조건

어떤 현상이 일어나게 되는 원인이나 조건들을 설명해 주는 것으로 (Strauss & Corbin, 1990) 본 연구에서는 이재민의 관점에서 본 재난관리서비스의 문제점이 발생하게 된 원인으로 재난 복구와 보상으로 사용되어야 할 예산의 '비효율적 집행'과 이재민들의 피해 '보상의 어려움'이라고 할 수 있다. 이러한 인과적 조건은 재난을 경험한 이재민들 모두가 공통적으로 경험하게 된다.

(1) 비효율적 예산 집행

비효율적 예산 집행은 ① 예산부족과 ② 예산반환의 형태로 나타난다.

① 예산부족

비효율적 예산집행에서 두드러지게 나타나는 문제는 예산부족이다. 예산부족은 전반적인 재해복구와 관련되어 있어 재해관리서비스에 전체적으로 영향을 미친다. 이는 재난을 부르는 복구의 원인이자 모든 재난관리서비스 문제점의 최종 핑계거리가 되곤 한다. 공급되는 예산은 늘 한정되어 있으며 이를 효율적으로 활용하기 위해 마련되는 것이 관리시스템이다. 이러한 사실에 근거하여 보았을 때, 예산 부족은 재난관리서비스시스템의 불완전성이라는 문제와 직결될 수 있다.

> "그렇지 보상비 포함한 공사비 총금액이야 그게. 지금 관에서는 저 양반들 얘기하는 대로 하면 해주다보면……보상비가 36억 공사비를 가지고 보상만 해줘야 할 형편인디……."

② 예산반환

예산부족과 마찬가지로 예산 반환 역시 재난관리서비스시스템의 불완전성과 연관이 된다. 전반적인 재난관리서비스의 불완전성은 복구 지연을 불러오고 있다. 이러한 과정에서 지나친 복구지연으로 예산을 사용하지 못하고 묶여 있는 경우 예산반환의 문제가 대두된다. 이는 이재민들이 빠른 시일 내에 재난 이전의 정상적인 생활로 돌아갈 수 있도록 복구서비스가 이루어져야 하지만 복구시스템의 문제로 복구가 장기간 지연되고 있는데 이것을 정부는 예산을 사용할 필요성이 없다고 판단하여 예산을 반환하라는 지시를 내리게 된다. 따라서 예산반환의 문제는 이재민의 복구에 대한 기대가 좌절시키고 일상적인 생활로의 복귀 자체에 걸림돌이 되고 있다.

> "예산이 떨어졌는데도……공사비는 떨어졌는데 복구비를 사용 못하고, 공사를 못하면 그러면 이 돈을 반환할거냐. 내년 말까지라니까"

"그래서 참 진퇴양난이야. 그게 왜냐하면 사람들이 측량을 안해준다고 해서 원망도 못하겠고 그게 현실에 맞지도 않으니까 그런데다가 저거 만약에 소방방재청에서 국비를 주고도 사업을 못하고 반환하면……일단은 우리가 너 침수되면 어디 항의할 데가 없는거야. 왜냐하면 수방 계획 세우라고 돈도 줬는데 그것도 못한다고 하면……요번에 사업은 꼭 해야 되긴 하는데 그런 어려움에 봉착돼 있어요."

(2) 보상의 어려움

보상의 어려움은 ① 보상액 문제, ② 보상대상 문제, ③ 주민갈등으로 나타나며 이러한 보상의 문제가 주민들에게 있어 가장 큰 경제적・심리적 문제를 일으켰다.

① 보상액 문제

보상의 어려움에서 나타난 보상액의 문제는 앞에서 살펴본 예산부족과 직결된다. 전반적으로 예산이 부족하다보니 이재민들 개개인에게 돌아가는 보상액 또한 부족할 수밖에 없다. 따라서 재난이 발생하게 되면 이재민들이 정상적인 생활로 돌아가는 것에 큰 어려움이 있다. 또한 보상액이 적기 때문에 환경보수에 역시 개인적 자산을 사용할 수밖에 없다.

"주민들이 예를 들어서 농사짓는 사람들이 하우스에 수박이 다 침수되는 사람들 그때 한통에 시가가 400만원……열동 침수되면 4,000만원 침수된 사람들이 정부에서 통장으로 120만원인가 들어왔다고 하더라고 그니까 그 실물보상은 수해나면 농민들은 그냥 다 당하고 마는거야. 정부에서 실물보상까지 못해줘."

"곡식들은 보상이 없고, 땅은 누구네 땅인지 얼마가 유실됐다 신고하면 그런 건 복구비가 들어 왔나봐. 나왔는데 사실 백만원 나오면 백오십만원, 이백만원이 들어가는 거야. 나오는거 가지고는 모자라지."

"예를 들어서 어떤 사람이 땅이 이게 500평당 70만원에 샀다고 70만원에 샀는데 예를 들어 요번에 저 감정평가원에서 얘기를 해서 120만원을 준다고 했는데 이 양반이 안한데. 그래 왜그랴니까 이게 70만원 주고 샀지만 이게 공시지가에서 의해서 이전에 했다 이거야. 그래서 지금 150만원이니 200만원이니 줘도 그 저 양도소득세 55%주고 나면 자기 살고 남을 것도 없다 이거야. 이게 인제 뭔……."

② 보상대상 문제

보상의 어려움은 보상액 문제에서 그치지 않는다. 보상 대상에서 그 문제는 더욱 명확해진다. 보상대상의 문제는 피해의 크기와 피해 당사자의 문제로 나눌 수 있는데, 먼저 피해의 크기를 살며보면, 피해가 동일한 경우임에도 불구하고 피해조사의 문제로 인해서 다른 액수의 보상금이 지급된다든지 피해의 정도와 인과성이 결여된 채 보상금이 지급되는 경우를 말한다.

피해 당사자의 문제는 피해대상(땅 또는 건물)의 주인과 피해대상의 사용인(경작인 등)이 다를 경우 발행하게 되는 문제이다. 실질적으로 재난이 발생할 경우 피해대상을 사용하는 사람이 경제적으로 가장 큰 피해를 입게 됨에도 불구하고 실질적으로 보상금은 주인에게 지급된다. 이 경우 피해대상의 주인이 지급된 보상금으로 피해대상을 복구할 경우 문제가 발생하지 않으나, 피해대상을 복구하지 않을 경우 실질적으로 주인의 생활에는 큰 피해가 없으나 사용인의 경우 생활 전반에 큰 문제를 야기하게 된다. 이럴 경우 사용인이 개인적 자산을 사용하여 피해대상을 복구해야 하는 불합리한 문제와 직결된다.

"왜 딴 집은 피해를 덜 입었는데 보상이 나왔는데, 왜 우리 집은 더 피해를 입었는데 왜 보상 한 푼도 안나왔느냐. 그게 제일 난감하더라고요."

"그게 이제 왜 서울사람들이 땅 사고서 농사 지어서 쓰라고 주는 경우에는 복구비가 땅주인한테 가지 않습니까? 그런 경우 그 돈을 다시 내라면……."

"서울사람이 지주가 따로 있는데, 내가 이제 경작을 했다고요. 작년에 신청하면 지주 앞으로 뭐라고 갔잖아. 했는데 결국은 지주 앞으로 가니깐 내가 경작한 사람은 그걸 올해는 농사를 하게 됐지만 내년엔 벌지도 못했으니깐 하도 안 할꺼 아녜요. 못 할꺼 아녜요. 그러니깐 지주가 안 고쳐 놓은 건 못하는 거죠. 그렇게 된거야."

"많다고, 몇 군데 있지. 동막골 저……. 지주한테 나와서 돈이 나가는지 안 나가는지 몰라고, 그럴지도 몰라 지역사람들은 모르지 모르고, 그렇게 되면 농사져서 남의 땅 지가 지 돈 들여서 복구해야 하는지도 모르지."

③ 주민 갈등

보상금과 복구대상에 대한 불균형적인 지원으로 인하여 재난 지역 주민들의 사이가 소원해지기도 하였다. 이 경우 재난현장을 조사하는데 큰 역할을 한 지역대표(이장)가 빠른 복구와 보상금 혜택을 받기 위해 분골쇄신하였음에도 불구하고 지역주민 개개인이 적절한 보상금 지원을 받지 못했다고 판단할 경우 이장에 대한 불만을 남 모르게 표함에 따라 지역주민들간에 큰 갈등을 빚기도 하였다.

"작년 가을에 보상이 나오니깐, 그 양반이 통장을 떠보니깐 누구네는 돈이 들어왔다는데, 내 통장에는 한푼도 안들어 왔다 그래가지고 아주 딴 사람들은 우리보다 더 많이 받고 그런 얘기까지 저한테 와서 하는데요. 그때는 이장이고 뭐고 다 내팽개치고 다 관두고 싶더라고요. 왜 본인들이 직접와서 못했는데, 하랬는데 못해놓고 이렇게 해놓고선……그게 제일 힘들어서 올 봄에는 그게 제일 힘들었던 문제예요."

"……조금 탄 양반들이 자기네들이 뜻을 몰라서 그렇게 해놓고선, 그게 또 그 양반 한 푼도 못 받은 양반이 전 이장님네라고 그걸 고대로 면사무소에 복사해가지고 가서 이거 보십시오. 이거 내 글씨 아닙니다. 조금 탄 양반들이 누구네보다 조금 탔다고 이렇게 해가지고, 그 타격이 말로 못합니다."

2) 맥락적 조건

맥락적 조건은 중심범주에 영향을 미치는 상황이나 문제를 만들어내는 특수한 조건들로 작용·상호작용 전략을 다루고, 조절하고, 수행하며, 어떤 특수한 현상에 대응하기 위해 취해지는 구체적인 상황이다(Strauss & Corbin, 1990). 본 연구에서는 이재민의 관점에서 본 재난관리서비스의 문제점에 대한 맥락적 조건은 체계적이지 못한 주먹구구식 피해조사와 이재민들의 전반적 상황을 고려하지 못한 불합리한 복구지원을 포함하는 '재난관리의 부실행정'과 재난관리의 '시스템 부재'이다. 이러한 상황은 극한 상황에 처한 이재민들에게 더 큰 절망이나 좌절을 경험하게 할 수 있다.

(1) 재난관리의 부실행정

재난관리에서 목격되는 부실행정으로는 ① 주먹구구식 피해조사와 ② 불합리한 복구지원 등이 있다.

① 주먹구구식 피해조사

보상금은 실질적 현장조사에 의해서 부동산의 유실 또는 매몰에 따라 차등 지원이 되고 있으나 재난현장의 환경이 매우 열악하고 조사자 또한 전문적이지 못하므로 조사가 제대로 이루어지지 않아 보상금 또한 제대로 지급되지 못하고 있어 이것은 지역주민들간에 갈등을 야기하고 있었다. 또한 피해조사에 핵심이 되는 유실 또는 매몰이라는 용어가 지역 주민들에게 생소하고 어렵게 다가와 고령의 노인들뿐만 아니라 대부분의 지역주민이 이 용어를 제대로 이해하지 못하여 조사 자체에 많은 어려움을 낳고 있다.

"그게 어떻게 된 상황이냐면 피해를 입고나서 3일인가 금방이예요. 3일 안에, 빨리 해가지고 여기도 다 죄다…… 내가 누구네 유실되고, 누구네 매몰되고 모르잖아요. 주민이 유실인지 매몰인지 그 뜻을 몰라가지고, 노인들은 남이 유실이라고 하면 내가 유실이다 남이 매몰이라고 하면 매몰이다 이렇게 하는 바람에 이게 전혀……. 관에서는 현지 답사가 없던거야. 확인을 안했던 거야."

"그 양반네가 480평이예요. 그 양반이 다 유실된 거였어요. 근데 뜻을 몰라서 매몰로 해가지고 보상을 하나도 못 받으신거라고……그래서 제가 면사무소 쫓아가서 사실 그 양반이 노인네라서 나 이장인데 어떻게 그냥 안되냐고……다 그래가지고 그렇다고 어떻게 할 수 없잖아요. 어떻게 면사무소 가서 딴데 사업하려고 내논 돈 어떻게 해서 돈 백만원이라도 드리자고."

② 불합리한 복구지원

앞에서 살펴본 사실에 기인해 보았을 때 전반적으로 이재민들은 복구지원이 상당히 불합리하다고 판단하고 있었다. 피해조사에서부터 복구에까지 전반적인 과정 하나 하나가 체계적이지 못한데 이러한 사실이 기인한다. 이러한 판단은 주민간의 관계를 소원하게 만들고 서로 서로간의 상호작용으로 빠른 일상생활로의 복귀를 저해하는 요인으로 작용하고 있었다.

"물이 찼다가 빠져버리니깐 논 같은데 들어가면 (벼가)서 있으니까 피해로 들어가지를 않더라고요."

"제가 다른 이장들보다 응급복구를 하는 게 장비를 불러와서 후딱 했더니, 싹 복구를 했다고. 그랬더니 이게 빠른거야. 복구가 된 데가 이제 빠져버리더라고요. 대충 해가지고 이게 제대로 된 건데, 이게 전부……."

(2) 시스템 부재

재난관리시스템 부재는 ① 지방정부의 무책임과 ② 비체계적 자원봉사 등이 있다.

① 지방정부의 무책임

지방정부의 경우 소외된 집단에 대한 적극적인 배려가 부재되어 있다고 이재민들은 생각하였다. 정작 자신들의 실적이나 이익과 관계되지 않거나 자신들이 재난을 경험하지 않기 때문에 실질적으로 이재민들이 어떠한 고통이 처해 있는지 판단하지 못하고 예산이 부족하다는 것을 핑계로 모든 복구지원에 대한 책임을 회피하려는 경향을 보이고 있다고 증언하였다.

"우리 같은 경우 조금만 더 50미리만 더 왔어도 작년 꼴 났어요. 왜? 다리가 문제니깐. 제방이 문제가 아니라 다리가 문제니깐 다리가 또 넘쳐버리면 똑같은 현상이 또 일어나. 물이 불어나니깐. 여기 있는 사람들 전부 다 지방 건설과장님하고 군수님한테 쫓아가서 연락을 했는데, 제발 우리 마을에는 다리 일곱 개 있는데 그것만 떼 놓고는 다시 놔주면 하자없다고 맨날 얘기 하는데, 면장님 제일 취임하셔서 먼저 다리부터 보여드렸다고. 근데 이게 실적이 아니잖아……."

"……왜 지들 아쉬워서 서로가 자기가 와서 어떻고 어떻고 해야 하는데, 수해 입고나서 낯짝도 안보여요. 그러니 이게 면사무소에 온단 말예요. 면사무소에 이장이 오면 그러면 꼴 뒤배기 싫어서……. 와서 우리 구역 좀 봐달라 상황이 이런데 한 번쯤은 와 달라고 통사정을 했어요. 그럼 '언제 한번 갈께요' 이러고 며칠날 온다고 그래서, 노인 양반 불러다가 모셔놨다고. 저 아래다가 모셔놨는데, 몇 시까지 온다고 전화가 왔어요. 왔는데, 바쁜 일 있다고 다른데 가야 한다고 다른데 갔어요. 그럼 저는 뭐가 돼요. 자기가 전화 해가지고 몇 시까지 온다고 노인 양반들 불러 모아 놨는데…… 그 이후로 전화 한 번 없어요. 아주 그냥 의원들이 싸가지가 하나도 없다고."

② 비체계적 자원봉사

재난이 발생한 당시에 자원봉사자들이 하루에도 수백명씩 지역을 방문하여 도움을 주었으나 이들을 상부에서 지휘하지 않고 각 단체들이 알아서 도움을 주었다고 한다. 수백명의 자원봉사자들의 노동력은 기초로 하여 제대로 된 지원체계만 잡힌다면 훨씬 효율적인 재난복구가 이루어질 수 있을 것임에도 불구하고 실질적으로 이러한 부분의 재난관리서비스시스템이 부실한 것으로 판단된다. 체계적이지 못한 시스템은 자칫 잘못하면 현장을 더 소란스럽게 만들어 이재민들에게 피해를 줄 수도 있기 때문에 자원봉사자를 대상으로 한 재난관리서비스시스템이 빠른 시일 내에 구축되어야 한다.

3) 중심범주

중심범주는 "여기서 무엇이 진행되고 있는가"를 나타내는 것으로 작용·상호작용 전략들에 의해 다루어지고 조절되는 중심생각이나 사건들이다(Strauss & Corbin, 1990). 본 연구에서 이재민들에 대한 재난관리서비스의 문제점은 임기웅변식 복구나 엉터리 복구, 지역성을 전혀 고려하지 않은 수방시설, 복구지연, 피해 재발 등 '재난을 부르는 복구'와 재난 이후의 열악한 환경과 이재민의 정신적 스트레스 등 '재난현장의 고통'으로 구분된다.

이러한 문제점은 인과적 조건과 맥락이라는 상황에 영향을 받아 이재민들이 전반적으로 경험하는 문제로 이재민들을 심리적으로 불안하게 만들며, 국가적 차원에서도 손실을 발생시킬 수 있다.

(1) 재난을 부르는 복구

① 임기응변식 복구

재난이 발생한 이후 물리적 환경에 대한 복구에 대해 이재민들의 불만은 상당히 고조되어 있었다. 재해 복구시 정부 당국이 애초에 설명한 것과는 달리 복구에 참여한 지방정부와 사업자들이 대충 그 상황만을 때우려는 임기응변식 복구에 그쳤다고 설명하면서 이에 대한 불만을 토로하였다. 이재민들은 이러한 임기응변식 복구는 향후 같은 재난의 반복을 불러올 수 있다는 결론을 내렸으며 이러한 사실은 매년 복구를 함에도 불구하고 매년 재난이 재발된다는 것에 근거한다.

② 엉터리 복구

엉터리 복구의 경우 임기응변식 복구와 직결되는 부분이다. 임기응변식 복구가 이루어지면 당연히 복구 자체가 제대로 이루어지지 못하게 된다. 이러한 사실을 특정 지역에서만 나타난 것이 아니라 조사된 모든 재난 지역에 걸쳐 조사되었으며, 주민들은 이러한 사실에 크게 분개하고 있었다.

> " ……나중에 공사할 때는 면장이고 산업계장이고 얘기가 100% 하천을 다 찾아가지고, 여기가 하천을 다 찾으면 엄청 넓어요. 하천을 다 찾아가지고 확장해가지고 딱 공사를 한다 이렇게 얘기가 되었다

고요. 진천 건설 계장까지 나오셔가지고 그렇게 얘기를 했었다고. 하천을 싹 찾아가지고 싹 정리한다고. 그런데 나중에 하고 보니깐 떠내려간 부분만 땜빵으로 한거야. 그리고 저쪽에 등산로 있는데 만리산 등산로 있는데, 거기는 보기 싫게 된거 같다고, 차타고 이런 데만 했지 이 안에 조그만 데는 하나도 안했어요."

" ……내가 그래서 공사업자한테 당신은 어디서부터 어디까지 맡았냐고 하니까 한 업자가 여기서부터 저기까지 맡았다고 하더라고. 어렵게 찾아가지고 당신은 어디서부터 어디까지 맡았냐고 하니까 거기서부터 저기까지 맡았다고 하더라고. 그래서 저는 거기서부터 저기까지 맡았다고 그러기에 싹 하는 줄 알았죠. 근데 잘 보니깐 그건 아니잖아. 알고보니깐 싹 보이는 부분만 한거라고……."

" ……매년 피해를 보고 있는데도 불구하고 진짜 그 땜빵하는 식으로 하니깐 그게 반복이 계속적으로 되는데……."

③ 지역성을 고려하지 않은 수방시설

피해가 일어난 지역의 주민들은 전반적으로 사고의 원인을 지역성을 전혀 고려하지 않은 수방시설이나 수방대책을 정비하지 않은 채 지역발전에만 정책이 수립된 것을 들고 있었다. 지역발전을 위한 도시계획을 착수할 경우 그 지역의 특성을 고려하여 적절한 재난예방과 대비 시설을 갖추어야 함에도 불구하고 전혀 그런 시설을 갖추지 않은 채 도시발전에만 몰두하여 이 같은 결과를 초래했다고 판단하고 있으며, 아직 착수하지 않은 도시계획이 향후 더 큰 재난을 몰고 올 것이라고 예견하며 큰 스트레스를 받고 있었다.

"여기가 전체가 다 수박 특화지역이거든요. 저들을 다 경지정리한 들이다 수도작업을 해야 되는데……다 원예지역으로 다 바뀌었어요. 그러니까 벼농사를 질 때는 담수 역할을 해서 수위조절이 가능한데 지금은 전체가 다 비늘을 쳐놓으니까 이게 비가 떨어지면 전체 물이 한번에 쏟아지니까 예전에 300미리와도 끄떡도 없었는데 지금은 300미리오면 여기가 뜬다고 떠."

"지금은 100미리만 와도 큰 사태가 나는거지 근데 지금 막말로다가 덕산리 위에 저수지 있는데 위제 저수지 4천만평을 산업단지로 맨들고 닦을건데 지난해 그걸 안닦고도 그렇게 큰 피해가 났는데, 그걸 닦고 산업단지가 들어오면 군에서 수방대책을 어떻게 세울 것인지……그래서 여기 농민들이 반대를 하는데 그게 이미 허가가 떨어져서 하긴 할텐데……"

④ 복구 지연

재해가 발생하면 빠른 시일 내에 이재민들이 재해 이전의 정상적인 생활로 복귀하기 위하여 물리적 복구가 진행되어야 함에도 불구하고 정부의 행정체계에 따라 복구가 지연되고 있었다. 이러한 복구 지연은 복구 예산 정책과 맞물려 일 년이라는 긴 시간 동안 복구 자체가 이루어지고 있지 않은 경우도 있었다. 이러한 여름철에 집중적인 장마로 인한 수재의 경우 일 년 동안 재해현장이 복구되지 않으면 동일한 재해가 일 년을 사이에 두고 다시 발생할 수 있는 여지를 남기고 있은 것이다. 이에 재난복구에 대한 관료적 행정처리를 최대한 간소화시킬 필요가 있을 것이다.

" …되갔고 그게 결정이 났어요. 났는데 금년에 공사를 했어야 하는데 그게 공무원들이 처음에 무슨 뭐 설명회한다 뭐한다하면서 진전이 없더라고. 공직에 있는 분들이 어떤 그 수해대책을 세우기 위해서 중앙에서 이걸 주기로 했는데 예산 타다가 계획을 세워서 얼른 얼른 해줘야 되는데, '어'하고 1년 지나가고 '어'하다 보니깐 지나가고 지금 이걸 또 할라니까 이게 또 반대에 부딪혀서 못하고 있고, 한편으로 생각하기에 공무원들 직무유기 같은 거 같다. 일 년 돌이 지나도록 흙한 삽도 못 대고 수해복구 현장에 삽 한 삽도 못 대고 이러고 있으니 답답하지."

⑤ 피해 재발

피해의 재발은 앞에서 설명한 복구나 엉터리 복구, 지역성을 전혀 고려하지 않은 수방시설, 복구지연의 최종 결과로 많은 재난 지역은 매년 같은 재난을 경험하고 있었다. 또한 이와 같은 복구 실태는 내년에 동일한 재난이 재발될 것이라고 예상되고 있어 이에 대한 문제점이 매우 심각한 것으로 드러났다.

(2) 재난현장의 고통

① 열악한 환경

실질적으로 재난이 발생하면 주민들은 신체적·경제적·정신적으로 매우 열악한 환경에 처하게 된다. 재난 지역이 소외된 도서 지역이 많으므로 인구의 고령화로 신체가 노쇠한 이재민들이 많으며, 재난 이후에는 평소에 사용하던 가재도구들을 모두 폐기처분해야 할 상황이 닥치게 되어 경제적인 어려움을 겪는다. 또한 이러한 신체적·경제적 어려움은 이재민의 좌절과 절망으로 연결되어 정상적으로 생활이 재기될 수 있을지에 대한 막연한 불안감을 갖도록 한다.

또한 위에서 살펴본 것과 같은 개인적 요소의 열악한 환경뿐 아니라 물리적으로도 악취와 쓰레기, 진흙더미들로 인하여 고통을 겪게 되며, 일부 지역은 도움을 요청해야 할 면사무소나 소방서조차 침수되어 제대로 된 도움조차 받지 못하는 경우가 있었다.

"그때가 삼복더위라서 무지 더웠어……화장실이 재래식 화장실인데, 뭐 옛날 재래식 화장실 써봤는지 몰라도, 화장실이 물이 침수가 되니까 재래식 화장실이 떠가지고 좌우지간 방에 들어 들어가면 화장실에 들어간 거 같고, 이 화장실 냄새 때문에 그러나 밖은 푹푹 찌지."

"이 물건이라는건 하나도 쓸 수가 없어. 물 들어왔다지만 이 핸캐미가……수도물로 전부 다 씻어내고 닦아내야 되고 긁어내야 되고 이건 뭐 말도 못하는 거죠. 사람이 핸캐미 그러니까 핸캐미가 먼지 마냥 쫙 있는게 이 물이 들어오거나 흙탕물이 들어 왔다가 나가면 그러니까 사람이 밟으면 푹푹 빠지는거지 발이……."

"저는 그때 상황이 어떻게 됐냐면요. 여기가 넘친다 면사무소에서 가서 모래를 한창 얻어오고 마대자루라도 얻어 와라. 그래서 면사무에 갔어요. 면사무소에 가서 모래하고 마대자루 좀 달라 복구 지원도 좀 해주고 이렇게 해서 갔는데, 면사무소가 물에 잠겨버리니깐 가서 입도 못 벌리고 올라오는데, 벌써 물이 다 찬 거야 집이……."

"직원들은 그날 낮이니까 근무하고 있었는데, 면사무소에 물이 차니까 사람들이 우선 먼저 빠져나와야 되니까……거기도 긴박한 상황이 되가지고……. 소방서니 면사무소니 다 물에 차버리니까……거기 갔을 때도 면사무소 안에는 못 들어가고요. 바닥에 물이 차니까……. 달래 말래 말도 못하고 들어가 보지도 못하고……."

② 정신적 스트레스

이재민들은 여러 번 재발된 재난으로 인하여 비에 대한 부정적 강화가 이루어진 상태였다. 소나기만 하여도 집중적으로 폭우가 내리면 이들은 심한 정신적 스트레스를 경험하게 되고 생명에 위협을 느끼기도 하였다.

"요번 이 비가 어디서 온다지만 우린 잠 하나도 못자요. 여지까지 없던 일이……. 만일에 낮에 장마 졌으니 살아났지 밤에 저러면 싹다 죽었다고~ 그러니 노인들은 다 죽었다 봐야지. 어저께도 막 소나기

내렸지? 우리는 불 키고서 11시까지 못자고 있었어……."

4) 중재적 조건

중재적 조건은 어떤 현상에 속하는 보다 광범위한 구조적 맥락으로 특정한 맥락 안에서 취해진 작용・상호작용 전략을 촉진・조장하거나 제어하도록 작용한다(Strauss & Corbin, 1990). 본 연구에서 추출된 중재적 조건은 물적 지원, 면사무소의 고마움, 수해복구서비스 만족, 자원봉사자 활동, 군부대 지원을 포함하는 '다양한 구호활동'이다. 다양한 구호활동에 대해 이재민들은 재난현장 복구 작업에 대한 불만을 보상받는다는 느낌을 받기도 한다.

이재민들은 물질적 지원이나 면사무소 직원의 노고, 자원봉사자들의 활동, 군부대의 지원 등이 큰 도움이 되어 재난 상황을 극복할 수 있었다고 진술하였다. 재난발생 직후에는 먹을 것, 입을 것, 잠잘 곳조차 부재한 상황이라 이재민들의 절망은 최고조에 이르게 된다. 이러한 상황에서 자원봉사자들의 적극적 지원은 이들에게 삶의 회복이라는 희망을 심어주게 된다. 따라서 더욱 체계적인 구호활동의 시스템을 마련하여 이재민들에게 충분한 재난관리서비스를 지원할 필요가 있다.

5) 작용·상호작용

작용・상호작용 전략은 사람들이 직면하게 되는 상황, 문제, 쟁점을 다루는 방식으로, 어떤 문제, 즉 현상에 대처하거나 현상을 다루기 위해 취해지는 의도적이거나 일상적인 행위이다(Strauss & Corbin, 1990). 본 연구의 분석 결과 '이재민에 대한 재난관리서비스의 문제점'을 다루기위해 취해지는 작용・상호작용 전략은 '주체별 다각적 요구'이며 이 전략은 중재적 조건에 의해 영향을 받는다. 주체별 다각적 요구는 이재민들이 재난을 경험하는 과정에 군이나 지방정부, 중앙정부 등에 재난관리서비스에 대한 이재민들의 요구로 구성된다.

(1) 군: 지속적 상호작용

재난이 발생한 지역 중에는 조사 당시 발생한 재난이 처음이 아니었기 때문에 사전에 그 지역 군부대와 연계하여 서로 상호의존하는 모습을 보이기도 하였다.

(2) 지방정부: 예산집행 정보공개 요구

이재민의 경우 군이나 면사무소에서 복구 지연의 최종 책임을 예산부족으로 돌리자 이들은 예산을 어떻게 집행하고 있는지에 대한 정보를 공개하기를 요구하고 있었다.

> "예산이 없는 것도 이해를 한다고 그럼 같은 다리 하나 놓으려면 1~2억 하는 돈인데…… 1년도 안된 다리를 그 멀쩡한 다리를…… 1년이 지났으면 말도 안해. 1년도 안된 다리를 다시 죄다 부셔가지고 다시 또 놓는 그런 돈은 어디서 나와서 다리를 놓습니까? 강단 모셔놨어요. 다리 밑에…… 1년도 안된 다리를 부셔가지고 그런 돈은 어디서 납니까? 이해가 안되는 소리를 해요. 자금 타령하는게……"

(3) 복구에 대한 요구

이재민들은 스스로 재난 복구에 대한 그들의 바램을 복구에 대한 대책으로 주장하고 있었다. 이들은 다른 지역과 균형적으로 복구가 이루어져야 한다며 개인주의가 아닌 이타적 사고를 하고 있었으며, 예산을 집행할 때도 분기로 나누어 지원하기 보다는 재난발생 직후 즉각적인 자금 지원으로 빠른 시일 내에 복구가 이루어지기를 요구하였다.

> "제가 하는 얘기가 그 얘기예요. 한 번에 다 할려고 하지말고, 다리를 하나 놓더라고 가장 위험한 다리 하나를 때려부셔 가지고 다시 놓고,

엽에 뚝방 같은 가장 위험한 곳부터 먼저 해가지고 연차적으로 해달라. 한번에 다 해달라는 소리는 안한다. 나도 사람이기 때문에 내욕심대로 할 수 없는거 아네요. 그냥 연차적으로 이렇게…… 우리 땅이만큼 해주면 남의 땅도 이만큼 해줘야지. 우리 땅만 해달랄 수 없는 거 아네요."

"…… 아직까지 정부에서 지정을 해놓고도 일년 치 수해복구비를 한번에 딱 지원을 해줘야 군에서나 면사무소에서 설계를 해가지고 단기간에 업체 선정해서 해야 하는데, 그걸 분기별로 나눠서 사업을 자금을 요개 몇 푼이 지원해주고 또 몇 달 있다가 요기 몇 푼 지원했다가 그러니까 면사무소에서도 군에서도 땜빵식 밖에 안되는 거야."

"그니깐 군에서도 지금, 저기 백곡면만 따져도 백곡면 전체를 다 전체 돌아다녀 봤어요. 다 돌아다녀 봤는데 우리 부락은 그나마 더 낫게 생긴건데도, 그렇게 말이 많은데, 지금 이 윗동네 가면 다시 비 피해 입었다고 했잖아요. 그 부락은 엉망이예요. 동네가 하나도 안됐데요. 동네 앞에서부터……그래서 저희가 생각하기에 연차적으로 조금씩이라도 좁은데, 얕은데 세우고선 사람 사는데 먼저 응급처치를 해나가면서 했으면 좋겠고요."

(4) 보상요구

이재민들은 물품 서비스를 통한 보상과 인적 서비스도 중요하지만 현금지원을 통해 이재민들을 융통성있게 이를 활용하는 것이 가장 좋은 지원방안이라고 하였다. 재난으로 모든 가재도구들이 폐기된 상황에서 현금지원 없이 물품서비스나 인적 서비스는 무의미할 수도 있으므로 이러한 서비스를 적절히 배분할 필요가 있다.

6) 결과

결과는 어떤 현상에 대처하거나 그 현상을 다루기 위하여 취해지는 작용·상호작용 전략에 따라 나타난 결과이다(Strauss & Corbin, 1990). 본 연구의 분석결과 이재민들의 재난관리서비스의 문제점을 다루기 위한 '주체별 다각적 요구'의 작용·상호작용 전략에 따라 자포자기와 지속적 요구의 상반된 행동양식이 나타났다. 일부 이재민은 재난관리서비스에 대한 희망을 포기하고 미래의 생활에 대해 자포자기하기도 하였으나 일부는 지속적인 요구를 통해 재난복구가 빠른 시일 내에 이루어져야 한다고 주장하기도 하였다.

조사방법으로서의 근거이론(grounded theory)의 개요

근거이론 방법이란 체계적인 질적 연구의 한 방식으로 사회학자인 Glaser & Strauss(1967)의 "The Discovery of Grounded Theory"에 의해 방법론이 구체화되었다. 근거이론 방법은 면접 등을 통해 얻은 경험적 자료에 기초하여 분석대상에 관한 가설적 관계를 추출한다는 점에서 귀납적 연구방법론이다. Strauss & Corbin(1998)에 의하면 근거이론은 연구과정을 통해서 체계적으로 수집되고 분석된 자료로부터 도출된 이론을 의미한다. 이때, 자료 분석 그리고 궁극적으로 도출되는 이론은 서로 긴밀히 연계된다. 연구자는 특정한 이론을 미리 설정하지 않고 연구를 시작하며 연구자는 연구의 분야만을 사전에 계획하며 자료로부터 이론이 정립되도록 한다.

구체적으로 근거이론은 미리 가설을 설정하고, 추출한 표본에 대한 그의 진위를 테스트하는 연역적 방법과 대비되어 이미 알려져 있는 공리로부터의 연역보다 자료로부터의 귀납을 강조하기 때문에 잘 알려지지 않은 현상을 연구하거나 잘 알려져 있다고 간주된 현상을 새로운 각도에서 연구하기에 적합한 방법론이다(Creswell, 1998).

Strauss & Corbin(1998)은 [그림 16-2]와 같은 근거이론의 패러다임 모형을 제시하고 있는데 패러다임이란 자료에 내재된 사건들간의 관계를 파악하는데 도움이 되는 틀이지만 사건들간의 연계관계의 구조가 연구 분야에 따라 달라질 수 있기 때문에 근거이론의 패러다임은 유동적이라고 할 수 있다. 그러나 본 연구에서는 Strauss & Corbin이 제시하였고, 수많은 근거이론 연구(김갑선, 2006; 김미옥, 김희성, 이민영, 2005; 권혜진, 노은선, 2000)에서 반복적으로 사용되어 그 타당성이 입증된 근거이론의 전형적인 패러다임 모형을 활용하기로 한다.

근거이론 패러다임 모형을 통한 구체적인 분석은 현장 속에서 자료의 수집과 분석을 동시적으로 진행하며 개념을 형성한다. 연구자는 사건과 사건을 비교하여 개념을 생성하고, 생성된 개념을 다시 다음 사건과 비교분석하여 개념을 계속적으로 만들게 된다. 이렇듯 계속적인 비교분석의 과정을 통해 자료를 개념화하는데 이러한 작업을 근거이론에서는 코딩이라고 명명하고 있다. 근거이론에서의 코딩은 크게 개방코딩(open coding), 축코딩(axial coding), 선택코딩(selective coding)의 단계로 구성된다. 먼저 개방코딩이란 인터뷰 등을 통해 얻은 자료를 해체하고 비교하여 개념화하며, 개념들을 서로 비교하여 범주로 묶는 과정이다. 축코딩은 개방코딩을 통해 생성된 범주간에 서로 연합관계를 만들면서, 개방코딩 후에 새로운 방식으로 자료를 다시 조합하여 범주를 생성하고, 이렇게 생성된 범주들간의 전후관계, 중재 및 맥락적 관계, 작용 및 상호작용 전략 그리고 결과를 이끌어내는 코딩이다.

축코딩을 통해 구성되는 근거이론의 패러다임 모형에서 먼저, '현상'이란 해당 연구 분야에 있어 핵심이 되는 중심 대상을 말한다. 다시 말해 어떠한 연구 분야에 있어 "정말 무엇이 벌어지고 있는가?"라는 질문에 대한 답이 '현상'이다. '현상'은 연구 분야에서 반복적으로 나타나는 사건 혹은 행동의 패턴에 대한 고찰을 통해서 발견하게 된다. 둘째, 인과적 조건(causal condition)이란 '현상'을 초래하는 구조, 환경 그리고 상황을 의미한다. 즉, "왜 발생했나?", "어디서 발생했나?", "어떻게 하다가 그렇게 되었나?", 혹은 "언제 나타났는가?"의 질문에 답이 될 수 있는 조건들이 인과적 조건에 해당된다(Strauss & Corbin, 1998). 셋째, 작용 및 상호작용(action/interaction)은 인과조건에 의해 나타난 문제와 사건에 대해 개인들 혹은 집단들이 택한 전략적 행위와 일상적 행위를 의미한다. 넷째, 결과란 작용 및 상호작용 혹은 그에 의해 초래된 상황에 대해 개인이나 집단이 반응한 결과를 의미한다. 다섯째, 중재적 조건(intervening condition)은 '현상'에 대한 인과적 조건들의 작용을 매개하거나 변화시키는 역할을 한다. 마지막으로 맥락적 조건(contextual condition)은 특정한 시점 및 공간에서의 문제 상황을 조성하는 구체적인 조건들이다. 사람들은 이러한 맥락적 조건들이 조성한 문제 상황에 대응하여 작용 및 상호작용을 하게 된다(Strauss & Corbin, 1998).

마지막으로 선택코딩이란 핵심범주를 선택하는 과정으로 핵심범주를 다른 범주에 체계적으로 연관시키고 그들의 관련성을 확인하여 범주들이 통합·집중화하는 코딩이다. 이러한 작업은 범주간의 관계가 분명해지고 범주들의 속성과 차원이 통합되면서 비로소 진척될 수 있다.

본 연구의 목적은 다양한 재난관리서비스의 수요자를 대상으로 이들이 재난현장에서 느끼고 경험하는 바를 분석함으로써 수요자 중심의 재난관리서비스 방안을 모색하는 것이다. 이를 위하여 재난관리서비스의 가장 1차적인 목적이 되는 이재민의 재난현장에 대한 인식 및 경험을 분석, 재난에 관한 개념과 그 개념들간의 관계를 명확히 밝히고, 이들의 관련성에 따라 현 재난관리서비스의 문제점을 분석해 보고자 하였다. 이러한 목적을 달성하기 위해서 본 연구에서는 위에서 설명한 근거이론을 적용하기로 한다.

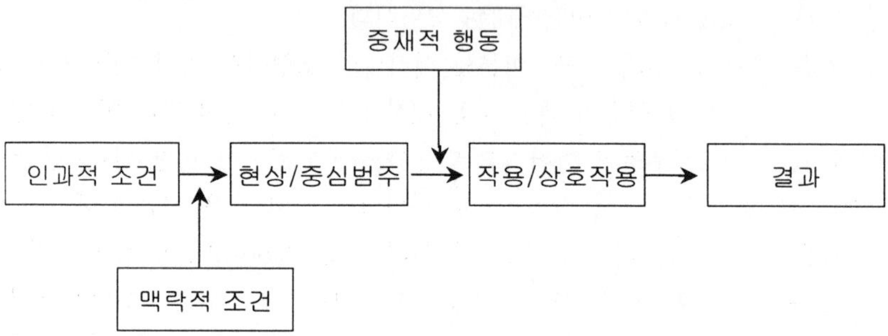

[그림 16-2] 근거이론의 패러다임 모형

1) 개방코딩(open coding)

개방코딩은 자료를 한 줄 한 줄 검토하여 개념화(conceptualizing)하고 자료 내에 숨어 있는 과정(process)을 파악하는 것이다. 개방코딩은 실제 자료를 활용하기 때문에 '실체코딩'이라고 말하기도 하는데 개념에 대한 명명은 정보제공자의 언어를 사용할 수도 있고 연구자가 별개로 창조하는 방법도 있다. 개념은 새로운 개념이 발견될 때마다 개념들간의 속성과 관계를 비교하여 개념들을 묶은 한 단계 높은 수준의 범주화 즉, 추상화과정을 거친다. 예를 들면, 새, 연, 비행기라는 사물이 있다고 했을 때 이들의 공통된 속성을 고려하여 '비행물체'라는 범주로 한 단계 더 높은 수준으로 묶을 수 있다. 개념간 의사소통된 속성을 쉽게 찾는 방법은 각 개념들의 쓰임새(use)와 개념이 처한 상황(context)을 고려해 보는 것이다.

범주를 명명할 때는 다른 범주와 비교하여 이들이 상호독립적임을 확인해야 하며 범주 내의 속성(properties)과 이들 속성의 차원(dimensions)을 발견하여야 한다(김소선, 2003).

2) 축코딩(axial coding)

축코딩은 개방코딩을 통하여 도출된 범주들간의 관계를 Strauss와 Corbin(1998)이 제시한 근거이론 패러다임 모형을 이용하여 범주들간의 연결을 시도하는 것으로 가설 또는 이론 관계를 찾는 데 그 목적이 있다. 축코딩은 개방코딩을 통해 생성된 범주간에 서로 연합관계를 만들면서, 개방코딩 후에 새로운 방식으로 자료를 다시 조합하여 범주를 생성하고, 이렇게 생성된 범주들간의 전후관계, 중재 및 맥락적 관계, 작용 및 상호작용 전략 그리고 결과를 이끌어 내는 코딩이다(유현정・남수정, 2006).

인과적 조건은 연구대상 현상의 발생의 전개를 초래하는 사건이며, 현상은 무슨 일이 일어나고 있는가에 대한 대답으로 중심사건들 또는 상황들이며 행동・상호 작용이 발생되게 하는 그 무엇이다. 상황적 맥락 즉, 전후관계는 특정한 행동・상호작용적 전략을 취할 수밖에 없게 하는 일련의 조건 즉, 현상과 관련된 속성들이 특정 차원에 처해 있는 위치라고 할 수 있다. 중재적 상황은 행동・상호작용적 전략에 내포된 구조적 조건 중의 하나로 특정 상황에서 취한 행동・상호작용 전략을 촉진하거나 제한하는 것이다. 작용・상호작용은 특정한 상황이나 조건 하에서 현상에 반응하고 조절, 실행, 처리하기 위한 일반적・의도적 전략들로서 과정적・발전적 속성을 가지고 있으며 전략을 사용하는데 대한 특정한 이유가 있으므로 목적적, 목표 지향적이다. 결과는 행동이나 상호작용에 의해 초래된 결과 또는 성과로써 반드시 예상했던 대로 되는 것은 아니다. 행동이나 상호작용을 하지 않는 경우에도 이에 따른 결과가 있으므로 이를 간과해서는 안된다. 결과의 대상은 사람, 장소, 물건, 사건 등이 될 수 있으며 실제적・잠재적이 될 수 있고 현재 또는 미래에 발행될 수도 있다. 결과는 또한 차후에 발생될 작용・상호작용이나 중재적 조건이 될 수도 있으므로 양적 연구에서 볼 수 있는 원인-결과와 같은 일 방향적인 틀로 이해될 수 없다(김소선, 2003).

3) 선택코딩(selective coding)

선택코딩은 핵심(core)범주를 선택하는 과정으로써 핵심범주와 다른 범주와의 관계를 체계적으로 연결한 후 이러한 관계를 확인하고 수정 또는 보완하는 절차를 거친다. 핵심범주는 자료에 발견된 다른 범주를 통합하고 작용・상호작용양상의 다양성을 대부분 설명해 주는 범주이므로 연구대상 모두에게 적용

가능한 것이어야 한다(김소선, 2003; Millen & Reynold, 1978). 이러한 작업은 범주간의 관계가 분명해지고 범주들의 속성과 차원이 통합되면서 비로소 진척될 수 있다.

참고 : 인터뷰 참여자

본서에서는 재난현장에서의 수요자를 "재난관리 행정 및 활동에 대해 기대와 요구를 지니는 일반 시민과 재난관리 참여기관들"이라고 정의하였다. 이러한 정의를 바탕으로 각각의 수요자 주체들과 인터뷰를 실시하였다. 인터뷰 전 과정은 응답자에게 미리 양해를 구한 후 전 과정을 녹음하였으며, 전 내용을 녹취하여 분석하였다.

▶ 표 16-2 ◀ **인터뷰 참여자**

일시/장소	성명	소 속	비고
· 2007년 9월 11일 · 대문리 수문마을	조○○	마을이장	
· 2007년 9월 20일 · 덕산면 덕정리	오○○	주민	
	염○○	이장	
· 2007년 10월 30일 · 희망제작소	박○○	생태지평연구소연구위원	
	장○○	대한적십자사 아마추어무선 봉사회회장	
· 2007년 10월 30일 · 희망제작소	정○○	경기도소방재난본부 소방홍보팀장	
	김○○	국방부 재난관리지원팀 해군소령	
· 2007년 11월 20일 · 강릉	권○○	강릉시 재난안전관리과	
	박○○	속초소방서 소방행정과장	

제6편

우리 시대 재난관리의 새로운 지평

제17장

시스템

1. 현 시스템의 체계성 결여

중앙정부, 지방정부, 소방·군, 자원봉사자, 이재민을 대상으로 각각 재난관리 주체들의 목소리를 종합해본 결과 '현 재난관리시스템의 체계성이 결여'되어 있다고 판단되었다. 현 재난관리시스템의 체계성 결여는 '인적관리시스템에 대한 체계성 결여'와 '환경적 복구관리 시스템 대한 체계성 결여'로 이루어진다. 인적관리시스템에 대한 체계성 결여에는 무질서한 인력 관리체계, 불필요한 재난관리시스템, 불분명한 책임소재로 이루어지며, 환경적 복구관리에 대한 시스템의 결여는 주먹구구식 피해조사, 엉터리 복구, 복구 지연, 인력 부족으로 이루어진다.

1) 인적관리시스템의 체계성 결여

(1) 무질서한 인력관리체계

인적관리시스템의 체계성 결여의 첫 번째 하위범주는 무질서한 인력관리체계이다. 각 주체별 목소리를 종합해본 결과, 행정직원들은 행정직원들대로, 소방직원은 소방직원대로, 자원봉사자들은 자원봉사들대로 이재민들의 빠른 일상생활로의 복귀를 돕기 위해 노력은 하고 있으나 이들 각 기관이 체계적으로 적재적소에 배치되지 못하고 있어 효율적인 재난관리가 이루어지지 못하고 있는 실정이다.

(2) 불필요한 재난관리시스템

불필요한 재난관리시스템은 인적관리시스템의 체계성 결여의 두 번째 하위범주로서 재난관리시스템 자체가 불필요하다는 의미가 아님을 숙지해야 한다. 불필요한 재난관리시스템이란 현 재난관리시스템 중 일부가 재난이 발생할 당시 전혀 재역할을 수행하고 있지 못하고 있다는 것이다. 특히 긴급재난구조부대가 편성되어 있지만 재난이 발생한 경우 이 부대가 출동한 예가 없어 시스템 정비를 위한 교육과정에 대한 예산만 낭비하고 있는 상황이 그 일 예이다.

(3) 불분명한 책임소재

불분명한 책임소재는 인적관리시스템의 체계성 결여의 세 번째 하위범주로써 지휘체계의 불분명함과 중첩되는 부분이 있기도 하다. 현 재난관리서비스에서는 지역단체장이 책임 주체임에도 불구하고 재난발생지역의 광범위함과 다양한 돌출상황들로 인해 각 서비스에 대한 책임소재가 불분명해진다. 또한 일반 공무원들의 경우 주요 업무가 행정처리이므로 현장에 대한 이해력이 부족할 수 있고, 관료적 행정주의에 의해 말단 공무원의 경우 자기결정권이 없음으로 인해 복구명령이 지연되는 경우가 빈번하게 일어나고 있으나 앞에서 말한 바와 같이 책임소재의 불분명함과 시스템 자체의 사각지대로 인하여 책임소재를 파악하기 어렵다.

2) 환경적 복구관리에 대한 시스템의 결여

(1) 주먹구구식 피해조사

환경적 복구관리에 대한 시스템의 결여의 첫 번째 하위범주는 주먹구구식 피해조사이다. 재난이 발생하면 지방정부에서 재난관리 담당 공무원을 파견하여 직접 피해조사를 실시하게 되는데 이때 재난관리 담당 공무원의 인력부족으로 인하여 피해조사를 대부분이 재난 지역 이장에 의해 대행되는 경우가 종종 발생한다. 재난 피해조사는 매우 전문적으로 이루어져야 할 부분임에도 불구하고 피해조사에 대한 역량이 부족한 조사원에 의해 조사가 이루어지는 경우 종종 재난 지역을 기록 또는 보고하는 용어(유실 또는 매몰)에 대한 이해부족으로 인해 향후 복구비 지원에 불평등을 가져오고 이는 지역주민들간의 갈등을 야기하기도 한다.

또한 피해조사를 지역 이장이 행하는 경우 조사원 역시 재난을 경험한 자이기 때문에 자신의 가정 또한 위급한 상황에 처해 있는 경우가 많다. 따라서 전문적이고 정확한 피해조사가 이루어지기 힘든 실정이다.

(2) 엉터리 복구

엉터리 복구란 환경적 복구관리에 대한 시스템의 결여의 두 번째 하위 범주로 재난일 발생한 지역에 대한 복구가 제대로 이루어지지 않음으로 인해 또 다른 재난을 불러올 소지가 있음을 시사해 준다.

환경복구 작업의 지연이나 임기응변식 복구는 이재민들의 불만을 고조시키고 있었다. 또한 이러한 복구작업은 이재민들로 하여금 향후 재난의 반복이라는 불안감과 정부에 대한 불신을 갖게 만들었다.

엉터리 복구에 대한 이재민들의 의견을 종합해 보면, 지역성을 전혀 고려하지 않은 수방대책이나, 부분적 임기응변식 복구가 이루어져 제대로된 복구가 이루어지고 있지 않다는 의견이 대다수를 이루고 있어 환경복구에 대한 이재민들의 불만은 매우 고조된 상태라는 것을 알 수 있었다.

(3) 복구 지연

복구 지연은 예산문제와 중첩되는 부분이 많다. 예산이 분기별로 책정되기 때문에 일시적으로 많은 예산이 필요한 복구작업에 제대로 된 예산 지원이 되지 않아 복구가 지연되고 있는 경우가 많았으며, 복구 지연은 이재민들로 하여금 지방정부의 행정처리에 대한 불신을 가져오기도 한다.

(4) 인력 부족

재난현장에서 응급복구시 가장 필요한 것이 인력 지원과 물적 지원이다. 거대한 장비가 동원되어야 하는 부분은 피해조사가 끝난 다음 단계이다. 막상 재난이 발생하여 지역주민들이 일정 장소로 대피한 상황에서 이들은 생활용품들이 전혀 없는 상황이기 때문에 이러한 생활용품이나 식량을 보급해 주어야 하며 이러한 보급활동을 할 인력이 필요하다. 그럼에도 불구하고 인력이 부족하여 지원이 늦어지는 경우가 종종 있다. 특히 조사대상자들 일부의 의견을 참고해 보면 "군청에 구호물품이 쌓여 있음에도 불구하고 갖다 줄 수 있는 인력이 없다"라는 것이다. 또한 유관기관들이 협력하고 비상대책본부를 만들어야 함에도 불구하고 적정한 인력이 부족함으로 인해 주요한 지원이 지연되는 경우가 빈번히 발생한다.

그러나 인력 부족은 적절한 시스템 구축으로 충분히 보완이 가능한 부분이다. 재난이 발생한 후 재난 지역의 환경은 매우 열악한 상태이다. 또한 재난 지역에 도움을 주고자 몰려드는 인파 역시 상당히 많음에도 불구하고 이들이 적정한 지휘를 받지 못하고 있기 때문에 이들의 활동이 중첩되거나 자신의 역할을 잊고 방관하는 한마디로 '구경꾼'이 되어 버리는 경우가 매우 많은데 이러한 경우 오히려 복구를 방해하는 결과를 가져 올 여지가 있다. 따라서 인력 부족은 체계적인 인력배치시스템을 구축함으로써 해결되어야 할 과제이다.

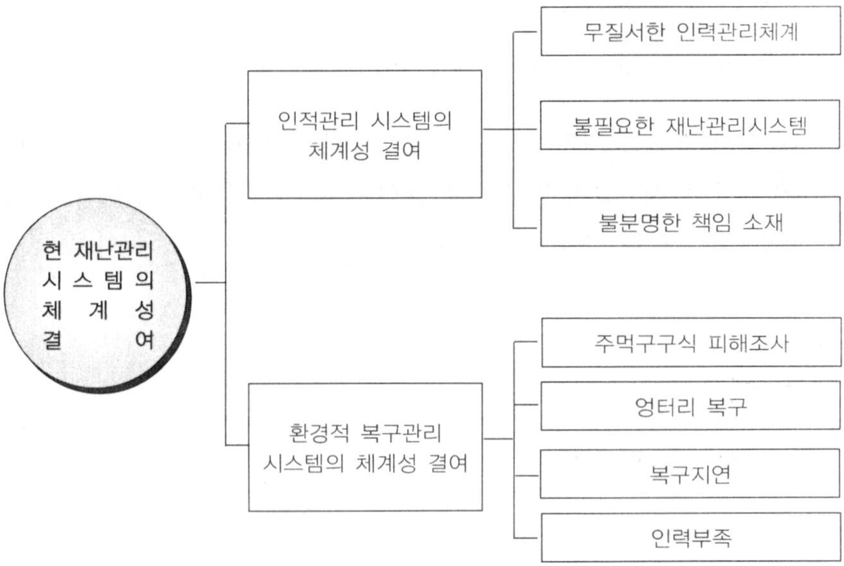

[그림 17-1] 현 재난관리시스템의 체계성 결여의 범주

2. 3차원적 시스템 필요

3차원적 재난관리서비스의 시스템 필요의 하위범주는 수평적 협력체계 구축, 수직적 지휘체계 구축, 공간적 지원체계 구축으로 이루어진다. 이들 하위범주들 하나 하나를 구성하는 세부 범주를 살펴보면 다음과 같다.

첫째, 수평적 협력체계 구축은 유관기관간의 협력체계 구축의 필요와

의사소통 체계 필요로 구성되며, 둘째, 수직적 지위체계 구축은 명확한 지휘체계 구축 필요와 명확한 인력배치 필요로 이루어진다. 마지막으로 공간적 지원체계 구축은 평등한 인력분배와 이재민들을 대상으로 심리치료로 이루어진다.

1) 수평적 협력체계 구축

(1) 유관기관간의 협력체계 구축 필요

재난이 발생하는 지역에는 크게 중앙정부, 지방정부, 소방, 군, 경찰, 자원봉사자, 이재민들의 많은 기관 또는 단체, 개인들이 소집된다. 이러한 기관 또는 단체, 개인들이 효율적으로 협력체계가 구축된다면 복구작업은 보다 빠른 시간 내에 이루어질 수 있으며 이는 재난 복구의 목적인 이재민들의 빠른 일상생활로의 복귀를 달성하는 데 많은 도움이 될 것이다.

(2) 의사소통 체계 필요

유관기관간의 협력체계가 구축되기 위해서는 각 기관들간의 의사소통이 원활하게 이루어져야 한다. 따라서 각 기관들간의 의사소통 체계는 매우 중요한 일이 아닐 수 없다.

2) 수직적 지휘체계 구축

(1) 명확한 지휘체계 구축 필요

재난발생 지역에서 많은 인력들이 실질적으로 자신들이 행할 수 있는 복구 능력을 제대로 발휘하지 못하는 것은 명확한 지휘체계가 결여되어 자신이 어떤 역할을 수행해야 할지 모르거나 개인이나 기관들이 의사소통이나 명령을 받지 않고 자체적으로 활동하므로 복구작업이 중첩되어 비효율적인 복구작업이 진행되는 경우가 빈번하게 발생한다. 이러한 상황을 재정비하기 위해서는 각 기관들간의 명확한 지휘체계를 구축할 필요가 있다.

(2) 명확한 인력 배치 필요

명확한 지휘체계가 구축된다면 상부에서는 여러 자원봉사단체나 개인 및 기관들을 적절한 시기에 적절한 장소에 배치하여 재난복구 작업에 효율성을 기할 수 있다.

3) 공간적 지원체계 구축

(1) 평등한 인력 분배

인력이 배분은 종종 마을 지도자의 추천 등으로 이루어지는 경우가 많은데 이러한 경우 평등한 인력 배분이 어려울 수 있다. 따라서 정확한 재난현장을 파악한 지휘체계 하에서 효율적으로 또한 평등하게 인력을 배분해야만 한다.

(2) 이재민들을 대상으로 심리치료

많은 이재민들은 재난에 대한 정신적·심리적으로 불안감을 가지게 되고 이것은 이재민들에게 트라우마로 자리잡게 된다. 따라서 많은 상담센터나 병원 등을 통한 장기간에 걸친 심리치료나 상담치료가 이루어져야 한다.

4) 재난관리종사자의 안정적 생활 확보

(1) 소방직원의 생활 확보 필요

소방직원의 생활 확보 필요는 재난이 발생한 경우 재난현장의 최전선에서 인명복구와 환경복구에 많은 기여를 하는 소방직원의 경우 전문적

인력부족으로 인하여 한 달이 넘도록 귀가하지 못하는 사태가 발생하고, 이재민들을 대상으로 구호물자가 전달되어 소방직원들 당사자는 맑은 물조차 마시지 못하고 흐르는 물을 떠 마시는 일이 빈번이 발생한다. 교대근무라든지 다른 수단을 이용하여 적정한 조치가 취해져야 함에도 불구하고 전문인력의 부족과 재난관리서비스시스템의 불완전성은 이들로 하여금 재난복구 기간 동안 '희생과 봉사'라는 정신 하에 불안정한 생활을 영위할 수밖에 없다.

따라서 소방직원의 안정적 생활을 확보해 줄 수 있는 재난관리서비스의 시스템의 정비가 요구된다.

(2) 군장병들의 생활 확보 필요

군장병들의 생활 확보 필요는 소방과 마찬가지로 재난 지역에서 많은 복구 작업에 가담하는 군장병들의 편의시설이 전혀 마련되어 있지 않아 군장병들이 자괴감에 빠지거나 인명피해가 발생하기도 한다는 사실에 기반한다. 이들 역시 재난이 발생하면 소방직원과 마찬가지로 최전선에서 많은 복구작업을 수행하나 역시 육체적으로나 심리적으로 매우 불안정하고 비위생적인 상황에 노출되어 있으며 특히 육체적 피로로 인해 재난복구가 이루어지는 장기간 동안 불안정한 생활을 영위할 수밖에 없다.

(3) 일반 공무원의 생활 확보 필요

일반 공무원의 생활 확보 필요는 면사무소나 군청에서 일하는 말단 직원의 경우 재난이 발생한 후 쏟아지는 서류를 처리하느라 며칠 동안 퇴근도 하지 못한 채 밤새워 일을 하는 경우가 빈번하며, 재난이 발생하면 그 지역 면사무소나 군청 역시 피해를 당하기 때문에 이들 건물 역시 복구가 시급함에도 불구하고 피해조사나 예산집행, 자원봉사자 배분, 구호물자 전달과 관련된 업무로 인하여 말단 공무원들의 일상적 삶이 박탈당하는 경우가 빈번하다.

또한 공무원들은 삶의 근거지 역시 재난발생 지역에 포함되거나 그 지역 근방인 경우가 많음으로 개인적 삶의 공간과 직업 생활환경이 모두 열악한 환경에서 이재민들의 복구에 전념해야 하는 아이러니한 상황이 발생할 수 있다. 이러한 경우 공무원들의 상실감은 더욱 고조될 수 있다. 따라서 일반 공무원의 안정적 생활의 확보가 필요하다.

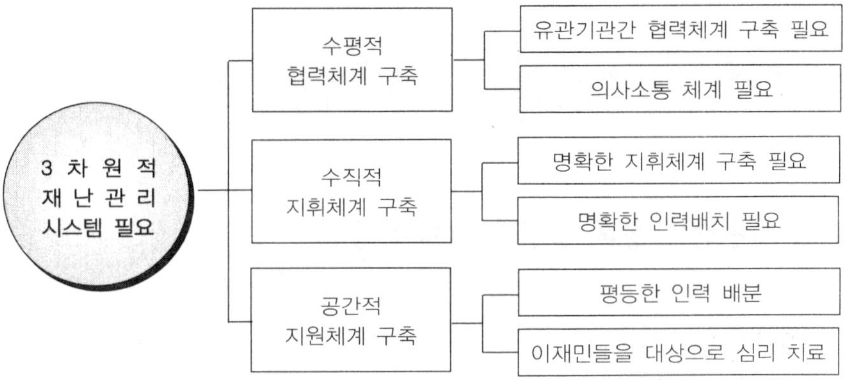

[그림 17-2] 3차원적 재난관리서비스의 시스템 필요의 범주

제18장

사회와 신뢰

1. 기관간의 상호 불신과 이해의 공존

'재난관리의 각 주체들은 각 유관기관들에 대한 상호 불신과 이해'가 재난현장에서 공존하고 있었다. 각 유관기관들에 대한 상호 불신과 이해의 공존은 '각 유관기관들에 대한 상호 불신'과 '각 유관기관들에 대한 상호 이해'로 구성되며, 선자를 구성하는 하위범주는 일반 공무원에 대한 불신, 소방 · 경찰에 대한 불신, 기업에 대한 불신, 군에 대한 불신이며, 후자를 이루는 하위 범주는 상호이해이다.

1) 각 유관기관들에 대한 상호 불신

지방정부, 중앙정부, 소방과 군, 자원봉사자, 이재민들을 대상으로 조사한 결과 이들 기관들은 각 주체의 관점에서 다른 집단을 평가하고 있었으나, 이러한 불신은 정확한 근거가 제시되는 것이 아니라 과거에 발생한 사건 사고에 기반한 매우 주관적인 평가였다.

(1) 일반 공무원에 대한 불신

각 유관기관들 사이에서 일반 공무원에 대한 불신은 재난에 대한 집중적 행정 지원시스템의 결여와 공무원들의 비리, 현실적 문제에 대한 형식적인 대응에 대해 큰 불만과 함께 불신을 가져 왔다. 특히 이재민들의 경우는 복구지연과 예산부족과 관련하여 공무원들이 합리적이지 못한 복구계획을 추진하고 있으며 이러한 과정에서 예산의 투명성에 대한 불신을 갖게 되는 것으로 판단된다.

(2) 소방 · 경찰에 대한 불신

각 유관기관들 사이에서 소방이 방재 · 구호활동을 전면적으로 자신들 위주로 통제하려 하는 것은 방재청의 권력을 각인시키려는 소지가 보인다고 인식하고 있으며, 실질적으로 소방이나 경찰 직원들은 실적과시라는 비판적 시각을 통해 소방과 경찰에 대한 불신을 토로하기도 하였다.

(3) 기업에 대한 불신

기업의 경우 근본적으로 이윤창출을 목적으로 운영되는 집단이며, 많은 사회기여가 마케팅 전략의 결과인 경우가 많다. 따라서 이재민들에게 제공되는 물품에 자사의 로고가 붙어 있는 경우가 자칫 잘못하면 생업에 대해 절망적인 상황에 처한 이재민을 대상으로 자신의 기업을 광고하는 것으로 보여지므로 인해 일부 유관기관들에 대한 불신을 사고 있었다.

(4) 군에 대한 불신

군에 대한 불신 역시 앞에서 살펴본 것과 마찬가지고 매우 주관적인 관점에서 판단한 것으로 군에서 자원봉사 활동을 하는 것은 전시적인 경우가 많다는 것이다.

다시 말해 각 유관기관들의 상호 불신은 객관적인 자료에 근거한 것이 아닌 개개인들이 보는 객관적 상황에 대한 주관적 의견을 제시한 것으로 보인다. 그러나 이러한 각 유관기관들에 대한 상호 불신은 재난복구 현장에서 각 유관기관들간의 마찰을 불러일으킬 소지가 있으며, 이러한 상황은 전반적 복구의 지연을 불러올 수 있다. 또한 각 유관기관들간의 마찰을 지켜보는 자들 특히 재난을 경험한 이재민들에게 이러한 갈등은 심리적 좌절감 또는 절망감을 고조시킬 우려가 있다.

각 유관기관들에 대한 상호 불신은 각 기관의 구성원이 자신에게 주어진 업무에 대해 책임감을 가지고 적극적으로 구호활동을 펼침으로 타파할 수밖에 없는 것이다.

2) 각 유관기관들에 대한 상호 이해

앞에서 살펴본 것과 같이 각 유관기관들에 대한 불신에 대한 의견이 종종 있었으나 그들에 대한 불신에 대해 상하 조직간의 압력이나 기타 다른 사유로 인한 결과일 것이라는 이해의 목소리도 들렸다.

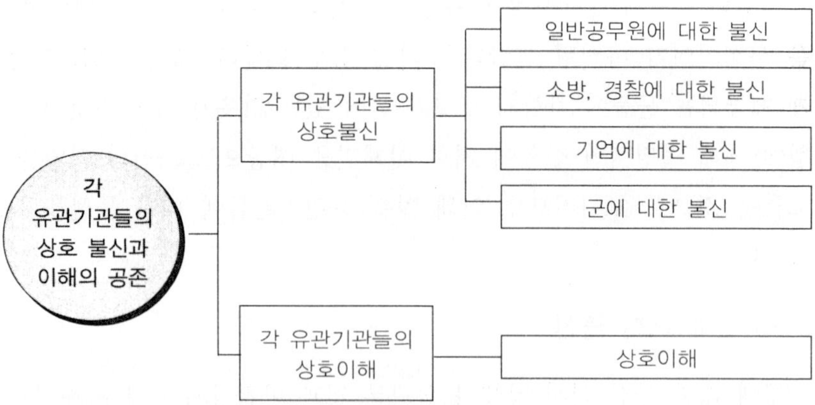

[그림 18-1] 유관기관들에 대한 불신과 이해의 공존의 범주

또한 각 유관기관들 자체가 기관들이 상호 협력하고 기관들이 타 기관을 지원해야만 보다 효율적인 재난관리서비스가 이루어질 수 있다는 것을 인지하고 있었다.

2. 지역사회 붕괴

'지역사회 붕괴'는 재난 직후부터 장기간의 복구 단계를 거치면서 이재민들 사이에 불신이 생기고 보상체계와 개인주의·이기주의에 의한 이웃간의 갈등이 발생하는 과정에서 총체적으로 지역사회 붕괴의 여지를 보이게 된다.

지역사회 붕괴의 하위범주는 '보상체계에 따른 갈등', '이재민들의 이기주의 팽배', '정신적 스트레스'로 구성된다. 각 하위범주들을 구성하는 세부범주들을 살펴보면 다음과 같다. 보상체계의 갈등을 구성하는 세부범주는 보상체계 불투명, 이재민들의 갈등으로 구성되며, 이재민들의 이기주의 팽배를 구성하는 세부범주는 안전불감증, 내집 먼저 복구로 구성된다. 마지막으로 정신적 스트레스는 이재민들이 갖는 재난과 관련된 전반적 심리적·정신적 스트레스를 말한다.

1) 보상체계에 따른 갈등

(1) 보상체계 불투명

주먹구구식 피해조사에 기반한 보상체계로 인해 실제 피해상황과 다른 보상액이 이재민에게 전달되는 경우가 많다. 또한 그 지역의 이장이 개인 역량에 따라 보상의 규모가 달라지기도 하며, 구호지원 역시 마을 지도자가 추천하는 쪽으로 편중되는 경우가 많기 때문에 재난이 발생한 지역의 마을 지도자의 권한이 매우 막강하다고 할 수 있다.

이러한 사실로 보았을 때, 재난을 관리하는 주체의 역량에 따라 보상의 규모가 달라질 수 있기 때문에 정확한 보상이 이루어지기 힘들다. 이러한 과정에서 이웃집보다 상대적으로 보상액이 적다고 판단되는 경우 이웃과 마을 지도자간에 갈등이 생긴다.

(2) 이재민들의 갈등

보상액에 대한 갈등에서 시작한 이재민들간의 갈등은 그 이외에 수많은 복구과정에서 갈등을 불러온다. 타인과의 관계형성에서 오는 피해의식으로 인해 고향을 떠나고 싶다는 상실감을 이재민들에게 안겨주기도 하고, 마을 지도자의 경우 이웃들을 위해 많은 활동을 했다고 생각하는데 보상액의 차이와 복구 지연 등으로 인해 많은 질타와 추궁의 대상이 되자 마을 지도자를 그만두고 싶고, 복구활동에 대해 회의감을 느끼기도 하였다.

2) 이재민들의 이기주의 팽배

(1) 안전불감증

일부 이재민의 경우 재난경보를 발령했음에도 불구하고 대피하지 않거나 강이나 바다로 낚시를 하는 일이 종종 발생한다. 이러한 경우 그에 대한 책임이 지방정부로 돌아오게 된다. 이재민들 사이의 전반적 안전불감증은 재난이 발생한 경우 이중적인 피해를 불러 올 수 있다.

(2) 내 집 먼저 복구

이재민들이 재난을 경험하면 일상생활을 영위하는 데 어려움이 많고 당장 생리적 욕구마저 박탈당하는 상태가 되기 때문에 기본적인 욕구를 충족시키고자 하는 열망에 의해 개인주의나 이기주의가 팽배하게 된다. 따라서 내 집 먼저 복구해 달라는 이기심으로 인해 지역주민간에 갈등이 야기되기도 한다.

3) 정신적 스트레스

재난의 반복은 이재민들에게 상실감과 좌절감, 절망감을 배가시키고 비가 장시간 내리기만 하면 이들은 심리적으로 매우 불안정한 상태에 처하게 된다.

'보상체계에 따른 갈등', '이재민들의 이기주의 팽배', '정신적 스트레스' 등으로 인해 삶의 터전을 잃고 이웃과의 관계마저 소원해진 지역 주민은 그 사회를 벗어나고 싶어한다. 이러한 주민들이 증가하면 그 지역사회 자체가 붕괴되어 버리는 최악의 상황을 맞이할 수도 있다. 따라서 전반적이고 포괄적인 재난관리서비스시스템 구축을 통해 이와 같은 상황을 해결해 나가야 한다.

4) 이재민들의 열악한 생활환경

이재민들의 열악한 생활환경은 재난이 발생하면 이재민들은 근본적 삶의 터전을 잃게 되고, 생활가전이나 생활기기가 전적으로 훼손되기 때문에 일상적 삶을 복구하기 위해서는 외부 인력 또는 구호물자에 의지할 수밖에 없다. 또한 수해의 경우 특히 여름철에 발생하는 경우가 많기 때문에 여름철 무더위와 빠른 부패 속도 등 열악한 재난현장의 환경은 이재민들에게 육체적·심리적으로 절망감을 가져다 준다.

따라서 이재민들이 재난 이전의 완전한 생활환경으로 즉시 복구가 이루어질 수는 없으나 대피소나 임시거주지의 환경을 정비함으로 인해 이를 대처하고 극복할 방안을 강구해야 한다.

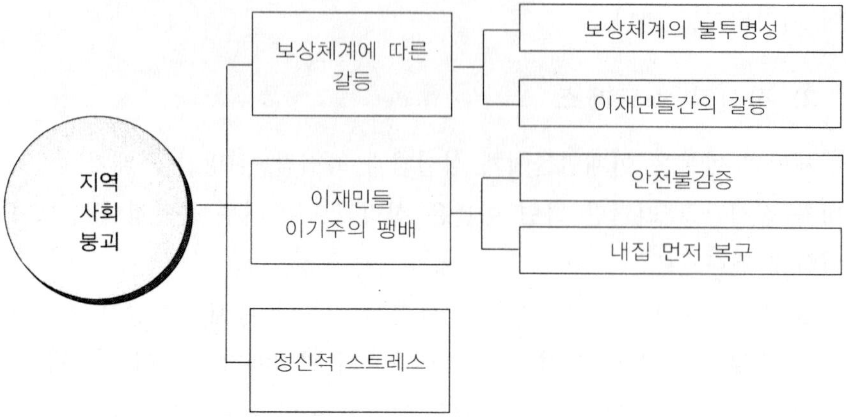

[그림 18-2] 지역사회 붕괴의 범주

제19장

제도와 전망

본 서에서는 재난발생에 따른 관련 주체들에 대해 수요자의 개념을 관련 주체들 전체로 이해하여 철저히 재난현장에서 재난의 피해자와 재난복구와 구호활동을 펼치고자 하는 많은 관련자들의 요구와 고충을 듣고 분석함으로써, 현 재난관리서비스의 문제점을 수요자 관점에서 분석하고 각각의 대상별로 인식하는 재난관리서비스의 문제점의 원인과 개선방안을 모색하고자 한다. 재난상황의 극복은 개별주체들의 협업인 동시에 이들 상호간의 자원 활용의 극대화를 통한 총합으로 가능하다. 따라서 재난관리서비스 공급주체와 재난피해자간의 수요 파악은 물론, 공급주체들간에도 각 기관별 수요를 파악하여 체계화하는 노력이 강조된다.

이재민이야말로 재난관리서비스 행정의 일차적 수요자이지만, 재난현장에 속해 있는 다른 주체들과 수평적인 관계를 가지게 된다. 이것은 중앙정부와 지방정부가 단순히 재난관리서비스 행정을 일방적으로 공급하는 공급자가 아니라 공급자인 동시에 재난현장에서 일어나고 있는 정보를 필요로 하는 수요자이기 때문에 수평적인 관계가 가능한 것이다.

또한 중앙정부와 지방정부 그리고 이재민들만이 관계하는 것이 아니라 치안구조 · 구급, 자원봉사, 그리고 지역주민까지 서로 관계되어 있다. 즉, 중앙정부는 지방정부에게 중앙정부가 필요한 것을 요구하고 지방정부가 필요한 것을 공급한다. 또한 중앙정부는 치안구조 · 구급, 자원봉사, 지역주민, 이재민에게 중앙정부가 필요한 것을 요구하고 각 주체가 필요한 것을 공급한다. 이처럼 각 주체는 다른 주체에게 필요한 것을 요구할 수 있고 공급할 수 있다.

재난피해자와 재난피해자 지원기관간 갭의 파악은 재난관리정책의 성패를 측정하는 중요한 기준이 된다. 특히 재난관리에 있어 재난피해자에게 관련 서비스를 제공하는 정부와 공공 및 민간기관의 규범(Norms)과 재난피해자들의 기대했던 응급규범(Emergent Norms)의 차이는 잠재적 갈등의 원인이 되며(Schneider, 1992: 135-137), 재난관리 관련 서비스의 적실성과 효과성에 직접적인 영향을 미친다. 이에 본 연구는 슈나이더 모델을 활용하여 공급자 규범(Supplier Norms)과 수요자 규범(Demander Norms)을 파악하여 재난피해자 심리관리 지원시스템에 적용한다.

규범의 차이를 줄이는 것은 재난피해자의 수요를 정확하게 예측하고 대응할 수 있도록 하여 재난피해자 지원기관이 제공하는 서비스에 대한 재난피해자의 만족도를 제고시킬 수 있다.

이를 위해 여기서는 미국과 일본, 중국의 재난관리체계를 구체적으로 검토해 본 한편, 유럽의 영국, 독일, 스위스의 재난관리체계를 살펴보았다. 그리고 이들 해외 국가와 비교하여 한국의 재난관리 대응체계와 지방정부를 중심으로 검토하였다. 이와 함께 우리나라 중앙정부와 지방정부의 재난관리 행정체계를 살펴본 한편, 민간 부문의 재해구호체계와 참여주체의 구조와 기능을 분석하였다. 여기서는 특히, 대한적십자사, 전국재해구호협회, 기업네트워크, 언론을 중심으로 살펴보았다.

또한, 수요자 관점에서 중앙정부, 지방정부, NGO, 자원봉사, 구조·구급, 이재민 등의 기능과 역할에 대한 심층면접을 실시하였고, 이를 근거이론적으로 분석하여 문제점과 개선방안을 도출하였다. 즉, 통합적 관점에서 본 재난관리 현장의 문제점과 개선방안의 주요 내용은 다음과 같다.

중앙정부, 지방정부, 소방·군, 자원봉사자, 이재민을 대상으로 각각 재난관리 주체들의 목소리를 종합해본 결과 '현 재난관리시스템이 체계성이 결여' 되어 있다고 판단되었다. 현 재난관리시스템의 체계성 결여는 '인적관리시스템에 대한 체계성 결여'와 '환경적복구관리시스템 대한 체계성 결여'로 이루어진다. 인적관리시스템에 대한 체계성 결여에는 무질서한 인력관리체계, 불필요한 재난관리시스템, 불분명한 책임소재로 이루어지며, 환경적 복구관리에 대한 시스템의 결여는 주먹구구식 피해조사, 엉터리 복구, 복구 지연, 인력 부족으로 이루어진다.

'재난관리의 각 주체들은 각 유관기관들에 대한 상호 불신과 이해'가 재난현장에서 공존하고 있었다. 각 유관기관들에 대한 상호 불신과 이해의 공존은 '각 유관기관들에 대한 상호 불신'과 '각 유관기관들에 대한 상호 이해'로 구성되며, 전자를 구성하는 하위범주는 일반 공무원에 대한 불신, 소방·경찰에 대한 불신, 기업에 대한 불신, 군에 대한 불신이며, 후자를 이루는 하위범주는 상호이해이다. 또한 각 유관기관들 자체가 기관들이 상호 협력하고 기관들이 타 기관을 지원해야만 보다 효율적인 재난관리서비스가 이루어질 수 있다는 것을 인지하고 있었다. '재난관리자들의 안정적 생활 확보가 필요'하다는 것은 소방직원, 군장병, 행정직원, 이재민들 모두가 재난이 발생하면 재난에 직접 노출된 이재민뿐만 아니라 복구에 가담하는 다른 재난관리자들 역시 일상적인 생활을 박탈당하게 된다. 그리고 재난관리자들의 안정적 생활 확보 필요에 대해서 각 재난관리 주체들의 목소리를 종합해보면 '소방직원의 생활 확보 필요', '군장병들의 생활 확보 필요', '일반 공무원의 생활 확보 필요', '이재민들의 열악한 생활환경'의 네 가지 범주로 나누어졌다.

'지역 사회 붕괴'는 재난 직후부터 장기간의 복구 단계를 거치면서 이재민들 사이에 불신이 생기고 보상체계와 개인주의·이기주의에 의한 이웃간의 갈등이 발생하는 과정에서 총체적으로 지역사회 붕괴의 여지를 보이게 된다. 지역사회 붕괴의 하위범주는 '보상체계에 따른 갈등', '이재민들의 이기주의 팽배', '정신적 스트레스'로 구성된다. 각 하위범주들을 구성하는 세부범주들을 살펴보면 다음과 같다. 보상체계의 갈등을 구성하는 세부범주는 보상체계 불투명, 이재민들의 갈등으로 구성되며, 이재민들의 이기주의 팽배를 구성하는 세부범주는 안전불감증, 내집 먼저 복구로 구성된다. 마지막으로 정신적 스트레스는 이재민들이 갖는 재난과 관련된 전반적 심리적·정신적 스트레스를 말한다. 재난의 반복은 이재민들에게 상실감과 좌절감, 절망감을 배가시키고 비가 장시간 내리기만 하면 이들은 심리적으로 매우 불안정한 상태에 처하게 된다.

그리고 3차원적 재난관리서비스시스템 필요의 하위범주는 수평적 협력체계 구축, 수직적 지휘체계 구축, 공간적 지원체계 구축으로 이루어진다. 이들 하위범주들 하나 하나를 구성하는 세부범주를 살펴보면 다음과 같다. 첫째, 수평적 협력체계 구축은 유관기관간의 협력체계 구축 필요와 의사소통 체계 필요로 구성되며, 둘째, 수직적 지위체계 구축은 명확한 지휘체계 구축 필요와 명확한 인력배치 필요로 이루어진다. 셋째, 공간적 지원체계 구축은 평등한 인력분배와 이재민들을 대상으로 심리치료로 이루어진다.

마지막으로, 각 조직별 체계적 역할 배분 필요는 재난이 발생한 당시 필요한 전반적인 재난관리서비스시스템을 정비하기 위한 방안으로 중앙정부, 지방정부, 소방, 군, 공무원, 자원봉사자들의 역할을 명확히 배분할 필요가 있다. 우선, 인명구조와 응급상황 복구, 현장지휘는 항상 24

시간 대기하고 모든 고급 장비들을 갖추고 있는 소방이 그 역할을 수행하는 것이 효율적일 것으로 판단된다. 둘째, 소방과 수평적 관계에서 이를 보조하는 역할을 군에서 수행해야 한다. 셋째, 재난과 관련된 행정적 처리를 지방정부와 중앙정부가 책임을 지고 수행하여 예산의 효율적 편성과 빠른 복구지원이 이루어질 수 있도록 노력해야 한다. 넷째, 자원봉사자들은 소방과 군을 돕고 이들의 손이 미처 닫지 못하는 재난발생 지역에서 이재민들을 도와주는 역할을 수행한다. 그러나 이때 자원봉사자들은 개별적으로 활동하기보다 전반적으로 명령과 보고체계에 따른 효율적인 인적 배분에 의해 활동해야 할 것이다.

1. 제도의 벽을 넘어

1) 자원봉사센터를 중심으로 한 재난구호 활동

(1) 현황

현재 재난구호 활동은 지역 조직의 네트워크가 없이 중앙조직만 있는 전국재해구호협회가 구호물품의 제작, 공급을 위탁을 받아 수행하고 있는 실정이다. 재해발생시 현장대응은 주로 읍면동사무소와 이장에 의해 이루어지며, 읍면동사무소에서 자원봉사자 및 구호물품의 접수를 받아 공무원들이 리 단위로 배분하는 체계로 되어 있다.

(2) 문제점

현 체계는 재해 구호서비스가 빠른 시간 내에 제공하여야 하는 시간적 압박을 받음에도 불구하고 구호서비스의 지체가 빈번하게 발생하고 있다. 전국적 조직인 전국재해구호협회의 위탁업무만으로는 재난구호서비스에 대한 개별 수요자들의 다양한 욕구를 충족시키는 데 한계가 있는 실정이다. 특히, 자원봉사단체들간의 조정이 잘 이루어지지 않아 구호활동이 편중되거나 중복되는 경우가 많이 발생하고 있다.

(3) 대안

이에 전국 248개 지역 자원봉사센터의 역량을 강화하여 재해발생시 자원봉사자 및 구호물품의 접수 및 배치, 관리를 자원봉사센터로 일원화하여 재해발생 지역의 자원봉사센터는 구호활동보다 재해현장의 자원봉사 일감 및 구호서비스 요구의 수집, 구호물품의 배분이나 외부 자원봉사자의 배치 등을 수행하도록 할 필요가 있다. 또한 자원봉사센터에서 외부 자원봉사자의 활동 이후 재해피해 지역 상황에 대한 점검 및 자원봉사활동 확인서를 발급하고, 자원봉사센터가 중심이 되어 자원봉사 조직들의 상호연계 활동이 가능하도록 하여야 한다. 물론, 자원봉사센터는 평상시에 자원봉사리더의 양성교육 실시하여 재난구호에 대한 전문성을 확보하는 것도 중요하다 할 것이다.

2) 주민참여형 민관협력 네트워크 구축

(1) 현황

현행 재해구호법에 따르면 시・도지사와 자치구의 구청장이 재해구호서비스를 제공하는 구호기관이 되며, 재해발생시 지역재난대책본부와 긴급구조통제대책본부 행정기관에서 담당하고 있다. 이는 재해구호가 공공 부문의 재난수습체계와 민간 부문의 구호 및 지원체계로 이원화되어 있음을 보여준다.

(2) 문제점

이에 따라 재난구호서비스의 직접적인 수혜자는 일차적으로 피해 당사자인 지역 주민임에도 불구하고 지역에서 행하여지는 구호활동의 운영과 집행에 대한 참여통로가 제한되어 있으며, 행정기관과 자원봉사단체들간의 연계가 잘 이루어지지 못하여 구호활동이 편중되거나 중복 발생하게 된다.

또한 시군구청의 공무원이 구호물품의 접수, 하역 작업에 동원되는 등 역할분담의 미흡으로 상시적인 인력 부족 현상이 발생하고 시군구청에서 제공하는 정보와 읍면동사무실에서 제공하는 정보의 상이성으로 인하여 지휘체계의 혼란이 발생하게 된다.

(3) 대안

따라서 재난현장에 설치되는 현장 통제본부에 지역 자원봉사센터, 지역의 NGO들과 리 단위의 마을 이장, 통장들을 참여시키고, 지역의 NGO들이 재난구호에서 능동적인 역할을 수행할 수 있도록 업무분장을 실시하며, 재난에 대처하여야 하는 긴급상황에서 주민들의 피해상황 조사와 구호물자의 배분은 지역의 NGO들에게 이관함으로써 이를 통한 피해자들의 조사 및 배분의 통합을 체계화할 필요가 있다.

3) 효과적인 정보소통에 지향된 재해구호활동 인프라 구축

(1) 현황

현재 지자체는 획일적인 재난구호서비스를 제공하고 있으며, 시군구청은 중앙재난안전대책본부에 피해상황을 보고하고 재해구호 예산을 지원받아 이재민 구호를 집행하고, 읍면동사무소는 재난현장에서 긴급구호를 실시하도록 하고 있다. 이런 과정에서 중장비 확보와 지원인력 배치시 지자체와 읍면동, 소방당국간 협조체계가 없으며, 주민대피안내 및 공무원의 재해위험지구의 순찰활동이 원활하지 않은 실정이다. 또한, 리·통 단위에서 피해상황 집계가 제대로 이루어지지 않는 상황에서 그때그때 임기응변식으로 대응하는 실정이다.

(2) 문제점

이러한 재해구호활동 체계는 긴급 대응체계의 혼선을 발생시키며, 시군구청의 공무원은 대부분 사무실을 지키는 수준의 근무에 그쳐 지역 곳곳에서 피해가 발생해도 이렇다 할 초등대응을 하지 못하는 문제를 가져오고 있다. 또한, 구호물품을 둘러싸고 재해 지역의 이재민들 사이의 이기적 행동으로 갈등이 빈번하게 발생하고 구호물품의 배분 지연으로 인한 이재민들의 초조감 및 불안이 증대하며, 행정에 대한 주민들의 불신 또한 증대된다.

(3) 대안

이에 재난구호 과정에서 주민들에게 피해상황 및 구호진행 사항에 대한 정보를 수시로 공개할 필요가 있다. 정보의 공개 방식은 중앙 KBS의 재난방송과는 독립된 지역 KBS의 재난방송 운영과 모바일 재난방송을 적극 활용하며, 단전시를 고려하여 가두방송 병행을 생각해 볼 수 있으며, 정보의 공유는 주민들이 상황에 대한 판단을 통해 자기 스스로 재난에 대처할 수 있도록 유도하는 쪽으로 이루어져야 할 것이다.

특히, 불확실성이 높은 위기 상황에서 정보의 공유는 미래에 대한 최소한의 예측가능성을 통해 주민들의 불안과 폭력성을 완화시킬 수 있다는 점에서도 개선의 필요성이 강조된다.

4) 지방자치단체에 대한 MBF 방식 도입

(1) 배경 및 필요성

지방자치제도 실시 이후 지방자치단체에서 재난 및 안전관리에 대한 관심과 노력은 부족한 실정이며, 재난발생에 대비한 예방 및 대비 노력보다는 재난피해 발생 이후 중앙정부의 특별재난지역 선포에 따른 지원을 기다리는 새로운 풍속과 관례가 만연되어 있는 실정이다. 특히, 지방자치단체장의 재난관리 노력 미흡과 부족에 대해 중앙정부가 책임을 묻고 강제할 수 있는 방안이 현실적으로 없는 상황이며, 지방자치단체에서는 재난발생 이전에 재난을 대비한 예방·대비에 대해 관심과 예산을 투입하기 보다는 지역 개발이나 지역 축제 등의 사업에 보다 많은 노력을 기울이고 있다.

또한, 지방자치단체가 막대한 인명 피해와 재산 및 시설 피해를 입는 경우에도 해당 지방자치단체나 지방자치단체장에 대해 책임을 물을 수 있는 현실적 방안이 없는 형편이다.

따라서 해당 지방자치단체가 재난관리 노력을 기울이는 정도에 따라 중앙정부의 복구비 지원이나 재정적 인센티브 제도의 도입을 통해 지방자치단체로 하여금 재난관리에 대한 관심을 갖게 하고, 지역주민으로 하여금 단체장의 주민 안전에 대한 노력 정도에 대한 인식을 높이려는 노력이 필요하다.

(2) 목적 및 추진 과제

지방자치단체의 재난관리 노력 정도에 따라 재정 지원을 차등화하는 MBF(Management By Fund) 방식을 도입하여 재난관리에 대한 지방자치단체의 관심과 노력을 제고하는 것이 필요하다. 이를 위해 우선, MBF 도입을 위한 법적·제도적 기반을 구축하고, 지방자치단체의 재난관리 노력을 평가할 수 있는 평가지표의 개발이 필요하다.

(3) 기대효과

MBF 방식의 도입은 재난관리에 대한 지방자치단체장의 인식과 관심도를 제고하고, MBF 방식의 도입을 통해 재난관리 노력을 게을리한 자치단체의 경우 재난발생 후 중앙정부의 복구비 지원의 축소 등으로 인한 단체장의 각성을 촉구하며, 객관적 평가 지표를 도입하여 정치적 고려를 배제함으로써 주민의 지방자치단체장의 재난관리 노력에 대한 인식 점검의 기회를 부여할 수 있게 될 것으로 기대한다.

5) 민 · 관 · 군 재난관리 협력 및 조정의 조례 제정

(1) 배경 및 필요성

재난관리 업무의 경우 단일 기관에 의한 관리보다는 다양한 복수의 복잡한 행정환경에 대응하기 위하여 다수의 기관이 공동으로 함께 목표를 달성하는 것이 필요하다. 그러나 재난관리에서 행정기관뿐만 아니라 시민단체와 군의 지원과 책임이 강조되고 있으나, 이들 정부와 민간단체, 군이 함께 협력하여 재난관리 기능을 수행하는 데는 어려움이 있다.

따라서 재난상황에서의 실질적인 조정권을 위한 법령에 근거한 권한(statutory authority)이 필요하다. 법령에 근거한 권한이나 권력이이야말로 실질적 조정권을 확보하기 위해 요구되며, 재난현장에 참여하여 활동하는 다양한 조직들 사이의 원활한 의사소통을 위한 방안을 마련하는 것이 필요하다.

재난관리에서 민 · 관 · 군의 협력을 위해서는 기관 중심의 의사결정 방식보다는 기능이나 프로그램 중심의 의사결정 방식을 위한 방안을 마련하는 것이 필요하며, 재난현장에서 원활한 자원의 동원이나 각종 운영상의 문제점 해결을 위한 방안이 함께 요구된다. 특히, 위기관리 환경은 복잡성(complexity)을 지니기 때문에, 관련기관간의 협력과 정보의 공유가 이루어져야 한다.

이에 민 · 관 · 군이 함께 재난예방 및 완화를 위한 정책 결정과 집행 과정에 참여하고 이를 통해 공동체 전체의 재난 취약성을 줄이기 위한 합동계획을 수립하는 적극적 재난관리 모델을 구성해야 하며, 재난관리에 참여하는 민·관·군 사이의 재난관리 연습의 실제화와 훈련의 내실화 방안이 마련되어야 한다. 또한, 재난관리 훈련과 연습은 다양한 전문분야의 노력의 결과들이 활용될 수 있어야 한다.

(2) 목적

이는 재난현장에서의 원활하고 효과적인 재난관리를 이루기 위해 재난발생시 재난현장에 참여하는 다양한 기관 및 단체들간의 협력 및 조정을 위한 제도적 방안을 마련하는 데 그 목적이 있다.

(3) 기대효과

재난관리에서 민·관·군의 조정과 협력을 위한 조직화를 이루는 것이 요구되며, 실질적인 교류와 협력을 이끌어내기 위해서는 법적인 지원과 제도적으로 뒷받침되는 실질적인 조직화가 요구되며, 재난관리는 단일 기관에 의한 관리보다는 다양한 복수의 복잡한 행정환경에 대응하기 위하여 정부와 민간단체, 군 등 다수의 기관이 협력체계를 구축하여 재난관리 기능을 수행하는 것이 가능하다.

재난발생 이후의 대응 및 복구 단계에서 조정 및 협력을 이루기 위한 민·관·군 재난관리 협의체나 네트워크 센터가 상시적으로 운영되는 것이 필요하며, 재난현장에서의 통신 수단으로 활용되는 통신장비의 무선 주파수 공유, 연락망의 확보가 우선적으로 기능하여야 한다.

이를 통해 참여 기관들의 각 조직별 재난관리 의사결정자들을 중심으로 한 태스크 포스 구성을 통해 실질적인 의사결정이 가능할 수 있게 된다.

6) 소방청 설립과 국가소방제 및 자치소방제 이원화

(1) 배경 및 필요성

소방은 재난관리의 주요 기관 중 하나로서 재난발생시 재난피해를 입은 재난피해자의 구조와 구급 업무를 통해 주민의 생명과 건강을 확보하는 데 있어서 주요한 기능을 수행하고 있다.

한편, 재난관리 업무에 있어서 대응 기능을 확보해서 실질적인 재난현장에서 주요한 기능을 수행하기 위한 역할과 기능이 확보되어야 한다. 이와 함께 지방자치단체는 주민의 생명과 재산, 건강을 보호해야 할 일차적인 책무를 지니고 있다. 특히, 기초 지방자치단체가 재난관리 업무를 원활하고 효과적으로 수행하기 위해서는 소방의 기능이 원활하게 추진되어야 한다.

그러나 현재 지방자치단체의 소방공무원에 대한 인사권은 광역자치단체장에 있기 때문에 재난현장을 관할하는 기초 지방자치단체와의 연계 및 협력, 조정이 부족한 실정이다.

이에 다수의 지방자치단체 영역에 걸쳐 발생하는 광역적 문제를 해결하기 위해서는 국가 사회 전방의 소방 기능을 총체적으로 관리할 수 있는 국가소방제의 도입이 필요하다.

따라서 소방의 대응 기능이 효과적으로 확보되는 한편, 지방자치단체의 재난관리 업무 수행이 효율적으로 이루어지기 위해서는 현재의 재난관리시스템이 변화되어야 한다. 즉, 일반 재난관리 담당 공무원과 소방공무원이 혼재되어 운영되고 있는 체제가 재난관리와 소방이 구분되는 한편, 소방제도의 운영에 있어서 국가소방제와 자치소방제로 이원화하여 운영되는 것이 필요하다.

(2) 목적

소방기능의 원활한 수행과 지방자치단체의 주민의 생명과 재산, 건강을 지키기 위한 소방 전담기관의 설립과 국가소방제와 자치소방제의 이원화를 통해 지방자치단체의 재난관리 기능의 원활화를 도모하고자 한다.

(3) 기대효과

소방 전담기관인 소방청의 설립을 통해 화재진압, 구조, 구급, 지원업무 등 전국적으로 통일된 소방 기능의 효율적 수행이 가능하다. 한편, 자치소방제의 도입으로 기초지방자치단체의 일반 행정과 재난관리 업무의 유기적인 연계 및 원활한 활동이 가능하게 하며, 국가소방제의 도입을 통해 자치단체간의 경계를 넘는 광역적 소방업무의 신속하고 효율적인 처리가 가능해진다.

2. 이해와 배려를 향해

1) 사회적 복귀에 지향된 심리치료

(1) 현황

재해발생시 신체의 손상에 대한 외과적 치료와 경제적 손실에 피해보상이 주가 되는 가운데 재난피해자의 심리적 상태는 신체의 손상과는 달리 그 변화가 가시적으로 드러나지 않아 지금까지 피해 주민들을 대상으로 한 정신건강 조사를 하는 예산이 편성된 적이 없었다.

(2) 문제점

가족이나 친지, 가까운 이웃의 죽음, 중대한 부상 등으로 심리적 충격을 받은 사람들은 재해발생 후 일정 기간이 경과해도 스트레스로부터 벗어나지 못함으로써 정상적인 사회생활로 복귀하는 데 지장을 받기도 하며, 피해 주민들은 너나할 것 없이 정도의 차이는 있지만 스트레스를 받음에도 불구하고 일반인들의 이해가 부족한 속에서 사회적 복귀에 어려움을 겪는 형편이다. 또한, 사회적 복귀의 지연은 결코 무시할 수 없는 규모의 사회적·경제적 비용을 초래하고 있다.

(3) 대안

따라서 심리적 안정 치유의 자원봉사를 긴급 재난대응의 일환으로 삽입하고, 현장 구호활동에 심리적 안정 치유를 목적으로 하는 자원봉사팀을 상시적으로 투입하며, 생존자와 그 가족들의 하소연을 들어주는 등 지속적인 관심을 보임으로써 심리적 안정을 줄 필요가 있다. 특히, 자원봉사팀에는 지역의 명망인사들을 참여시킴으로써 재난 이후 생겨날 수 있는 주민들간 갈등을 중재할 수 있도록 배려하는 것도 중요한 대안이 될 것이다.

2) 장기적 계획에 따른 재난관리

(1) 현황

현재 재해복구는 면사무소에서 집계한 피해조사에 따라 재해복구 예산을 지원받아 복구사업을 집행하고 있으나, 계곡이나 상습 침수 지역, 혹은 소수의 가구만이 산재해 있는 자연재해 취약 지역의 경우 도로, 교량, 사방댐 등 대규모 공사에 많은 예산을 지출하고 있는 실정이다.

(2) 문제점

자연재난 취약 지역의 경우 재난이 터질 때마다 그때그때 상황에 따라 대증요법식으로 대처하고 있으며, 구조적인 문제의 해결이 되지 않음으로써 상습적인 재난의 피해를 받고 있다. 또한, 인위적인 구조물로

짜인 방재대책으로 일관함으로써 반생태적인 마을 환경 조성의 문제까지 나타나고 있는 실정이다.

(3) 대안

따라서 수요자 중심의 재난관리의 일차적 목적은 마을 공동체의 유지에 있다는 점을 명심하고, 수해복구는 주민들이 참여한 복구대책위원회에의 결정에 따를 필요가 있다. 특히, 수해의 복구는 원래 상태로의 복구보다는 친환경적인 마을의 장기발전계획에 맞추어진 시설설비를 우선하는 방향으로 개선되어야 하며, 주민들이 복구활동에 참여할 경우 그 결과에 대한 책임을 공유함으로써 주민들간 갈등을 최소화할 수 있도록 하여야 할 것이다.

3) 지역사회 NGO 재난관리 리더 육성

(1) 배경 및 필요성

현재 지방자치단체에서의 재난관리 수행은 정부기관 중심으로 이루어지고 있으나, 지방자치단체에서의 재난관리와 관련하여 정부의 정책과정에 참여하는 민간단체가 제한적으로 이루어지고 있고, 지역사회의 비판적 시민단체들의 참여가 이루어지고 있지 못한 실정이다.

지방자치단체 주민의 안전 문제는 정부 부문의 기관 중심의 방식으로는 안전사회의 구현이 어려우며, 즉 주민 자신의 생명과 재산에 관련된 문제와 관련된 정책과정에 자주적 참여의 통로가 막혀 민주적 참여원리에도 배치되는 문제를 안고 있다.

이는 재난이 발생하면 일차적으로 피해를 보는 것이 지역 주민임에도 불구하고 자신에게 가장 중요한 문제와 관련된 사안에 대해 적극적으로 참여할 수 있는 통로가 없는 실정인 것이다.

(2) 목적 및 추진 과제

지역사회 NGO의 상근 요원을 재난관리 리더로 육성함으로써 재난 취약요소 및 안전 위해요소 파악 및 사전 조치 강화에 목적을 두고, 시·군·구별로 시민단체의 상근 요원에 대한 재난관리 리더 교육 실시하며, 전국 지방자치단체와 시민단체가 주도하는 지역 안전의 날을 지정하여 '지역재난관리시민점검단(가칭)'에 의한 지역 내 재난 취약시설 및 위험시설 등에 대한 점검이 합법적으로 이루어질 수 있도록 법적·제도적으로 뒷받침하는 것이 필요하다. 또한, 시민들이 재난관리의 예방, 대비, 대응, 복구 단계별 활동에 관련된 정책과정에 참여할 수 있도록 오프라인과 온라인상의 통로를 구축하는 것이 성공적 추진을 위한 과제가 될 것이다.

(3) 기대효과

지역사회 시민단체의 경우 지역사회 위험요소 파악 및 재난관리를 위한 전문가 및 시민 동원을 통한 인적 자원의 동원이 가능함으로써 행정기관 및 공공기관 중심의 사후 대응 및 복구 중심의 재난관리의 취약요소를 보완하고 사전 예방 및 대비 차원의 관리가 가능해진다.

또한, 재난이 실제 발생한 경우에만 일시적으로 개별적인 민간 자원봉사 차원에서 참여가 이루어지고는 있으나, 장기적이고 항구적인 정책 차원에서의 참여가 이루어지고 있지 못한 상황을 개선하는 데 기여할 것으로 여겨진다.

4) 지방자치단체장 및 지방의원의 재난관리 교육 이수 의무화

(1) 배경 및 필요성

지방자치단체는 다른 어느 기관이나 단체보다도 주민의 생명과 재산을 보호하는 것이 가장 중요한 기능이나, 지방자치단체장과 지방의회 의원은 주민의 직접 선거에 의해 선출되고 있기 때문에 재난관리와 관련된 전문 지식이나 역량이 부족한 상태에서 선출되는 것이 현실이다.

특히, 지방자치단체장의 경우에는 주민의 생명과 재산 보호에 우선적인 책임이 있음에도 재난관리에 관한 기본적 소양과 능력을 갖추지 못한 상태에서 단체장의 직무를 수행하고 있으며, 심지어는 재난이 발생한 현장에서 지방자치단체장들이 무엇을 해야 할지를 모른 채 우왕좌왕하는 행태를 보이고 있고, 일부 자치단체장이나 지방의회 의원의 경우에는 주민의 원성이 두려워 재난현장에 나타나지 않는 경우가 있다.

따라서 선거를 통해 지방자치단체장과 지방의회 의원으로 당선되는 경우 주민의 생명과 재산을 보호하고 안전을 확보하기 위하여 재난관리 교육을 이수하는 것을 법령이나 지방자치단체 조례를 통해 의무화하는 것이 필요하다.

(2) 목적 및 추진 과제

지방자치단체장과 지방의회의원으로 당선되는 경우, 재난관리 교육 이수를 의무화는 재난관리의 중요성을 인식시키고 재난관리 활동이 효율적으로 이루어지도록 유도하는 데 목적이 있으며, 이를 위해, 지방자치단체장과 지방의회 의원의 재난관리 교육 이수를 의무화하는 법령이나 조례의 제정을 통한 제도적 기반 구축하고, 지방자치단체장과 지방의회 의원의 재난관리 교육 이수를 1년 또는 2년 주기로 실시할 수 있기 위한 지역 내외의 교육기관 선정 및 교육 프로그램 개발이 병행되어야 한다.

(3) 기대효과

지방자치단체장과 지방의회 의원의 재난관리 전문교육 이수를 통해 실제적인 주민의 생명과 재산 보호를 위한 노력을 유도하고 지방자치단체장과 지방의회 의원의 전문성 확보를 통해 재난의 예방, 대비 노력과 대응 및 복구 효율성을 확보할 수 있을 것으로 본다.

5) 사회적 약자를 배려한 재난복구 프로그램

(1) 배경 및 필요성

재난이 발생하게 되면 재난 피해 지역에 거주하고 있는 빈곤자, 노약자 등 사회적 약자들이 재난에 더 많이 노출되며, 재난현장에서의 재난관리 및 복구에 있어서도 차별적인 대우를 받고 있는 것으로 나타나고 있다.

또한 현실적으로 사회적 약자의 경우 풍수해가 반복적으로 발생하고 있는 지역에서 거주하는 사례가 나타나고 있으며, 장기적 관점에서 재난 피해가 다발하는 지역의 항구적인 재난예방 노력을 기울이는 것이 필요하다.

그러나 매년 똑 같은 수준의 재난 구호활동을 반복하고 있을 뿐만 아니라 똑같은 혼란과 갈등 상황으로 내몰리고 있다.

(2) 목적

풍수해 등 재난이 반복적으로 발생하는 지역에 대한 항구적인 복구 및 재난예방대책을 마련하고 편중된 재해복구와 자원봉사 지원을 체계화하는 것이 필요하다.

(3) 기대효과

사회적 약자를 배려한 재난복구 프로그램의 개발은 재해 다발 지역에 대한 집중적인 재난복구 노력을 통해 사회적 약자의 재해 취약성을 극복하는 것을 가능하게 한다.

또한 재해현장에서의 자원봉사, 구호, 구급 등의 지원이 편중되어 이루어지지 않도록 체계화함으로써 재해현장에서의 지원의 차별화 현상을 방지할 수 있으며, 재해 다발 지역이 고령화 사회 또는 고령 사회인 점을 고려하여 이들 사회적 취약계층을 위한 재해복구 지원이 가능하게 된다.

아울러 향후 기후 변화로 인해 빈번하게 발생하게 될 재난으로부터 재해 취약 지역이나 재해 취약계층을 위한 장기적인 차원에서의 재난 예방이 가능하게 될 것으로 기대된다.

6) 재난피해 현장에서의 구호의 적극성 확보

(1) 배경 및 필요성

재난현장을 지원하기 위한 구호물품이나 자원봉사활동이 재난 지역이나 지원 대상, 지원 시기 등의 측면에서 중복적으로 제공되는 경우가 발생하고 있다. 재난현장에서는 자원봉사자들이 어떤 특정 지역에는 과도하게 편중되는가 하면 다른 지역에서는 필요한 만큼의 지원이 이루어지지 않는 경우가 나타나고 있으며, 이는 접근 가능성이 용이한 지역으로 집중 지원되는 경우가 있거나 재해 복구비가 편중되게 지원된다는 지적이 나타나고 있다.

또한, 배분적 장애 현상도 나타나고 있는 것으로 지적되고 있으며, 부농의 경우에는 보상비와 구호물품에 대한 의존도가 빈농에 비해 적음에도 불구하고 사회적 네트워크가 잘 형성되어 있는 부농이 빈농보다 더 많은 혜택을 입는다는 지적이 나타나고 있다.

그러나 우리나라의 경우에는 사회복지제도가 완비되지 않은 상태에서 재난피해 지역에 거주하는 빈곤층, 노인층, 조손 가정, 다문화 가정, 소년소녀가장 등에 대한 적극적인 지원 방안이 필요하다.

(2) 목적

이는 재난피해 지역에 거주하는 다양한 계층의 주민들에 대한 구호 및 지원이 형평성 있게 지원되도록 하고, 특히 빈곤층, 노인층 등 재해취약자들을 위한 적극적인 구호활동이 이루어지도록 한다.

(3) 기대효과

재난피해 지역에 거주하는 재해 취약자에 대한 복구 지원을 적극적으로 수행함으로써 실질적인 재해 복지가 가능할 수 있으며, 재해 취약자에 대한 적극적인 재해구호 지원의 형평성을 확보하고 배분의 장애를 극복하는 것이 가능하게 된다.

7) 정확한 장기 피해 조사를 통한 보상의 적정성 확보

(1) 배경 및 필요성

재난발생으로 인해 피해가 발생하는 경우 소방방재청 등 중앙정부 차원에서는 신속한 피해조사를 통해 복구의 효율성을 확보하고자 하고 있으며, 재해 지역에서의 피해조사는 지방자치단체 중심으로 이루어져서 중앙정부에 보고하도록 되어 있으나 현실적으로는 재해가 발생한 지역의 이장을 중심으로 조사하고 있다.

그러나 실질적으로는 지역의 이장이 피해 지역 전반에 걸쳐 발생한 피해 지역이 광범위하기 때문에 실제 조사를 할 수 없는 것이 현실이다.

따라서 재난피해로 인해 경황이 없는 피해 주민이 시급하게 대충 자신의 피해 사실을 이장에게 전달하고 이장은 이를 근거로 지방자치단체에 보고하고 있는 실정이며, 피해조사의 기준이나 피해액을 정확하게 파악하지 못한 상태에서 이루어지는 피해조사 결과에 근거하여 보상금이 배정되거나 복구비 산정이 이루어짐으로써 향후 재해 지역 주민간의 갈등이나 주민과 지방자치단체간의 갈등, 중앙정부에 대한 피해주민의 불신 현상이 나타나게 된다.

이러한 신속한 피해 조사가 오히려 부정확한 피해 집계 자료를 생산하고 이에 근거한 불합리한 피해 보상 및 복구비 집행과 함께 정부 재난관리가 실패했다는 인식이 유발되고 있는 원인이 된다.

(2) 목적

이에 장기적이고 정확한 피해조사를 실시함으로써 재해 이재민 및 지방자치단체에 대한 보상 및 복구가 이루어질 수 있도록 하는 것이 요구된다.

(3) 기대효과

장기적이고 정확한 피해조사에 입각하여 재난발생으로 인해 피해를 입은 주민들이 적정한 보상을 받을 수 있도록 하며, 적정한 보상과 복구비 집행을 통해 주민간에 발생할 수 있는 갈등이나 주민과 지방자치단체간의 갈등, 중앙정부에 대한 이재민의 불신과 불만의 소지를 줄일 수 있을 것으로 기대한다.

8) 재난피해 복구에 대한 지역 주민 만족도 조사

(1) 배경 및 필요성

재난이 발생한 이후 물리적 환경에 대한 복구에 대해 이재민들의 불만은 상당히 고조되어 있으며, 재난피해 복구시 정부 당국이 애초에 설명한 것과는 달리 복구에 참여한 기업들이 지역주민의 의견 수렴 절차나 주민의 생활 편의를 고려하지 않은 채 복구공사를 실시하는 경우가 많이 나타나고 있다.

이는 재난피해에 대한 복구공사 실시 이후에도 주민이나 이해관계인의 민원과 불만이 지속적으로 나오게 됨으로써 재난복구정책 실패의 원인이 되고 있다.

그러나 궁극적으로 재난피해 복구는 지역 주민의 안전을 확보하고 재난발생 이전의 상태로 복귀하는 한편, 향후 재난이 발생하지 않도록 하는 데 목적이 있기 때문에 재난피해 복구에 대한 만족도 조사를 실시하는 것이 필요하다.

(2) 목적

재해복구에 대한 재난피해 지역 주민의 만족도 조사를 실시함으로써 복구공사에 참여하는 기업 및 지방자치단체 공무원의 수요자 욕구 반영도를 높이는 것이 가능하다.

(3) 기대효과

재해복구에 대한 재난피해 지역 주민의 만족도 조사 실시로 주민들의 생활 편의를 고려한 재난피해 복구를 실시함으로써 재해 지역 주민의 삶의 질을 제고하고 정부에 대한 신뢰도를 높일 수 있으며, 재해 지역 피해 내역 및 복구사항에 대해 지역 주민과의 정보공유 및 인식공유를 통해 재난피해에 대한 개량 복구 또는 항구 복구가 가능해진다.

또한, 그동안 재난을 당한 재난피해 지역 주민들이 재난피해 복구 과정에 참여할 수 있는 통로를 열어줌으로써 정책협의 및 정책 거버넌스 구축 및 구현에 기여할 수 있다.

참고 문헌

1. 국내 문헌

강홍렬・장종인・이재열・이재은・정덕훈. 2006. 일상의 안전을 위한 미래의 사회시스템: 지식정보사회의 위험관리. 서울: 정보통신정책연구원.

공준영. 2003. 재난관리 행정체계의 비교분석; 한국・미국・일본의 재난행정체제를 중심으로. 호서대학교 소방정책학과.

김대환. 1998. 돌진적 성장이 낳은 이중 위험사회. 「사상」 10(3): 26-45.

김영규. 2003. 대구지하철 참사로 본 재난관리의 문제점 및 개선방안. 「경남발전」 62: 43-50.

김영평. 1994. 현대사회와 위험의 문제. 「한국행정연구」 3(4): 5-26.

류상일. 2007. 한국의 지방자치단체 재난대응체계; 정책네트워크 이론의 호혜성과 확장성을 중심으로. 충북대학교 행정학박사 학위논문.

송종길・이동훈. 2003. 「디지털 시대의 재해방송」. 커뮤니케이션북스.

오금호. 2007. "재난복구시 재난관리 주체의 의사결정에 대한 비대칭정보 문제의 적용", 「한국위기관리논집」 3권 1호: 75-86쪽.

유현정・남수정(2006). 아나바다 사이트 참여자의 비윤리적 행동과 반응양식 : 근거이론적 접근. 「대한가정학회지」 44(12). 189-201.

유현정・이재은・류상일. 2007. 취약소비자 생활안전 위해관리: 아동 및 노인소비자의 안전 실태 및 발전 전략. 「국가위기관리연구」 1: 20-40.

이재원. 2000. 지방정부의 이재민 구호품 전달체계 개선방안: 수해이재민 구호를 중심으로. 「부경대학교 논문집」 제5권.

이재은 외. 2005. 「재해의연금품의 효율적 모금 및 지원체계 구축방안」. 전국재해구호협회.

이재은 외. 2006. 「재난관리론」, 서울: 대영문화사.

이재은. 2007. "재난관리에서의 민관군 협력체계 구축 방안: Jennings 접근법을 중심으로". 「한국위기관리논집」 3권 1호: 62-74쪽.

이재은 · 김겸훈 · 류상일. 2005. 미래사회의 환경 변화와 재난관리시스템 발전전략. 「현대사회와 행정」 15(3): 53-83.

이재은 · 유현정. 2007. 국가위기관리의 새로운 영역 설정과 추진전략: 국민생활안전 위기 영역의 분류와 운영 방안 모색. 「한국위기관리논집」 3(2): 1-17.

이재은 · 유현정 · 안철현 · 정병윤. 2007. 국가위기관리정책의 영역별 상대적 중요도 분석: AHP 기법을 이용한 우선순위 측정을 중심으로. 「현대사회와 행정」 17(3) 277-299.

최용선. 1999. 인위재난과 재연재난의 긴급대응활동에 관한 비교연구: 삼풍백화점 붕괴사고와 '96 임진강 유역 대홍수를 중심으로, 고려대학교 대학원 석사학위 논문.

2. 외국문헌

Beck, Ulrich, 1997. 「위험사회; 새로운 근대(성)을 향하여」, 홍성태 역, 새물결 (*Risikogesellschaft: Auf dem Weg in eine andere Moderne*, Frankfurt a.M.(1986).

Clark, W.C., 1980. Witches Floods and Wonder Drugs: Historical Perspectives on Risk Management, in R. C. Schwing, W. A. Albers(Eds.), *Societal Risk Assessment: How Safe is Safe Enough?*, New York: Plenum Press.

Creswell, J. W, 1998. *Qualitative Inquiry and Research Design: Choosing among Five Traditions*. Sage Publication.

Douglas, Mary & Aaron Wildavsky, 1993. 「환경위험과 문화」, 김귀곤 · 김명진 역, 명보문화사(*Risk and Culture: Essays on the Selection of Technological and Environmental Dangers*, Berkeley/CA: University of California Press, 1982.

Douglas, Mary, 1992. *Risk and Blame, Essays in Cultural Theory*, New York/London: Routledge.

———, 1997. 「순수와 위험」, 유제분 · 이훈상 역, 현대미학사(*Purity and Danger: An Analysis of the Concepts of Pollution and Taboo*, Routledge & Kegan Paul 1979).

Dynes, Russell, 1978. Interorganizational Relations in Communities under Stress, E.L. Quarantelli(ed.), *Disasters: Theory and Research*, Beverly Hills, CA: Sage.

Glaser, B., & Strauss, A. 1967. *The Discovery of Grounded Theory*. Chicago: Aldine.

Habermas, Jürgen, 1997. 「담론윤리의 해명」, 이진우 역, 문예출판사(*Erklärungen zur Diskursethik*, Frankfurt a.M.: Suhrkamp, 1991).

Habermas, Jürgen, 2006. 「의사소통행위이론」, 장춘익 역, 나남출판(*Theorie der Kommunikativen Handelns*, Frankfurt a.M.: Suhrkamp, 1981).

Kaufmann, Franz-Xaber, 1993. *Der Ruf nach Verantwortung*, Freiburg et al.: Herder.

Ladeur, K.H., 1986. Die Akzeptanz von Ungewißheit: Ein Schritt auf dem Weg zu einem 'ökologischen' Rechtskonzept, in: R. Voigt(Hrsg.), *Recht als Instrument der Politik*, Opladen: Westdt. Verlag.

Luhmann, Niklas, 1964. Social Integration and System Integration, in: Zollschan, G.K./Hirsch, W.,(eds.), *Explorations in Social Change*, London: Routledge.

———, 1968. *Zweckbegriff und Systemrationalität: Über die Funktion von Zwecken in sozialen Systemen*, Tübingen: Mohr.

———, 1987. Distinctions directrices: Über die Codierung von Semantiken und Systemen, in: N. Luhmann(Hrsg.), *Soziologische Aufklärung 4*, Opladen: Westdeutscher Verlag.

———, 1990. Risiko und Gefahr, in: N. Luhmann(Hrsg.), *Soziologische Aufklärung 5*, Opladen: Westdeutscher Verlag.

———, 1991. *Soziologie des Risikos*, Berlin/New York: de Gruyter.

———, 1992. Ökologie des Nichtwissens, in: N. Luhmann, *Beobachtungen der Moderne*, Opladen: Westdeutscher Verlag.

———, 1993. *Die Politik der Gesellschaft*, Frankfurt a.M.: Suhrkamp.

———, 2007. 「일반사회체계이론」, 박여성 역, 한길사(*Soziale Systeme: Grundriß einer allgemeinen Theorie*, Frankfurt a.M.: Suhrkamp, 1984).

Miller, M., 1992. Rationaler Dissens: Zur gesellschaftlichen Funktion sozialer Konflikte, in: H.J. Giegel(Hrsg), *Kommunikation und Konsens in modernen Gesellschaften*, Frankfurt a.M.: Suhrkamp.

Perrow, Charles, 1984. *Normal Accidents: Living with High-Risk Technologies*, New York: Basic Books.

Rhoads, Steven E., 1985. *The Economist's View of the World: Government, Markets, and Public Policy.* London: Cambridge University Press.

Schwarz M./Thompson M., 1990. *Divided We Stand: Redefining Politics, Technology and Social Choice*, New York et al.: Harvester Wheatsheaf.

Strauss, A. & Corbin, J., 1990. *Basics of Qualitative Research: Grounded Theory Procedures and Techniques.* London: Sage.

———. 1998. Basics of Qualitative Research: Techniques ande Procedures for developing grounded theory. 2nd. ed. Newbury Park, Calif: Sage.

Teubner, Günther, 1989. *Recht als Autopoietisches System*, Franfurt a.M.: Suhrkamp.

Thompson, M./Ellis, R./Wildavsky, A., 1990. *Cultural Theory*, Boulder: Westview Press.

Wildavsky, Aaron, 1987, *Choosing Preferences by Constructing Institution: A Cultural Theory of Preference Formation*, American Political Science Review, Vol. 81: 4~21.

———, 1988. *Searching for Safety*, London: Sage.

Wolf, Charles, Jr., 1988. *Markets or Governments: Choosing between Imperfect Alternatives.* Cambridge: MIT Press.

찾아보기

저자 약력

유현정
성균관대학교(소비자학 박사)
현, 충북대학교 주거환경 · 소비자학과 교수

이재은
연세대학교(행정학 박사)
현, 충북대학교 행정학과 교수

노진철
독일 Bielefeld대학교(사회학 박사)
현, 경북대학교 사회학과 교수

김겸훈
한남대학교(행정학 박사)
현, 한남대학교 산학협력단 연구교수

재난을 바라보는 다섯가지 시선

펴낸날 / 2009년 2월 20일
지은이 / 유현정 · 이재은 · 노진철 · 김겸훈
펴낸이 / 임춘환
펴낸곳 / 도서출판 대영문화사
주소 / 서울 용산구 청파동 1가 178-2 ㊌ 140-869
등록 / 1975년 12월 26일 제3-16호
전화 / (02)716-3883, (02)714-3062
팩시밀리 / (02)703-3839
우체국 온라인 / 011353-02-009106

ISBN 978-89-7644-303-8
978-89-7644-300-7(전5권)

〔값 14,000원〕

*잘못된 책은 바꾸어 드립니다.

*이 연구는 POSCO 후원으로 수행되었습니다.